U0136060

臺灣史研究名家論集

（二編）

尹章義　王見川　吳學明

李乾朗　周翔鶴　林文龍

邱榮裕　徐曉望　康　豹

陳小沖　陳孔立　黃卓權

黃美英　楊彥杰　蔡相輝

蘭臺出版社

作者簡介（依姓氏筆劃排序）

尹章義　社團法人臺灣史研究會理事長、財團法人福祿基金會董事、財團法人兩岸關係文教基金會執行長。中國文化大學民國 106 年退休教授，輔仁大學民國 94 年退休教授，東吳、臺大兼課。出版專書 42 種（含地方志 16 種）論文 358 篇（含英文 54 篇），屢獲佳評凡四百餘則。

赫哲人，世居武昌小東門外營盤（駐防），六歲隨父母自海南島轉進來臺，住臺中水湳，空小肄業，四民國校、省二中、市一中畢業，輔仁大學學士，臺灣大學碩士，住臺北新店。

王見川　1966 生，2003 年 1 月取得國立中正大學歷史所博士學位。2003 年 8 月至南臺科技大學通識教育中心任助理教授至今。研究領域涉及中國民間信仰(關帝、玄天上帝、文昌、媽祖)、預言書、明清以來民間宗教、近代道教、佛教、扶乩與慈善等，是國際知名的明清以來民間宗教與相關文獻專家。著有《從摩尼教到明教》(臺北新文豐出版公司，1992)、《臺灣的齋教與鸞堂》(臺北南天書局，1996)、《漢人宗教、民間信仰與預言書的探索：王見川自選集》(臺北：博揚文化公司，2008)、《張天師之研究：以龍虎山一系為考察中心》(臺北：博揚文化公司，2015)等書。另編有《明清民間宗教經卷文獻》、《中國預言救劫書彙編》《臺灣宗教資料彙編：民間信仰、民間文化》、《中國民間信仰、民間文化資料彙編》、《明清以來善書叢編》等套書。

吳學明　國立臺灣師範大學歷史學碩士、博士，現任國立中央大學歷史研究所教授，曾任國立中央大學客家社會文化研究所所長、客家研究中心主任等職。主要研究領域為臺灣開發史、臺灣客家移墾史、臺灣基督教長老教會史與臺灣文化史，關注議題包括移民拓墾、北臺灣隘墾制與地方社會、南臺灣長老教會在地化歷程等。運用自民間發掘的族譜、契約文書等地方文獻，從事區域史研究，也對族群關係、寺廟與社會組織等底層民眾行動力進行探討。著有《金廣福墾隘與新竹東南山區的開發（1835-1895）》、《頭前溪中上游開墾史暨史料彙編》、《金廣福隘墾研究》、《從依賴到自立──臺灣南部基督長老教會研究》、《變與不變：義民爺信仰之擴張與演變》、《臺灣基督長老教會研究》

與學術論文數十篇，並着編《古文書的解讀與研究》（與黃卓權合編著）、《六家林氏古文書》等專書。

李乾朗　中國文化大學建築及都市設計系畢業，現任國立臺灣藝術大學古蹟藝術修護學系客座教授。致力於古建築田野調查研究，培養古蹟維護的專業人才，並積極參與學術研討會發表研究成果。曾出版了《臺灣建築史》、《古蹟入門》、《臺灣古建築圖解事典》、《水彩臺灣近代建築》、《巨匠神工》等八十餘本與傳統建築或近代建築相關之個人著作，同時也主持多項古蹟、歷史建築的調查研究計劃，出席各縣市政府之古蹟評鑑會議或文化資產議題會議，盡其所能地為臺灣古建築的保存與未來發聲。2011 年榮獲第十五屆臺北文化獎，2016 年榮獲第三十五屆行政院文化獎。

周翔鶴　廈門大學臺灣研究院歷史研究所副教授。

林文龍　南投竹山人，現寓彰化和美。1952 年生，臺灣文獻館研究員。喜吟詠，嗜藏書，旁及文房雅玩。近年，以科舉與臺灣書院研究為重點。著《臺灣的書院科舉》、《彰化書院與科舉》、《臺灣科舉家族─新竹鄭氏人物與科名》，以及《掃籜山房詩集》、《陶村夢憶雜詠》等集。別有書話《書卷清談集古歡》，含〈陶村說書〉、〈披卷餘事〉二編。

邱榮裕　臺灣省桃園縣中壢市人，1955 年生，臺灣省立臺北師專、國立臺灣師範大學、日本立命館大學文學碩士、博士。歷任國小、國中教師、臺灣師範大學專任助教、講師、副教授，全球客家文化研究中心主任；兼任中央大學客家學院副教授、臺灣大學客家研究中心特聘副研究員、中華民國斐陶斐榮譽學會榮譽會員等；曾任國立臺灣師範大學校友總會秘書長、臺灣客家研究學會第六屆理事長、考試院命題暨閱卷委員、客家委員會學術暨諮詢委員、臺北市客家事務委員會委員等。
學術專長領域：臺灣史、客家研究、文化資產與社區。專書有：《臺灣客家民間信仰研究》、《臺灣客家風情：移墾、產業、文化》、《臺灣桃園大溪南興庄縉紳公派下弘農楊氏族譜》、《傳承與創新：臺北市政府推展客家事務十週年紀實（民國 88 年至 98 年）》、《臺北市文獻委員會五十週年紀念專輯》等，並發表相關研究領域學術研討會論文數十篇。

徐曉望　生於 1954 年 9 月，上海人。經濟史博士。現為福建社會科學院
　　　　歷史研究所研究員，閩臺文化中心主任。2000 年獲評國務院特
　　　　殊津貼專家，2012 年獲評福建省優秀專家，2016 年獲評福建省
　　　　文史名家。廈門大學宗教研究所兼職教授，福建師範大學歷史
　　　　系兼職教授，福建省歷史學會副會長。2006 年被聘為福建師範
　　　　大學社會歷史學院博士導師。主要研究方向為明清經濟史、福
　　　　建史、海洋史等。發表專著 30 餘部，發表論文 300 餘篇，其中
　　　　在《中國史研究》等核心刊物上發表論文 100 餘篇，論著共計
　　　　1000 多萬字。主要著作有：主編《福建通史》五卷本 186 萬字，
　　　　《福建思想文化史綱》40 萬字，個人專著有：《福建民間信仰源
　　　　流》《閩國史》《福建經濟史考證》《早期臺灣海峽史研究》《媽
　　　　祖信仰史研究》《閩商研究》《明清東南山區經濟的轉型——以
　　　　閩浙贛邊山區為核心》等；近著有：《福建文明史》《福建與東
　　　　南：海上絲綢之路發展史》等。獲福建省社會科學優秀著作一
　　　　等獎一次，二等獎三次，三等獎二次。

康　豹　1961 年在美國洛杉磯出生，1984 年耶魯大學歷史系學士，1990
　　　　年美國普林斯頓大學東亞系博士。曾經在國立中正大學歷史研
　　　　究所與國立中央大學歷史研究所擔任過副教授和教授。2002 年
　　　　獲聘為中央研究院近代史研究所副研究員，2005 年升等為研究
　　　　員，並開始擔任蔣經國國際學術交流基金會研究室主任。2015
　　　　年升等為特聘研究員。研究主要集中在近代中國和臺灣的宗教
　　　　社會史，以跨學科的方法綜合歷史文獻和田野調查，並參酌社
　　　　會科學的理論。

陳小沖　1962 年生，廈門大學歷史系畢業。現為兩岸關係和平發展協同
　　　　創新中心文教平臺首席專家，廈門大學臺灣研究院歷史研究所
　　　　所長、教授，《臺灣研究集刊》常委副主編。出版《日本殖民統
　　　　治臺灣五十年史》等多部專著及臺灣史學術論文數十篇。主持
　　　　或參加多項重大科研課題。主要研究方向：海峽兩岸關係史、
　　　　殖民地時期臺灣歷史。

陳孔立　1930 年生，現任廈門大學臺灣研究院教授、海峽兩岸和平發展
　　　　協作創新中心學術委員會委員。曾任廈門大學臺灣研究所所
　　　　長、中國社會科學院臺灣史研究中心副理事長、中國史學會理
　　　　事。主要著作有：《臺灣歷史綱要》（主編）、《簡明臺灣史》、《臺
　　　　灣歷史與兩岸關係》、《臺灣史事解讀》,《臺灣學導論》、《走近
　　　　兩岸》、《心繫兩岸》、《臺灣民意與群體認同》等。

黃卓權　1949 年生於苗栗縣苗栗市，現籍新竹縣關西鎮。現任客委會諮詢委員、新竹縣文獻委員、國立交通大學客家文化學院客座專家、《關西鎮志》副總編纂。專長臺灣內山開墾史、客家族群史、清代地方制度史。發表研究論著約百萬言，主編「新竹研究叢書」及文史專輯等十餘冊。主要著作：《苗栗內山開發之研究》、《跨時代的臺灣貨殖家：黃南球先生年譜 1840-1919》、《進出客鄉：鄉土史田野與研究》、《古文書的解讀與研究》上、下篇（與吳學明合著）等書；出版詩集《人間遊戲：60 回顧詩選》、《笑看江湖詩選》二冊；參與編撰《新竹市誌》、《獅潭鄉志》、《大湖鄉志》、《北埔鄉志》等地方誌書。

黃美英　政治大學宗教研究所博士生、法鼓佛教學院碩士（主修：佛教史、禪學）。清華大學社會人類學研究所碩士（主修：歷史人類學、宗教人類學、族群史）。臺灣大學中國文學系畢業、臺灣大學考古人類學系肄業。中央研究院民族學研究所研究助理、國立暨南國際大學歷史學系兼任講師。相關學術著作《臺灣媽祖的香火與儀式》、《千年媽祖》及論文二十多篇，主編十多冊書籍。

楊彥杰　男，廈門大學歷史系畢業，長期從事臺灣史和客家研究。歷任福建社會科學院研究員兼臺灣研究所副所長、科研組織處處長、客家研究中心主任、中國閩臺緣博物館館長等職，2014 年退休。代表作：《荷據時代臺灣史》、《閩西客家宗族社會研究》。撰著或主編臺灣史專題、客家田野叢書十餘種，發表論文百餘篇。

蔡相輝　中國文化大學史學研究所博士，歷任任國立空中大學人文學系主任、圖書館館長、總務長等職。現任臺北市關渡宮董事、臺南市泰安旌忠公益文教基金會董事、北港朝天宮諮詢委員、中華媽祖交流協會顧問等職。
著有：《臺灣的王爺與媽祖》（1989）、《臺灣的祠祀與宗教》（1989）、《北港朝天宮志》（1989、1994）《臺灣社會文化史》（1998）、《王得祿傳》（與王文裕合著）（1998）、《媽祖信仰研究》（2006）、《關渡宮的歷史沿革》《關渡宮的祀神》（2015）、《天妃顯聖錄與媽祖信仰》（2016）等專書及論文篇多。

《臺灣史研究名家論集》——總序

    《臺灣史研究名家論集》即將印行，忝為這套叢刊的主編，依出書慣例不得不說幾句應景話兒。

    這十幾年我個人習慣於每學期末，打完成績上網登錄後，抱著輕鬆心情前往探訪學長杜潔祥兄，一則敘敘舊，問問半年近況，二則聊聊兩岸出版情況，三則學界動態及學思心得。聊著聊著，不覺日沉西下，興盡而歸，期待半年後再見。大約三年前的見面閒聊，偶然談出了一個新企劃。潔祥兄自從離開佛光大學教職後，「我從江湖來，重回江湖去」（潔祥自況），創辦花木蘭出版社，專門將臺灣近六十年的博碩士論文，有計畫的分類出版，洋洋灑灑已有數十套，近年出書量及速度，幾乎平均一日一本，全年高達三百本以上，煞是驚人。而其選書之嚴謹，校對之仔細，書刊之精美，更是博得學界、業界的稱讚，而海峽對岸也稱許他為「出版家」，而不是「出版商」。這一大套叢刊中有一套《臺灣歷史文化叢刊》，是我當初建議提出的構想，不料獲得彼首肯，出版以來，反應不惡。但是出書者均是時下的年輕一輩博、碩士生，而他們的老師，老一輩的名師呢？是否也該蒐集整理編輯出版？

    看似偶然的想法，卻也是必然要去做的一件出版大事。臺灣史研究的發展過程，套句許雪姬教授的名言「由鮮學經顯學到險學」，她擔心的理由有三：一、大陸學界有關臺灣史的任務性研究，都有步步進逼本地臺灣史研究的趨勢，加上廈大培養一大批三年即可拿到博士學位的臺灣學生，人數眾多，會導致臺灣本土訓練的學生找工作更加雪上加霜；二、學門上歷史系有被社會科學、文學瓜分，入侵之虞；三、在研究上被跨界研究擠壓下，史家最重要的技藝——史料的考訂，最後受到影響，變成以理代証，被跨學科的專史研究壓迫得難以喘氣。另外，中研院臺史所林玉茹也有同樣憂慮，提出五大問題：一、是臺灣史研究受到統獨思想的影響；二、學術成熟度仍不夠，一批缺乏專業性的人可以跨行教授臺灣史，或是隨時轉戰研究臺灣史；三、是研究人力不足，尤其地方文史工作者，大多學術訓練不足，基礎條件有限，甚至有偽造史料或創

造歷史的情形，他們研究成果未受到學術檢驗，卻廣為流通；四、史料收集整理問題，文獻資料躍居成「市場商品」，竟成天價；五、方法問題，研究者對於田野訪查或口述歷史必須心存警覺和批判性。

　　十數年過去了，這些現象與憂慮仍然存在，臺灣史學界仍然充滿「焦慮與自信」，這些焦慮不是上文引用的表面問題，骨子裡頭真正怕的是生存危機、價值危機、信仰危機，除此外，還有一種「高平庸化」的危機。平心而論，臺灣史的研究，不論就主題、架構、觀點、書寫、理論、方法等等。整體而言，已達國際級高水準，整個研究已是爛熟，不免凝固形成一僵硬範式，很難創新突破而造成「高平庸化」的危機現象。而「高平庸化」的結果又導致格局小、瑣碎化、重複化的現象，君不見近十年博碩士論文題目多半類似，其中固然也有因不同學門有所創見者，也不乏有精闢的論述成果，但遺憾的是多數內容雷同，資料重複，學生作品如此；學者的著述也高明不到哪裡，調研案雖多，題材同，資料同，析論也大同小異。於是乎只有盡量挖掘更多史料，出版更多古文書，做為研究創新之新材料，不過似新實舊，對臺灣史學研究的深入化反而轉成格局小、理論重複、結論重疊，只是堆砌層累的套語陳腔，好友臺師大潘朝陽教授，曾諷喻地說：「早晚會出現一本研究羅斯福路水溝蓋的博士論文」，誠哉斯言，其言雖苛，卻是一句對這現象極佳註腳。至於受統獨意識形態影響下的著作，更不值得一提。這種種現狀，實在令人沮喪、悲觀，此即焦慮之由來。

　　職是之故，面對臺灣史這一「高平庸化」的瓶頸，要如何掙脫困境呢？個人的想法有二：一是嚴守學術規範予以審查評價，不必考慮史學之外的政治立場、意識形態、身分認同等；二是返回原點，重尋典範。於是個人動了念頭，很想將老一輩的著作重新整理，出版成套書，此一構想，獲得潔祥兄的支持，兩人初步商談，訂下幾條原則，一、收入此套叢書者以五十歲（含）以上為主；二、是史家、行家、專家，不必限制為學者，或在大專院校、研究機構者；三、論文集由個人自選代表作，求舊作不排除新作；四、此套書為長期計畫，篩選四、五十位名家代表

作，分成數輯分年出版，每輯以二十位為原則；五、每本書字數以二十萬字為原則，書刊排列起來，也整齊美觀。商談一有結論，我迅即初步擬定名單，一一聯絡邀稿，卻不料潔祥兄卻因某些原因而放棄出版，變成我極尷尬之局面，已向人約稿了，卻不出版了。之後拿著企劃書向兩家出版社商談，均被婉拒，在已絕望之下，幸得蘭臺出版社盧瑞琴女史遞出橄欖枝，願意出版，才解決困局。但又因財力、人力、市場的考慮，只能每輯以十人為主，這下又出現新困擾，已約的二十幾位名家如何交代如何篩選？兩人多次商討之下，盧女史不計盈虧，終於同意擴大為十五位，並不篩選，以來稿先後及編排作業為原則，後來者編入續輯。

　　我個人深信史學畢竟是一門成果和經驗累積的學科，只有不斷累積掌握前賢的著作，溫故知新，才可以引發更新的問題意識，拓展更新的方法、理論，才能使歷史有更寬宏更深入的研究。面對已成書的樣稿，我內心實有感發，充滿欣喜、熟悉、親切、遺憾、失落種種複雜感想。我個人只是斗膽出面邀請同道之師長友朋，共襄盛舉，任憑諸位自行選擇其可傳世、可存者，編輯成書，公諸同好。總之，這套叢書是名家半生著述精華所在，精彩可期，將是臺灣史研究的一座豐功碑及里程碑，可以藏諸名山，垂範後世，開啟門徑，臺灣史的未來新方向即孕育在這套叢書中。展視書稿，披卷流連，略綴數語以說明叢刊的成書經過，及對臺灣史的一些想法、期待與焦慮。

卓克華

2016.2.22 元宵　於三書樓

《臺灣史研究名家論集》——推薦序

陳支平教授在《臺灣史研究名家論集》第一輯之《推薦序》裡精闢地談論海峽兩岸學者共同參與「臺灣史研究」學科建設的情形，並謂「《臺灣史研究名家論集》，在一定程度上體現了當今海峽兩岸臺灣史學術研究的基本現狀和學術水準。這套論集的出版，相信對於推動今後臺灣史研究的進一步開拓和深入，無疑將產生良好積極的作用」。誠哉是言也！

值此《臺灣史研究名家論集》第二輯出版之際，吾人亦有感言焉。

在中國學術史上不乏「良好積極」的示範：一套叢書標誌著一門學科建設的開啟並奠定其「進一步開拓和深入」的基礎。

譬如，1935—1936 年間，由編輯家、出版家趙家璧策劃，蔡元培撰序，胡適、鄭振鐸、茅盾、魯迅、鄭伯奇、阿英（錢杏邨）參與編選和導讀，上海良友圖書公司編輯出版了十卷本《中國新文學大系》。於今視之，《中國新文學大系》之策劃和序論、編選與導言、編輯及出版，在總體上標誌著「中國新文學史研究」學科建設的開啟並為其發展奠定基礎。

「臺灣史研究」的學科建設亦然。1957—1972 年間出版的《臺灣文獻叢刊》具有發動和發展「臺灣史研究」學科建設的指標意義和學術價值。1988 年 1 月 30 日至 2 月 1 日在臺北舉辦的「臺灣史學術研討會」開始有邀請大陸學者、邀請陳孔立教授「共襄盛舉」的計畫。由於政治因素的干擾，陳孔立教授未能到會，他提交了論文《清代臺灣移民社會的特點》，由臺灣學者尹章義教授擔任評論人。陳孔立、尹章義教授的此次合作，值得記取，令人感慨！2005 年，陳支平教授主持策劃的《臺灣文獻彙刊》則是大陸學者對於「臺灣史研究」學科建設的一大貢獻。

在我看來，作為叢書，同《臺灣文獻叢刊》、《臺灣文獻彙刊》一樣，《臺灣史研究名家論集》對於「臺灣史研究」學科建設的意義和價值堪當「至重至要」四字評語。

《臺灣史研究名家論集》第二輯的作者所顯示的學術陣容相當可觀。用大陸學界的習慣用語來說，陳孔立教授、尹章義教授及其他各位教授

均屬於「臺灣史研究」的「學科帶頭人」、「首席學者」一類的人物。

　　臨末，作為學者和讀者，我要對出版《臺灣史研究名家論集》的蘭臺出版社與籌劃總主編卓克華教授表達敬意。為了學術進步自甘賠累，蘭臺出版社嘉惠學林、功德無量也。

汪毅夫

2017 年 7 月 15 日記於北京

《臺灣史研究名家論集》──編後記

　　《臺灣史研究名家論集》〈二編〉就將編校完成，出刊在即，蘭臺出版社編輯沈彥伶小姐，來電囑咐寫篇序，身為整套論集叢書主編，自是不容推辭。當初構想在每編即將出版時，寫篇序，不過（楊）彥杰兄在福州一次聚會中，勸我不必如此麻煩，原因是我在《初編》中已寫過序，將此套書編集成書經過、構想、體制，及對現今研究臺灣史的概況、隱憂都已有完整交待，可作為總序，不必在每編書前再寫篇序，倒不如在書後寫篇〈編後記〉，講講甘苦談，說說些有趣的事兒，這建議非常好，正合我意，欣然同意！

　　當初以為我這主編只要與眾位師長、好友、同道約個稿，眾志成城，共襄盛舉就好了，沒想到事非經過不知難，看似簡單不過的事兒，卻曲折不少。簡言之，有三難，邀稿難，交稿難，成書更難。此話怎說？且聽我一一道來：

　　一、邀稿難：這套論集是個人想在退休前精選兩岸臺灣史名學者約40-50位左右，將其畢生治學論文，擇精編輯，刊印成書，流傳後世，以顯現我們這一代學人的治學成績。等到真的成形，付諸實踐，頭一關便遇到選擇的標準，選誰？反過來說即是不選誰？雖然我個人對「名家」的標準指的是有「名望」，有「資望」，尤其是有「重望」者，心中雖有些譜，但真的擬定名單時，心中卻忐忑不安，擔心得罪人。一開始考慮兩岸學者比例，以三分之二、三分之一為原則，即每編15位學者中，臺灣學者10人，大陸學者5人，大陸學者倒好處理，以南方學者為主，又集中在廈門大學。較困難的是北方有那些學者是研究臺灣史的？水平如何？不過，幸好有廈大諸師友的推薦過濾，尚不構成困擾。較麻煩的反倒是臺灣本地學者，列入不列入都是麻煩，不列入必定會得罪人，但列入的不一定會答應，一則我個人位卑言輕，不足以擔此重任，二則有些學者謙虛客套，一再推辭，合約無法簽定，三則或已答應交給某出版社出版，不便再交給蘭臺出版社，四則老輩學人已逝，後人難尋，難以

簽約。最遺憾是有些作者欣然同意，更有意趁此機會作一彙編整理，卻不料前此諸多論文已賣斷給某出版社，經商詢該出版社，三番兩次均不答應割愛，徒呼奈何。此邀稿難。

二、交稿難：我原先希望作者只要將舊稿彙整擇精交來即可，以15萬字為原則，結果發現有些作者字數不足，必須另寫新稿，但更多的作者都是超過字數，結果守約定的學者只交來15萬字，因此割愛不少篇章，不免向我訴苦，等出版社決定放寬為20萬字時，已來不及編輯作業，成為一大憾事。超過的，一再商討，忍痛割捨才定稿。更有對昔年舊稿感到不滿，重新添補，大費周章，令我又佩服又慚愧。也有幾位作者真的太忙，拖拖拉拉，一再延遲交稿，幸好我記取《初編》經驗，私下有多約幾位作者，以備遞補，遲交的轉成《三編》、《四編》。但最麻煩的是有一、二位作者遲遲不簽合約，搞得出版社不敢出版，以免惹上著作權法的法律問題。

三、成書難：由於不少是多年前的舊稿，作者雖交稿前來，不是電子檔，出版社必須找人重新打字，不免延擱時間。而大部份舊稿，因是多年前舊作，參考書目，註釋格式，均已改變，都必須全部重新改正，許多作者都是有年紀的人，我輩習慣又要親自校對，此時已皆老眼昏花，又要翻檢原書，耗費時日，延遲交稿，所在皆是。而蘭臺出版社是一家負責任且嚴謹的公司，任何學術著作都要三校以上才肯出版，更耗費時間。

不可思議的在《二編》校對過程，有作者因年老不慎跌倒，顱內出血；或身體有恙，屋漏偏逢連夜雨，居然又逢車禍；或有住家附近興建大廈，整日吵雜，無法專心校對，又堅持一定要親自校對……等等，各種現象都有，凡此都造成二編書延遲耽擱（原本預計九月底出版），而本論集又是以套書形式出版，只要有一本耽誤，便影響全套書出版。

邀稿難，交稿難，成書更難，這是我個人主編《臺灣史研究名家論集》最大的切身感受，不過忝在我個人自願擔負此一學術工程的重大責任，這一切曲折、波折都是小事，尤其看到即將成書的樣稿，那心中的

喜樂是無法言宣的，謝謝眾位賜稿的師友作者，也謝謝鼎力支持，不計盈虧的蘭臺出版社負責人盧瑞琴女士。

卓克華

106 年 12 月 12 日 於三書樓

陳小沖

臺灣史研究名家論集

（二編）

蘭臺出版社

的規範條款，其中開篇第一條為：「本規程以改進書房義塾，逐漸令其准據公學校教科，並以矯正其風儀為目的。」換句話說，今後的書房經營方向應向公學校靠攏，依據公學校的準則對包括教學內容和學生禮儀風範的培養等諸方面開展全面「改善」。我們知道，公學校的教育主軸在於教授、普及日語，對學生進行日式的修身和「忠君（天皇）愛國（日本）」思想的培養，這種教育方針的轉向實質就是要徹底改造書房以往作為中華文化及漢學普及重鎮的核心架構，以與殖民同化政策相接軌，促進臺灣本地教育的殖民地化。但正如上文所述，與早期公學校招生躊躇不前形成鮮明對比的是，日據初期書房的活躍度卻顯著加大，書房數及學生數逐年增多，特別是到了 1902 年書房數已達公學校數的十一倍，學生總數超過公學校萬餘人。[23]在書房的教育內容上，亦與日人的期待相去甚遠：「自頒佈《關於書房義塾規程》（即《書房義塾相關規程》）以來，地方廳長或公學校，對其督導，可謂頗盡其責。惟多數書房教師依然為昔日秀才、童生之輩，只管教讀四書五經，墨守舊態，遽難有改進之效。」[24]所有這些無疑對總督府教育發展規劃帶來很大的衝擊。於是，以往緩和的、漸進式的書房改良主義政策便越來越體現出修正的必要性。因此，總督府學務部門責成各地方官廳訂定《書房義塾相關規程》實施細則，加強對書房的管理，如台東廳規定擬開設書房者，須先具明書房名稱、位置、塾主及教師履歷、教學專案，教科用書、教室用地平面圖、束脩及其他收入等，呈報廳長批准，違反者將予以關閉。新竹廳除了上述批准程式外，還指定書房須受所轄街莊長及公學校校長監督。宜蘭廳則飭令公學校各校長利於公餘視察監督各書房，責成改正。桃園廳對書房教師舉辦考試，合格者方授予證書。彰化廳更公告將漸次關閉公學校附近的書房，以利於公學校的發展，等等。[25]1910 年度之後，隨著公學校設施的逐步完善、殖民者優勢文化霸權的確立和殖民地社會大

[23]《重修臺灣省通志》卷 6 文教志社會志教育篇，南投：臺灣省文獻委員會， 1993 年版，第 445 頁。

[24]臺灣總督府學務部編：《臺灣學事要覽》，大正四年版，第 61-62。轉引自同上書，第 432 頁。

[25]《重修臺灣省通志》卷 6 文教志社會志教育篇，南投：臺灣省文獻委員會，1993 年版，第 430-431 頁。

環境的變化，新式教育和日語成為殖民地下出生長大的新一代臺灣人之生存必需，書房與公學校的地位由此發生了大轉換，前者的衰微勢成必然。到了 1922 年《臺灣教育令》頒佈，書房管理發生了大的變更，依據《私立學校規則》，書房被一併納入私立學校範圍，日據初期專門的書房管理法規──《書房義塾相關規程》隨之廢止，書房管理日益強化，臺灣的書房教育進入了另一歷史階段。

三、書房整編與教育之殖民地化

綜上可見，日據初期總督府當局制定了一系列縝密的書房管理政策並對書房進行了嚴格的監管，這是日本殖民者為建立新的殖民地教育體制而對臺灣既有的傳統教育體制施加的外在壓制，儘管在日據初期鑒於臺灣人民反抗鬥爭的激烈而採取改良主義的漸進治理措施，但其對傳統教育的衝擊依然是顯而易見的。而除了上述制度面的約束外，書房在殖民地社會背景下的內在變化則更應引起我們的重視。

首先，日語強勢地侵入了書房。歷史上的書房是傳統中華文化的傳播地，是臺灣人接受教育的最普遍且最基礎的園地。日人調查即稱：「本島一般人民之教育，皆於書房義塾行之。」[26]正是在這裡，人們認識了四書五經、唐詩宋詞、三皇五帝乃至先聖先賢，它是封建社會民眾的文化啟蒙之所，臺灣亦不例外。據木下邦昌的調查，臺灣書房所授課程：高等課程為經史、文章、詩絕，中等課程為書注、作對，初學者則以背誦白文及寫字為主。「兒童入門之初，先教以三字經，因其句短適於初學者之誦讀。次授四書五經及幼學群芳之類，進而令讀五經，尤進者始及四書全注，逐階修畢者，始授予古文詩賦。其間，兼課習字及作對，俟作對嫻熟，乃課以作文、作詩。」教科書為「三字經、論語、大學、孟子、幼學群芳、孝經、易經、書經、禮記、春秋、唐詩、千家詩、千字文、聲律啟蒙、史記、四書注解、爾雅、綱鑒、家語、左傳、公羊傳、

26臺灣「國史館」臺灣文獻館藏總督府公文類纂，轉引自大濱郁子：《書房義塾相關規程（府令）之制定過程與臺灣公學校設置之關連》，《臺灣文獻》第 16 卷第 21 期。

周禮、性理」。[27]這種教授中國傳統經典、傳播中華文化、傳承傳統價值觀的書房教學法，顯然與日本殖民當局的同化教育方針格格不入，是不可能允許長期存在的。實際上，總督府民政長官後藤新平於旨在籠絡本地士紳的揚文會上早就直截了當地告訴臺灣人，普及日語才是臺灣教育的根本目標所在：「帝國領台以來，雖然只經過五星霜，兵馬倥傯之際，教育設施雖然尚未能顯著，不過我們早鑒及島民化育之緊要，並以此為先，正在進行國語的傳習。」「現在的國語學校、師範學校、公學校等都是培養人才之所，其中尤其是公學校乃推行國（日）語教育的基礎。」[28]他強調「以普及國語作為臺灣發展教育之根本，理由如下：第一，作為溝通用語；第二，作為發展文化之必備工具；第三，作為同化之必要手段。」[29]後藤還專門就書房問題發出責難：「本島的書房教育方法，顯然不合時宜，也非養成國民、造就有用之才的途徑，所以早晚必須加以改良。」[30]落實到現實層面，日本殖民者便在法律法規上對此作出硬性規定，《書房義塾相關規程》第二條：「書房義塾之教科，雖可依舊慣，應逐漸加授日語及算術。」第五條：「加授日語、算術科目時，應由塾主經辦務署長向知事廳長報備。」[31]各地方官廳還積極推進書房的日語教學，如台東廳要求書房按照公學校規則來加授日語，且每年應上報日語教學進度，違反規定者強制關閉其書房。有的地方還派遣國語傳習所或公學校畢業生進入書房，負責教授日語。[32]於是，我們可以看到原先朗聲誦讀「人之初，性本善」的地方卻傳出了「あ、い、う、え、お」的聲音，這樣的書房已經與我們通常印象中的書房大大不同了，日據下的台灣教育之殖民地化，在此得到了充分的體現。

其次，同化思想大力滲透進了書房。日本殖民統治下的臺灣，教育

[27]臺灣教育會：《臺灣教育沿革志》，臺灣教育會，昭和14年版，第966頁。

[28]《臺灣總督府教育檔案》（下），第1437頁。

[29]井出季和太：《南進臺灣史考》，東京：誠美書閣，昭和18年版，第122頁。

[30]《臺灣總督府教育檔案》（下），第1437頁。

[31]臺灣教育會：《臺灣教育沿革志》，臺灣教育會，昭和14年版，第974頁。

[32]《重修臺灣省通志》卷6文教志社會志教育篇，南投：臺灣省文獻委員會，1993年版，第430-431頁。

的終極目標是為了將臺灣人培育成為大日本帝國的忠實臣民，企圖讓臺灣人一面效忠于天皇，一面得獲取有限的知識以為殖民者創造剩餘價值。因此，大日本皇民思想的塑造及忠君（天皇）愛國（日本）觀念的培養乃當務之急。反觀書房歷來的教育，卻以中華文化為其精髓，於是遭到日人的大加撻伐：「（書房）其教育法而言，一則崇尚清國，本島業已入為我國版圖以上，儘量早日頒佈日本式之教育法，使彼等之腦海內，不可有清國之觀念，實不用贅言。」他們主張修改書房教科書，「習字帖中有光緒月日者，改為明治年月日，三字經中崇奉清朝所記之中國歷史之處所刪除，加進我國之歷史。[33]台南縣知事磯貝靜藏則要求「（將）日本之國體、政體之大略，忠君愛國之要領，忠君愛國者之言行等編纂為漢文體，而將頒佈於臺灣島，讓學生學習之，不僅現在得以講讀而已，將來可以永久行之。而適於講讀之機關，乃以原來臺灣之教育場所充之，以民間多數之書房為之。假使開書房而教訓子弟者，必需並用頒在之書籍，使學生有學習義務時，認為於將來之國民教育裨益甚大。」[34]為此，《書房義塾相關規程》第四條規定：「教科用書除依舊慣外，臺灣總督得指定必修教科書。」這些由殖民當局指定的教科書有《大日本史略》、《教育敕語述義》、《天變地異》、《訓蒙窮理圖解》等。其中尤其值得關注的是，明治天皇的「教育敕語」被植入了書房。所謂「教育敕語」是明治維新後制定的有關日本教育大政方針的集中體現，以天皇敕語的形式頒佈昭告天下。1897 年底臺灣總督乃木希典向拓植大臣呈報：「茲將教育敕語之聖旨讓本島人民遵奉，乃為目前教育上最為重要，但右列人民中瞭解日語者僅有少數人，如仍照原文聖旨之旨意，實有難於貫徹之虞，於本島各學校恭讀敕語本之後，繼續恭讀附件之漢譯文是禱。」[35]該案立刻獲得日中央政府的批准，1898 年 2 月 18 日以總督訓令第 15 號頒佈實施，規定全台各公私立學校在恭讀教育敕語後，應隨即恭讀漢譯文，自此日人在各重大場合必慎重其事地恭讀教育敕語，以推動日本式

---

[33]《臺灣總督府教育檔案》（上），第 172-173 頁。

[34]《臺灣總督府教育檔案》（上），第 163 頁。

[35]《臺灣總督府教育檔案》（上），第 198 頁。

的道德教育，同時尊崇皇室威嚴。[36]總督府強加給書房要求作為必修課文的《教育敕語述義》，就是專門針對書房師生狀況特別編纂的，教育敕語在此被譯為臺灣書房教師耳熟能詳的漢語文言文，同時予以要義闡述，以方便教學。殖民當局強制要求將《教育敕語述義》「普遍頒發書房義塾，從今以後教師應更加奉體聖旨，時常教誨學生教養之道，不得有失誤。」[37]如此一來，教育敕語中日本「肇國宏運」、「國體精華」的喧嘩與「義勇奉公、以扶翼天壤無窮之皇運」等奮勇、愚忠信念的灌輸，如同魔咒一般在新一代臺灣人成長道路上糾纏不休，其帶來的影響，不可謂不著。譬如經歷過那個時代的一些臺灣人就曾回顧：「我認為『教育敕語』就是日本的憲法。日本的教育敕語對做人做事的影響很大，每逢節日各學校都會朗讀教育敕語，因此日本的教育思想很容易就灌輸到每個人的思想當中。」[38]看來，其帶來的潛移默化的影響，似應引起人們的關注。

　　再次，書房內在結構出現了變異。臺灣傳統書房的塾主或塾師身份為貢生、廩生、生員和童生，也有的是未有功名的讀書人。我們根據臺灣總督府調查資料對 1898 年臺北縣書房教師身份做了一個統計，發現在 457 名書房教師中，有貢生 1 人，廩生 3 人，生員 6 人，監生 1 人，俗生 1 人，秀才 18 人，讀書人 5 人，資格不明者 1 人，而童生則達 421 人之多。[39]所謂童生即街莊中通曉文章詩賦之讀書人而擬通過縣級考試者。童生資格者佔據書房教師的絕大多數，說明清末日據初的書房教育相對而言尚屬於較為初級的水準。故有日人曾諷刺書房先生教孔孟之書卻不解孔孟之義，甚至為糊口而奔波兼職，行為無異商旅。[40]日本殖民統治後，日人即借教師資格問題對書房進行所謂改良，如澎湖廳每年舉

---

[36]《臺灣總督府教育檔案》（上），第 10 頁。

[37]《臺灣總督府教育檔案》（下），第 1284 頁。

[38]《宜蘭耆老談日據下的軍事與教育》（宜蘭文獻叢刊 9），宜蘭縣立文化中心，1996 年版，第 176 頁。

[39]《臺灣總督府教育檔案》（下），第 995-1025 頁。原統計總數為 460 人，似誤。

[40]《教育會雜誌》第 33 號，轉引自《重修臺灣省通志》卷 6 文教志社會志教育篇，臺灣省文獻委員會，南投，1993 年版，第 435 頁。

辦書房教師講習會，每期三十天，修業三年頒發證書，學科有日語、算術、禮節三科，其中日語分閱讀和會話，閱讀每週六小時，三年內授完公學校一至三年級國民讀本，會話每週十二小時，講授日語文法與表達技巧。書房教師將學習內容轉授於其所開書房而成績優良者，官廳每年給予補助金。[41]其餘桃園廳、鹽水港廳等亦皆如此。在這裡，昔日的夫子們在殖民者的威壓下不得不學習和教授日語了，雖然一開始是漸進式的，涉及的面也沒那麼廣，但畢竟傳統書房開始發生了異化。到了 1922 年後，隨著新式教育的普及，一些接受了新式教育的書房教師開始出現，其人數呈現出超越傳統出身者的趨勢，這部分書房的變化就更加顯著了。與此同時，日本殖民者對書房教師還採取了收編的措施，延聘有名望的書房教師到公學校教授漢文，於是我們看到了殖民地初期的一個怪現象，即作為新式教育的公學校裡居然出現了身份為舉人、秀才、童生的教師，譬如 1898 年末台中縣公學校在職人員名冊中，就有台中縣公學校的秀才賴石村、葫蘆墩公學校的秀才張錫九、犁頭店公學校的童生林秉鈞、霧峰公學校的舉人莊士勳、員林公學校的秀才林朝楨、北斗公學校的廩生林朝榮、北港公學校的廩生蔡然標等等，從名單上看幾乎每所公學校都有一名舊書房教師任職教授漢文。[42]顯然，日本殖民者是企圖借此一面削弱傳統書房的力量，另一面增加公學校的吸引力，與書房搶奪生源，以達到一石二鳥的目的。

當然，書房畢竟是歷史上臺灣人接受教育的傳統處所，日本殖民者想在短時間內改變臺灣人的受教育習慣是不可能的，故事實上日據後十年間傳統書房在數量上仍然超過了公學校。而一些書房的漢民族意識及中華文化傳承氛圍更依然十分濃厚，譬如在教科書問題上，儘管面對殖民當局的高壓，不少書房卻陽奉陰違，仍舊採用清廷所編國文教科書、修身教科書、中國歷史教科書等。[43]1911 年總督府特別頒發《書房義塾

---

[41]《臺灣總督府學事年報》第四年度，《臺灣教育會雜誌》第四號，轉引自《重修臺灣省通志》卷 6 文教志社會志教育篇，南投：臺灣省文獻委員會，1993 年版，第 430、431 頁。

[42]《臺灣總督府教育檔案》（下），第 1027-1030 頁。

[43]臺灣教育會：《臺灣教育沿革志》，臺灣教育會，昭和 14 年版，第 979 頁。

教科書管理法》，強化取締，也還是有書房使用中華民國教科書的現象。
書房依舊是臺灣民眾心目中中華文化底蘊深厚的地方，一些祖國意識強
的民眾，也選擇書房作為接受教育的場所，如有宜蘭民眾在回憶日據時
代教育時說：「（讀公學校的學生）很多人中途退學之後，就到私塾去念
漢學。以前各村莊的廟或大戶人家，都會請老先生去教漢學。我到公學
校讀書的時候，還被我叔公罵說：『活人去讀什麼鬼書』。」[44]從這個意
義上說，書房在一定時間內和相當程度上被作為了中華文化的存在的象
徵。一些學者亦言：「（書房）滿足（臺灣人）對母語（Mather Tongue）
之親近感，至少在維繫民族認同一點所作之貢獻，其歷史價值，似應受
肯定。」[45]然而放眼整個日據時代，除了那些頑強堅持的人們外，絕大
多數的臺灣人或迫於殖民統治高壓、或緣於社會生存的需要等等原因，
而被逐步納入了日本殖民地教育體制，書房也在 1922 年後日漸走向衰
微，加上總督府改良、取締政策下書房自身內部構成發生了改變，因而
我們認為日據時期臺灣社會中書房的中華文化傳承作用既存在但也不
必過於高估。

---

[44]《宜蘭耆老談日據下的軍事與教育》（宜蘭文獻叢刊 9），宜蘭縣立文化中心，1996 年版，
　　第 179 頁。
[45]吳文星：《日據時代臺灣書房之研究》，《思與言》第 16 卷第 3 期；《日據時代臺灣書房教
　　育之再檢討》，《思與言》第 26 卷第 1 期。《重修臺灣省通志》卷 6 文教志社會志教育篇，
　　南投：臺灣省文獻委員會，1993 年版，第 445 頁。

碑刻文獻所見之日本在臺殖民統治
與社會變遷

近代以來，臺灣經歷了由封建社會到半殖民地半封建社會乃至殖民地社會的多次轉型，尤其是在日本殖民統治下的半個世紀裡，政治、經濟、教育、文化等領域所受影響較深，方方面面開始出現一些新的變化。據此，有日本學者聲稱日據時期臺灣社會日本化了[1]，更有部分人士認為臺灣社會在日據時期逐步走向「脫中國化」的道路[2]。事實果真如此嗎？究竟應如何客觀評價日據時期臺灣社會變遷？本文擬針對這一臺灣史研究領域的焦點課題，以碑刻文獻為視角展開初步探討，以求教於方家。

（一）

學界研究表明，中國歷史上的碑刻文獻著錄始於《史記》，而利用則始於許慎的《說文解字》，歐陽修《集古錄》，趙明誠《金石錄》均為碑刻文獻學之名著。[3]從當代史學研究的角度看，明清之後，政府為了強化社會教化、治理，推動國家律法之宣達，鄉族地主階級為控制地方社會經濟文化，在城鄉社會生活中，多將山川、津渡、水利、教育、寺廟、宗祠、墳塋等等事項以及名宦鄉賢事蹟、規約示禁條文，以勒石立碑的方式昭示世人，以垂久遠，成為中國傳統社會的一大特色。碑刻文獻史料內容涵蓋了社會的各個方面，涉及的範圍相當廣泛，是瞭解中國傳統社會的一扇窗戶，其社會史的意義實不容忽視。故世人云：「碑碣之存也，或為史事之印證，或為史家所取資，故識者寶之，

---

[1]　澀谷司：《國民黨的臺灣化》第五節「日本時代臺灣住民的日本化」，《海外事情》1990年第 2 期。

[2]　黃文雄：《日本留給臺灣的精神文化遺產》，洪平河譯，前衛出版社，臺北，2008 年版，第 41 頁。鐘逸人：《辛酸六十年》，自由時代出版社，臺北，1988 年版，第 17 頁。

[3]　吳繼剛、何山：《新時期碑刻文獻研究的指南——讀〈碑刻文獻學通論〉》，《學行堂文史集刊》2011 年第 1 期。

珍逾彝鼎。」[4]「舉凡山川城池，風土民情，歷代所為精神建設及物資
建設，與夫名宦鄉賢先烈之嘉言懿行，莫不藉以垂久遠，而供後世之摩
挲考證。」[5]

　　臺灣自鄭成功收復後，歷經鄭氏集團與清廷二百餘年的治理，中華
文教體系在這塊土地上業已生根開花，且隨著閩粵移民的拓墾經營，大
陸原鄉社會生活模式被複製到了臺灣，同時又依臺灣人文地理條件而發
展出自身的特殊樣貌。臺灣社會歷史發展留下了豐富的地方資料，碑刻
文獻便是其中之一。早在上世紀 50 年代開始，臺灣學界對於碑刻文獻
的整理即已獲得了相當成績，清代碑刻文獻有劉枝萬編：《臺灣中部碑
文集成》[6]收錄臺灣中部一市三縣（台中市、台中縣、彰化縣、南投縣），
即原清代彰化縣區域碑刻文獻；黃典權編：《臺灣南部碑文集成》（上、
下）[7]主要收錄二市五縣（台南、高雄市及雲林、嘉義、台南、屏東、
澎湖各縣），附錄台東、花蓮兩縣若干。另有專門門類的教育碑刻集——
《臺灣教育碑記》[8]。1994 年臺灣省文獻委員會編輯出版《明清臺灣碑
碣選集》，綜合臺灣歷史上較具史料價值的碑文予以選編，後二者在內
容上與劉、黃二人主編的中南部碑文有不少重複的地方。以上碑刻文獻
多為清代，部分或上延至明末，換言之均為 1895 年割台之前的歷史文
獻，運用此等文獻進行的臺灣史研究成果豐碩，在此恕不一一贅述。與
此形成鮮明對照的是，在日據時期臺灣史研究中，由於其現存龐大資料
相對於清代及其之前大大豐富，傳統碑刻文獻反而被淹沒在浩瀚史料之
中，儘管有 1990 年代鄭喜夫等編輯出版的《日據時期臺灣碑文集成》[9]
與何培夫主編之《臺灣地區現存碑碣圖志》[10]面世，絕大多數的該歷史

[4]　鄭喜夫、陳文達、莊世宗：《日據時期臺灣碑文集成》，序二，「中華民國」史跡研究中心，
　　　南投，1992 年版，第 3 頁。
[5]　黃耀東編：《明清臺灣碑碣選集》，弁言，臺灣省文獻委員會，南投，1994 年版。
[6]　《臺灣中部碑文集成》，臺灣文獻叢刊第 151 種，臺灣銀行，臺北，1962 年版。
[7]　《臺灣南部碑文集成》，臺灣文獻叢刊第 218 種，臺灣銀行，臺北，1966 年版。
[8]　《臺灣教育碑記》，臺灣文獻叢刊第 54 種，臺灣銀行，臺北 1959 年版。
[9]　鄭喜夫、陳文達、莊世宗：《日據時期臺灣碑文集成》，「中華民國」史跡研究中心，南投，
　　　1992 年版。
[10]何培夫主編：《臺灣地區現存碑碣圖志》（各縣市篇），「中央」圖書館臺灣分館，臺北，

時期碑刻文獻得以收入其中,但我們尚未發現從碑刻文獻出發對日據時期社會歷史進行研究的例子。難道碑刻文獻對於日據時期臺灣史研究而言價值不高嗎?答案顯然是否定的。那麼,日據時期的碑刻文獻較諸清代又有什麼樣的特點呢?

以下試就《臺灣地區現存碑碣圖志》(北部縣市)、清代《臺灣中部碑文集成》、《臺灣南部碑文集成》與日據時代的《日據時期臺灣碑文集成》四部碑刻文獻做一比較:

臺灣清代及日據時期碑刻文獻分類統計表:

類別／區域	記事讚頌		哀誄紀念		祠廟寺觀		津渡道路		示禁諭示		書院學校		合計	
清代臺灣北部	18	13%	16	12%	66	49%	9	7%	22	16%	4	3%	135	100%
清代臺灣中部	20	19%	3	3%	30	28%	5	5%	40	37%	9	8%	107	100%
清代臺灣南部	82	18%	11	2%	226	50%	30	7%	94	21%	7	2%	450	100%
日據時期全台	26	18%	15	11%	88	62%	9	6%	1	1%	3	2%	142	100%

資料來源:《臺灣地區現存碑碣圖志》(臺北縣篇,臺北市、桃園縣篇,苗栗縣篇),「中央」圖書館臺灣分館,臺北,1994、1999年版;《臺灣中部碑文集成》,臺灣文獻叢刊第 151 種;《臺灣南部碑文集成》,臺灣文獻叢刊第 218 種;《日據時期臺灣碑文集成》,「中華民國」史跡研究中心,南投,1992 年版。按清代北部為部分縣市資料,表中百分比數位四捨五入。

上表我們將清代臺灣北部、中部、南部及日據時期全台碑刻文獻依其內容進行分類統計,分類標準主要參考毛遠明先生的碑刻文獻學權威著作《碑刻文獻學通論》一書。[11]從中可以看到,清代乃至日據時期的

1994、1999 各年版。

[11] 毛遠明:《碑刻文獻學通論》,中華書局,北京,2009 年版。

碑刻文獻既有共同點，亦有不同之處。其中最突出的共同點是從碑刻文獻的類別分佈比例來看，各時期祠廟寺觀類數量均明顯居前。當然，這與臺灣移民社會的歷史特點密切相關。早期移民渡台多以鄉貫聚集，漳、泉、粵各為分類，祖籍結合紐帶是其生存的基礎，甚而由此發生分類械鬥，故史稱：「台之民不以族分，而以府為氣類；漳人黨漳、泉人黨泉，粵人黨粵，潮雖粵而亦黨漳，眾輒數十萬計。」[12]正如血族結合以祖先崇拜之宗廟為其中心，地緣結合則主要依鄉土神明寺廟為其信仰家園，民間信仰作為移民精神寄託隨之來到臺灣，除了佛祖觀音、關聖帝君等全國性神明之外，媽祖、王爺、保生大帝、清水祖師乃至三山國王等等祖籍神明紛紛分香來台，民眾建廟祭祀並形成祭祀圈，每逢神明聖誕、歲時節俗，無不頂禮膜拜，這種民間信仰習俗從清代直至日據時期，都得到了長久的保持。基於此，則祠廟寺觀類碑刻數量高居所有碑刻文獻前列便不難理解了。

　　不過，從上表我們亦發現了清代與日據時期兩個時代的顯著不同點，即示禁諭示類碑刻文獻數字出現了異常：清代臺灣碑刻文獻中示禁諭示類數量僅次於前述之祠廟寺觀類居於次席，臺灣中部前者（占 37%）占比甚至還超越後者（占 28%）居於首位。但是到了日據時期，示禁諭示類碑刻文獻急劇下降，僅僅只有一例，接近於零。如此巨大的反差是如何發生的？它說明了什麼？這引起我們的興趣。

　　示禁諭示碑是歷史上中國普遍存在的社會治理模式，明清以來官方之政令下達除了公文文書、書面告示和口頭宣諭外，立碑示禁是另一個傳遞政府政令和法律精神的重要途徑。此外示禁碑的設置主體除了官府，還有民間。研究表明，明清時期隨著鄉族勢力的興起，政府對於地方社會的治理往往較難直接觸及基層，而需通過士紳階級作為中間橋樑，形成官府—士紳—民眾的社會權力結構，在臺灣人的原鄉閩南地區此一情形十分普遍。[13]而上揭碑刻文獻顯示，作為閩南粵東移民開發的

---

[12]姚瑩：《答李信齋論臺灣治事書》，《東槎紀略》卷四，臺灣文獻叢刊第 3 種，臺灣銀行，1957 年版，第 111 頁。

[13]參閱陳支平：《近 500 年來福建的家族社會與文化》，三聯書店，上海，1991 年版；吳琦主

目的地臺灣，清代立碑示禁諭示也同樣成為官府與民間強化地方社會治理的重要手段。現在問題來了，乙未割台之後，同樣是這塊土地，示禁諭示碑數量卻從高位直落谷底，《日據時期臺灣碑文集成》收錄的碩果僅存的一例是 1911 年嘉義梅山坎頭厝與梅仔坑兩地民眾就玄天上帝祭典糾紛達成的《械鬥和解契約》，在官方見證下商定了雙方應予遵守的規範，實際上該碑能否歸入嚴格意義的示禁碑範疇，尚屬存疑。[14]為慎重起見，我們再仔細對照《臺灣地區現存碑碣圖志》各冊，獲見全台尚有兩件日據時期的示禁諭示碑，分別為臺北的《嚴禁破壞龍脈碑記》[15]和台南的《嚴禁佔用江氏祠堂立約碑記》[16]。然而即便如此，示禁諭示碑仍然在所有日據時期碑刻文獻中處於末位，與其在清代的地位實不可同日而語。

　　究竟應如何解析上述轉變？筆者認為還應從示禁諭示碑的本源談起。所謂示禁諭示碑顧名思義就是發佈諭示、禁止類佈告、條文，以勒石豎碑的形式出現的官方法條或民間規約公告，相較於紙質的佈告，可以久置戶外，或嵌於祠廟牆體，或立於渡津通衢，窮鄉僻壤、升斗小民均可不時窺見，它是明清以來中國城鄉社會宣示政策、律法乃至民間習慣法的常用方式。在大陸，此等方式直至民國時期仍然大量保留。[17]然而，1895 年後的臺灣，情形有了大的變化。隨著臺灣淪為日本殖民地，殖民當局迅速地在全台建立了一整套的殖民統治體系，除了政治上實行總督專制統治、經濟上控制台灣經濟命脈、同時開展殖民教育整編、推行文化同化政策等等之外，尤為重要的是，在島內全面推進殖民地法制建設，日據前期實施了以「六三法」、「保甲條例」、「匪徒刑罰令」為中

編：《明清地方力量與地方社會》，中國社會科學出版社，北京，2009 年版。

[14]《梅山崁頭厝械鬥和解契約碑記》（明治四十四年），鄭喜夫、陳文達、莊世宗：《日據時期臺灣碑文集成》，第 33-34 頁。

[15]《嚴禁破壞龍脈碑記》（明治四十四年），何培夫主編《臺灣地區現存碑碣圖志》（臺北市桃園縣篇），「中央」圖書館臺灣分館，臺北，1999 年版，第 205 頁。

[16]《嚴禁佔用江氏祠堂立約碑記》（昭和五年），何培夫主編《臺灣地區現存碑碣圖志》（台南縣篇），「中央」圖書館臺灣分館，臺北，1994 年版，第 252 頁。

[17]參閱王日根：《從示禁碑看清至民國閩南地方政府對社會的治理》，收入卞利、胡中生主編：《民間文獻與地域中國研究》，黃山書社，合肥，2010 年版。

心的鎮壓人民反抗的種種舉措和特別立法。後期在血腥鎮壓臺灣民眾武裝反抗鬥爭後，轉而大肆宣揚臺灣人日本人同為「天皇子民」、應實現「內（日）台如一」，將日本國內法律如刑法、商事法和民法等延長實施於臺灣，殖民地法律體系趨於完備。與此同時，日本殖民者更在臺灣建立了嚴密的警察統治網絡，警察數量眾多，管轄領域廣泛，甚至不少地方的基層行政官員亦由警察擔任，時人云：當局「法令之下達、日常生活、道路警衛、堡莊交通以及水利土工至企業生產，無一不需借助於警察之力。」臺灣行政系統「雖是總督府——各廳各課——人民，而事實上，總督透過警察與人民相接，以巡查充任稅務、衛生、農政等諸般事務，人民耳目所見之官吏，惟有警察而已。」[18]因此，日本殖民者據台伊始，就已迅速地在臺灣建立了一整套較為完備的法律體系和警察隊伍，近代化的法制社會初步形成，政府政令可依託強有力的殖民統治機器快速傳達至社會的每一個角落，民眾的訴求亦大多被引導到透過法律途徑加以解決，以往傳統色彩的立碑示禁諭示方式不適應變化了的新時代，自然處於被淘汰的命運。也就是說，高效的殖民地法律體系和警察統治應是日據時期臺灣社會示禁諭示碑遭致基本終結的最主要原因。示禁諭示碑之趨於式微凸顯了臺灣社會的快速殖民地化，而這一現象本身亦即是日據時期臺灣社會變遷的真實寫照。

（二）

　　日本在臺灣的殖民統治長達半個世紀，期間勢必留下了不少的殖民地印記。前一時期臺灣島內曾經翻譯出版過日人片倉佳史撰寫的一本書：《臺灣土地，日本表情——日治時代遺跡紀行》[19]，它以圖文並茂的方式記錄了日本人在這 50 年間留下來的建築（包括車站、警署、神社等）遺跡，從中可以看出該書作者之探秘與懷舊情結。對此我們要說，

---

[18]竹越與三郎：《臺灣統治志》，博文館，東京，1905 年版，第 248 頁。

[19]片倉佳史：《臺灣土地、日本表情——日治時代遺跡紀行》，姚巧梅譯，玉山社，臺北，2004 年版。

其實作者還遺漏了一個重要的日人遺跡類別，那就是本文所研究的主角——碑碣。

毫無疑問，日據時期的臺灣碑刻文獻相較於清代的重要特點就是出現了來自殖民者之手或有日人參與其中的碑刻記錄。以下我們將這些涉日碑碣大致分為幾種類型予以描述：

其一，紀念日人對臺灣的佔領，以教化殖民地民眾。此類的碑碣數量不在少數，其典型者為日本皇室北白川宮能久親王紀念碑。這塊立於基隆三貂嶺的碑碣由日本首任殖民總督樺山資紀親撰碑文，其文曰：「明治二十八年戰役之後，臺灣全土歸我版圖矣，而土匪蜂起頑抗，北白川宮以近衛師團長，遂能奏討賊之功，其偉勳赫赫于萬世，三貂嶺我軍初上陸置師團司令部之地，今乃建石此地，以傳後世。」[20]與此相關的還有新竹的《故近衛師團長陸軍大將勳位功三級北白川宮能久親王殿下露營禦跡碑》，碑文稱頌親王身先士卒，激勵士兵「一以當千」，其「高勳可仰也，偉跡可傳也」。[21]

另一日據時期較為著名的日人紀念碑為所謂的芝山岩《學務官遭難之碑》，其文由日本內閣總理大臣伊藤博文親撰，略謂：「臺灣全島歸我版圖，革故鼎新，聲教為先，正五位楫取道明等六人，帶學務派八芝蘭士林街，專從其事，會土匪蜂起，道明等死之，時明治二十九年也。」[22]歷史上這一事件的實際情形是作為殖民教育官史的楫取道明等人充當了殖民地教育的急先鋒，他們深入臺北芝山岩地區，以種種手段大力勸誘臺灣人進入所謂的國語傳習所學習日語、接受日本教育，還霸佔臺灣人尊崇的開漳聖王廟宇，被臺灣義軍視為有辱斯文且褻瀆神明，激起義憤，起而殲之。[23]而在殖民當局看來，卻是為殖民地事業捨生取義者，

---

[20] 《北白川宮征討紀念碑》（明治二十九年十一月），鄭喜夫、陳文達、莊世宗：《日據時期臺灣碑文集成》，第 6 頁。

[21] 《故近衛師團長陸軍大將勳位功三級北白川宮能久親王殿下露營禦跡》（明治二十九年），鄭喜夫、陳文達、莊世宗：《日據時期臺灣碑文集成》，第 5 頁。

[22] 《學務官遭難之碑》（明治二十九年），鄭喜夫、陳文達、莊世宗：《日據時期臺灣碑文集成》，第 3 頁。

[23] 參閱陳小沖：《日據初期臺灣的書房調查及殖民地教育整編》，《臺灣研究集刊》2010 年第 4 期。

值得紀念。

上述事例宣揚了日本皇室與殖民者的所謂功勳,其目的一方面是激勵侵台日人的殖民使命感,另一方則試圖通過這些改朝換代的象徵物,威嚇所謂的殖民地新附之民——臺灣人,每逢紀念日更組織民眾或學生追思祭拜,充當著殖民地教化的功能角色。

其二,吹噓殖民者的治台事蹟,以親民樣貌籠絡民心。如位於宜蘭的《西鄉廳憲德政碑》便是此類碑碣之一,該碑文稱:(前宜蘭廳長)西鄉菊次郎「德風偃草,陰(蔭)雨膏田」,「其捧檄蘭陽也,時則匪正跳樑,民不安堵」,於是剿撫並用,終致「四境昭肅清之象」;又「興學校」、「均田賦」、「開町畦」、「防氾濫」,「舉凡救弊補偏、興利除害,莫不敢人之所畏、易人之所難者。」該碑聲稱「今日勒瑉志美,洵出吾民月旦之公評」,民眾「截鐙有心,留鞭無計」,故「漫繡平原之像,立香火于萬家,好刊叔子之碑,傳榮光於千載」。[24] 必須指出的是,一般而言此類德政碑、去思碑是當時部分有心人士借闔邑「紳董商庶」之名預先策劃進行的,其未可視作代表宜蘭全體民意自不待言。何況,從該碑劈頭一句「昔日漢民族攀黃霸之轅、齊州留薛公之榻……」的遣詞用句來看,給人感覺似乎是出自日人之手草擬的文章風格。在我看來,或許它就是日人背後操縱的自我吹捧之作,亦未可知。這樣做的目的,無非是試圖將殖民統治者裝扮成親民宰牧的形象,以臺灣民眾熟知的方式(清代類似去思碑、功德碑十分常見),將殖民者的柔性形象植入臺灣社會,促使臺灣人認可其統治之既成事實,以達成潛移默化的效果。

其三,效法中國前代故事,宣示殖民統治之正當性,典型碑碣如澎湖的《田中井記碑》,其文如下:

> 久旱逢甘雨,民人咸知其可歡。鑿斥鹵之地得清水,其利於人間衛生可知也。今歲征清之役,予奉欽命俱帝國聯合艦隊及混成枝隊兵,進攻海南澎湖,佔據媽宮城。嗣開行政廳,予為其長官,偶軍中疫癘熾播,姑移廳事於西社,駐轅理政。惟澎湖之地,磽

---

24 《西鄉廳憲德政碑》明治三十八年),鄭喜夫、陳文達、莊世宗:《日據時期臺灣碑文集成》,第 22 頁。

確斥鹵乏清水，偶有井水，苦城不可飲。天候列炎，我軍民人因
罹疾疫者，為不鮮少。予常患之。遍相一地，督部僚鳩工人鑿井，
起工以至完竣，約四十日。水深約二丈，水質清冽，毫無城味，
可喜也籲。澎湖全島既城井，而今得井水之甘美俾人，後永賴此
井之澤，猶久旱之於甘雨，豈獨予之幸也。名曰田中井，此勒緣
由，以傳不朽云。
有泉涓涓清澈肺腑井而汲之萬斛任取造物無主其澤無數
時在大日本帝國明治二十八年五月勒並題
澎湖列島行政長官民軍少將正五位勳三等田中綱常[25]

　　讀完碑文，人們隱約可以感覺到這是一個熟悉的敘事橋段：時光倒
流至 1682 年（康熙二十一年）清廷征台大軍駐紮澎湖，「天時陽亢，
泉流殫竭，軍中汲汲之道，遙遙難致。」而天妃廟前水井城鹹苦澀，難以
飲用。施琅於是「殫抒誠愫，祈籲神聰。不崇朝而泉流斯溢，味轉甘和」，
人們無不禱頌此乃「聖天子赫濯之威，以致百靈效順，山海徵祥」。[26]類
似的例子還有新竹大甲鐵砧山的國姓爺井，相傳鄭成功「屯兵大甲，以
水多瘴毒，乃拔劍斫地，得泉味清冽。」[27]諸如此類的圍繞著井水的神
跡故事在早期閩台各地曾不斷上演傳頌，從聖天子的天威到媽祖的靈異
抑或國姓爺之神力，其實都在暗示這樣的一個邏輯，即創造這些神話般
「井水傳說」的主人的行為得到了神授，他們的所作所為乃遵循上天的
旨意，擁有當然的正當性，是應予以接受的。顯然，日本人在澎湖正沿
襲、效仿和利用這一中國古老民間傳說，為其對臺灣澎湖的佔領抹上合
法、正當的色彩。
　　其四，高調宣揚中國傳統，以漢文化繼承者的身份切入臺灣社會。
日據之後，面對臺灣人民的反抗，日本殖民者在鎮壓的同時也採取了安

---

[25]《田中井記碑》（明治三十八年五月），鄭喜夫、陳文達、莊世宗：《日據時期臺灣碑文集
　　成》，第 1 頁。
[26]施琅：《師泉井記》，《靖海紀事》上卷，臺灣文獻叢刊第 13 種，臺灣銀行，臺北 1957 年
　　版，第 20-21 頁。
[27]陳培桂：《淡水廳志》（第三冊）卷十三考三古跡考，臺灣文獻叢刊第 172 種，臺灣銀行，
　　臺北，1963 年版，第 344 頁；《國姓爺井碑記》（光緒十一年），《臺灣中部碑文集成》，
　　臺灣文獻叢刊第 151 種，第 60-61 頁。

撫的手段，其中的重要措施之一便是出臺了所謂的「尊重舊慣」政策，即一定程度保留臺灣社會傳統風俗，拉攏社會「有力者」階級，化解民眾抵觸情緒。具體措施包括設立揚文會，與地方文人詩文唱和，向士紳耆老頒發紳章，提倡孝道，等等。這些在碑刻文獻中均有所體現。譬如《天旌節孝碑》即宣傳苗栗嘉盛莊老嫗胡阿應「性質溫雅，順善事舅姑，當妙齡而喪所天，爾時舅姑憐其寡偶，恐難終守栢舟之操，屢屢婉勸再醮，乃矢志靡他，堅不從命，一意奉養。」「更能念切宗桃，養兒孫而撫育，若等志行操守備冰霜，既經四十七年如一日。」殖民當局以順應民意為由，予以褒獎：「賜予綠綬褒章，表彰其善行」，並勒石豎碑，以廣為宣揚。[28]而下述臺北節孝祠的重葺經過，則更是日人「尊重舊慣」政策之完整體現，其碑記如下：

> 今皇帝御宇三十七年冬，臺北節孝祠告成，小宮元之助君謂予曰：祠既成矣，曷不立碑以記之，夫有廟必有碑，所以敘政府表揚節孝之盛典，以及操守節孝者之光榮，使當時之人，讀其文而明其事，閨門之內，奉為儀型。吾知教成于家風移乎俗，其有關夫政治倫常者，豈淺鮮哉，君其志諸碑。予於是作而言曰：君之意美矣，善矣，予敢不遵命而略記之。憶舊政府時予與王君慶壽、慶忠，杜君廷勳等，因紳民建設之例，稟請於官，捐資擇建於臺北城東門內，其地位鄉人蘇義吉所獻。迨經營甫畢，適逢割台，塵氛未靖，立碑之事缺如，而祠亦遂為屯所。後經政府發還，仍仰董理。然祠在官舍後人們無從瞻仰，必至久而就湮。政府厪念及之，諭予改作許運轉迄有年矣。君聞而嘉之，力為申請，蒙政府擇定元山公園之上，因即日興築，四閱月告竣。又蒙兒玉總督閣下題書匾額，非立碑以記之，後人何以知政府之勸勉褒獎有加無已耶，何以知斯祠之廢興沿革歷歷可稽耶。予不文奚敢辭，因記顛末，勒諸堂壁，是為序。
>
> 明治三十九年月日

---

[28]《天旌節孝碑——日本帝國褒章之記》（明治三十七年）（鄭喜夫、陳文達、莊世宗：《日據時期臺灣碑文集成》，第 19 頁。

　　臺北節孝祠董事王純卿熏沐敬志（下略）[29]

　　由上可知，臺北節孝祠的此次修葺跨越了兩個時代，即從「舊政府」——清王朝，到所謂的「現政府」——日本殖民當局。出資者先有清代本地士紳，後有殖民當局的補助金，殖民總督兒玉源太郎還為其題寫匾額。日人接手了因割台戰亂暫停的修葺工作，並鼓動台人立碑以記錄殖民者「表揚節孝」、斥貲襄助之「盛典」，務使世人廣而知之。日本殖民者在此力圖向民眾展示他們非但不是舊秩序的破壞者，反而是中國傳統的繼承者，臺灣人有理由「歡迎」這樣的新統治者。

　　以上我們將日據時期出自日人之手或有日人參與的碑刻文獻進行了大致分類描述，從中可以看到，隨著日本殖民統治的建立，臺灣社會開始逐漸打下殖民者的烙印，這些嵌入臺灣土壤的日人碑碣，見證了1895年後的臺灣社會變遷歷史。[30]

（三）

　　日據時期，隨著大批日本殖民當局官吏、軍事組織、工商業界人員和農業移民等普通民眾湧入臺灣，臺灣社會從原先閩南人（或福佬人）、粵東人（或客家人）和原住民（或「生番」）三大族群，轉變為臺灣人（或本島人）、日本人（或內地人）、原住民（或高砂族）的新三大族群[31]，社會族群結構發生了重大變化。尤其是被統治民族的漢民族與作為殖民地統治民族的在台日本人之間，究竟產生過怎樣的互動關係？值得人們關注。在這裡碑刻文獻為人們提供了一個新的觀察視角。

---

[29]《臺北節孝祠碑記》（明治三十九年），鄭喜夫、陳文達、莊世宗：《日據時期臺灣碑文集成》，第26頁。

[30] 按據日本民俗博物館調查，日本本土碑碣以紀念碑為數最多，其次為陵墓、寺廟碑刻，與中國傳統碑刻序列差別較大。在臺灣，日本殖民者主要利用本地碑刻傳統為其殖民統治服務。至於在台日人碑刻與日本本土碑刻傳統間是否存在一定的繼承或變化關係，則或可作為日後進一步深入研究之方向。

[31] 陳小沖：《日據時期臺灣與大陸關係史研究（1895-1945）》，九州出版社，北京，2013年版，第13頁。

　　我們在本文第一節曾指出，日據時期臺灣碑刻文獻的一個突出特點即自清代到日據時期祠觀寺廟類碑碣在所有碑刻文獻中一直佔據著最主要的位置，從占比上看，清代臺灣北部為 49%、中部為 28%、南部為 50%，而日據時期則高達 62%。也就是說神明信仰在臺灣民間社會生活中擁有極其重要的地位。

　　碑刻文獻顯示，清代以來臺灣民間信仰活動遍及全島各地，渡海、墾拓、生息均有賴神明庇佑，成為廣大民眾普遍認知。如鳳山大港紳民崇仰媽祖乃因其「不特慈帆海島，而且庇護城郊」「舉凡港市商民，以及莊眾，無不咸被感應之鴻恩也。」[32]台南同安籍民眾號稱「來台經營，往返重洋，全賴（媽祖）神明默佑。」[33]粵籍移民則奉祀祖籍地神明三山國王，「三山國王者，吾潮合郡之福神也。自親友佩爐香過台，而赫聲濯靈，遂顯於東土。蒙神庥，咸欣欣建立廟宇，為敦誠致祭之所。」[34]此類事例，不勝枚舉。

　　到了日據時期臺灣民眾對民間信仰神明仍然一如既往的尊崇，雲林新店祝天宮碑記云：「夫天上聖母自前清國乾隆時代，我等祖先渡台，皆賴神庥，海陸順調，男女康寧，莊社秩序，安居樂業。莊民信仰，創造神廟，誠意崇祀。神威赫赫，如在其上，護國庇民。歷至光緒年間，世變時異，廟貌荒廢，神人不忍，我等受恩深厚，發起召集，議築新廟，一致贊成。幸蒙仁人孝子，喜出緣金，共同寄附，助成美事。」[35]針對日據時代隨著科學文化知識與新思想、新觀念的傳入，神明崇拜被一些新派人士斥為迷信的情形，許多信眾更起而反駁。如 1925 年彰化鹿港「有志之士」議重修鳳山寺，適逢「今之世界思想一變，凡百趨新，談及神佛便斥為迷信，以是議者躊躇。今歲春夏之交，幸近諸善信，不顧

---

[32]《合境平安碑記》（乾隆二十二年），《臺灣南部碑文集成》（上），臺灣文獻叢刊第 218 種，第 54 頁。

[33]《銀同祖廟碑記》（道光二十二年），《臺灣南部碑文集成》（下），臺灣文獻叢刊第 218 種，第 476 頁。

[34]《三山明貺廟記》（乾隆九年），《臺灣南部碑文集成》（上），臺灣文獻叢刊第 218 種，第 37 頁。

[35]《祝天宮建廟碑記（代擬）》（昭和四年），鄭喜夫、陳文達、莊世宗：《日據時期臺灣碑文集成》，第 145-146 頁。

毀譽，首倡重修。」「不閱日，梁棟楹角，金碧輝煌。豈僅聖神得以安棲，而為地方保持古跡，使我先民創建功力，不致湮沒。」[36]在他們看來，重修寺廟不僅是敬奉神明，也是保存地方古跡，更可緬懷先人篳路藍縷開發寶島臺灣之功績，不應簡單斥為迷信。1929 年台南麻豆龍泉岩寺之重修也遇到類似的情形：「或者曰神道設教，為文質文明所不許，斯寺之建也，適宜長迷信之風，而又何取焉？豈知民情之厚薄由於民心之敬否，導其敬在於興起其觀感，夫聞樂而心喜，入廟而敬生，由是而充焉。」[37]在此，敬神之心與人心向善、社會和諧亦可相輔相成。當然，民間信仰是否屬於迷信範疇，見仁見智，不在本文探討之列。但所有事實表明，日據時期面對殖民當局同化政策的高壓，臺灣民間社會依舊執著於自身的信念與堅守，換句話說，數百年來的臺灣社會民間信仰習俗和庶民文化傳承，並未因日本的殖民統治而被打斷。尤為值得關注的是，日據時期的在台日本人與臺灣民間信仰基本上處於絕緣的狀態，即二者並不發生關係。碑刻文獻揭示，在所有的民間信仰神明崇拜事件中，諸如新建、重修寺廟、善款募集、勒石樹碑、神誕敬祝等等活動以及各寺廟長長的敬捐名單裡，極少看見日本人的身影，個別有日人參與者，只是將該等寺廟作為古跡予以關注，與信仰無涉。日本人缺席如此重要的臺灣民眾社會生活圈，只能說明日據時期的臺灣社會，臺灣人與日本人二者始終處於兩條難以交叉的平行線上，日本人五十年的統治和同化政策無法動搖臺灣社會獨特的文化生態體系，殖民文化對於臺灣社會的改變實際上是有限的。

最後應予提及的是日據時期臺灣社會民間信仰與祖國的聯繫。讓我們先看下面一則碑文：

> 臺灣絕島孤懸，破荒未久，笨港尤其彈丸者耳。自康熙間有僧奉湄洲朝天閣香火到港，神曰天后，遂使九莊之人士，敬信而廟祀

---

[36]《重修鳳山寺碑記》（昭和元年），鄭喜夫、陳文達、莊世宗：《日據時期臺灣碑文集成》，第 107 頁。

[37]《龍泉岩碑》（昭和四年），鄭喜夫、陳文達、莊世宗：《日據時期臺灣碑文集成》，第 141-142 頁。

馬。迄今稱北港朝天宮，晉封聖母靈應非（妃）。一廟再祀而再
葺、愈拓而愈宏，今不特壯觀甲于全島，而凡歷朝之褒錫與夫海
內外奔走而瞻拜之者，二百餘年駸駸日盛，神之靈豈偶然耶。夷
考天后，當宋建隆元年生於莆田之湄洲嶼，幼時窺井神授銅符，
遂通變化。莆縣尹以拯疫故，奉為海濱神姑。迄雍熙四年重九飛
升，里人祀之。自宋迄清，護國庇民之號，炳然史冊。吾先靖海
候襄壯公平台時，尤獲神之助，台人子爵王公以殄寇功奏加徽
典，此二事其犖犖大者。竊以天后之祀，自湄洲而港，香火一脈，
台之滄桑屢矣，禦災捍患，天后之有德於台亦至矣。宜乎廟貌之
崇，典禮之修，台人必有以相承於勿替也。其間咸豐之壬子、光
緒之甲午，亦嘗有鳩工庀材之役，而莫盛於今壬子萃全台之力，
而高之大之，應募者至七萬九千余金，神之靈豈偶然耶。落成之
日，台之搢紳父老，郵寄狀略囑予為文，勒之石，以詒來者。
董事蔡然標曾席珍（中略）仝敬立
大正元年十二月施士潔敬撰江春霖敬書[38]

　　這是 1911 年嘉義北港朝天宮的重修碑記，它為人們展示了媽祖信
仰從大陸播遷入台的歷程。當年朝天宮以「台之搢紳父老」的名義，遙
囑時已內渡大陸的臺灣愛國士紳代表人物施士潔為其撰寫碑文，故而人
們幾乎難以從中找到任何日本殖民統治時代的蛛絲馬跡，相反的，它卻
娓娓道出媽祖信仰的起源、興盛及其渡台，乃至中國自宋迄清歷朝歷代
之天后神跡、官方褒獎，而湄洲祖廟與北港朝天宮的淵源聯接更是其強
調的重點，在此民間信仰連帶出來的是兩岸密不可分的關係。類似情形
在台絕非個例，如臺北大龍峒保安宮碑記云：「保安宮者，建于龍峒之
陽，以祀保生大帝者也。臺北初屬淡水廳治，設置較後於南，其時草昧
雖開，而或氣候之不齊，水土之尚劣，山嵐瘴癘鬱發，又不以時，往往
中人輒死，眾患苦之，念非乞靈帝座，無以奠我邦族。爰渡海赴同安之
白礁，奉迎香火，立祠而虔祀焉。於是居者安而來者眾。」[39]台南學甲

---

[38]《嘉義廳北港朝天宮增修改築碑記》（大正元年），鄭喜夫、陳文達、莊世宗：《日據時期
　　臺灣碑文集成》，第 40 頁。
[39]《保安宮重修碑記》（大正十年），鄭喜夫、陳文達、莊世宗：《日據時期臺灣碑文集成》，

慈濟宮述及保生大帝來台歷史以及庇護信眾時更稱：「先是有李姓由祖國白礁挈眷來台，並迎前三座神像（保生大帝、謝府元帥、中壇太子）同渡」，此處的「祖國」二字格外引人矚目。[40]此外在碑刻文獻中，人們還可以看到碑文撰者沿襲了前清的功名稱謂，譬如上引臺北保安宮碑撰者陳望曾的落款為「賜進士出身誥授榮祿大夫花翎二品頂戴廣東全省勸業道曆署按察使司提學使司」，似乎這樣的身份才配得上保生大帝的「中國血統」。此類情形亦非個別，如臺北三重先嗇宮碑記撰者落款即為「甲午科歲貢生李種玉」[41]。表面上看，似為前朝遺老遺少之風，但隱藏在身份表述背後的，應是對於臺灣與祖國的淵源關係的體認。

　　綜合以上對碑刻文獻的解讀剖析，我們可以得出一個基本結論，即一方面，日本在臺灣的五十年殖民統治及殖民地化改造，無疑給臺灣社會肌體留下了烙印，其帶來的影響不應忽視。但另一方面，臺灣社會傳統中華文化體系並未因而發生根本性的改變，臺灣人、日本人仍保持著各自的生活方式，而蘊藏在臺灣民間信仰中的跨越海峽的兩岸連接則體現出臺灣與祖國間歷史的、滲入血脈的臍帶聯繫。事實證明，所謂日據時期臺灣走向日本化或「脫中國化」的論調，純屬無稽之談。

　　第 67-68 頁。

[40]《保生大帝事蹟暨慈濟宮沿革碑記》（昭和四年），鄭喜夫、陳文達、莊世宗：《日據時期臺灣碑文集成》，第 135-136 頁。

[41]《先嗇宮重建碑記》（昭和二年），鄭喜夫、陳文達、莊世宗：《日據時期臺灣碑文集成》，第 117 頁。

日據時期臺灣初等教育課程與教科書析論

　　日本殖民統治時期，臺灣教育獲得了較為長足的發展，表現在各級各類教育機構的設立、適齡兒童入學率的提高、師資力量的逐步完備等。[1]但是，在殖民當局誇耀的這些所謂「治績」背後，其秉持的究竟是怎樣的教育方針？殖民者所要培養的是什麼樣的人才？以什麼樣的方式進行培養？匡清這些問題，將有助於我們進一步瞭解日本在台殖民統治的實質。本文即擬以日據時期臺灣初等教育課程與教科書為中心，對上述問題進行初步分析，敬祈方家指正。

一、殖民地課程與教科書之特點

　　日據時期臺灣教育大致可分為學校教育、社會教育與特殊教育三大類，其中學校教育是殖民地教育的主幹，而初等教育在日據 50 年的教育發展中更居於重要地位。首先，日本殖民者在台教育即以初等教育為其發端，從早期的日本語學校、國語傳習所到公學校、小學校、番童教育所乃至日據末期的國民學校，標誌著殖民地教育的一步步拓展與深入。隨後方有中等教育、師範教育、高等教育等的設立；其次，初等教育學校是殖民地臺灣社會教育的主要場所，由於招收臺灣人兒童的公學校與招收日本人兒童的小學校教育水準差別較大，因而在升學考試中臺灣人往往處於劣勢，多數臺灣人的教育被迫止步於初等教育階段，初等教育成為臺灣人的主要受教育機會，也是殖民者導化臺灣人的重要管道，勢必引起殖民當局的特別關注；再次，正由於初等教育的重要性，探討日據時期初等教育的發展狀況尤其是隱藏其間的深刻內涵，無疑是剖析日本在台殖民地教育實質的最佳靶向。

　　教育是一種培養人的社會活動，教育學者普遍指出：「兒童是民族的幼苗，國家未來的主人翁。一個國家的兒童，有了健全的成長，這個民族就有了希望，這個國家就有了前途。因為今日生長良好的兒童，明

---

[1] 陳小沖：《日據時期臺灣教育發展述論》，《臺灣研究集刊》1995 年第 3/4 期。

日成為壯大有為的青年。他們是民族的中堅，國家的棟樑；民族的興衰存亡，國家的強弱興衰，完全要看這一代兒童的生長是否成材，青年的奮鬥有無作為而定。所以重視兒童教育乃是復興民族，建設獨立自由國家的根本。」[2]在殖民地下的臺灣，教育問題向來為殖民者所重視，尤其是針對作為不同民族的臺灣人的教育，「于吾國對外國人施以日本式教育，二千五百年來以本島為嚆矢，事成與否受到世界教育家之囑目。」[3]日人認為，教育既與國家民族之未來及殖民地之長治久安有莫大關聯，怎樣重視都不為過。「蓋教育切系民心之感服，其結果之良否，攸關將來國運之消長厲害。」[4]「如欲以國民教育為臺灣之施政大本者，即不應藉用武力之政權，應以禮待之，以德化之，而將臺灣人熔化成為日本之臺灣人。」[5]那麼，究竟如何在初等教育活動中貫徹殖民當局的政策要求和價值導向？在青少年人生道路的關鍵節點進行怎樣的思想、知識和技能訓練？課程設置與教科書無疑便是貫徹落實殖民地教育方針的重要抓手。

　　如所周知，課程是教育主管機關對學校教育內容的分配與規範，教科書是學校指定的官方學習材料，也是教師的重要教學工具。二者均具有不容置疑的公信力和權威性，課程界定了學生學習的知識面，教科書則是學生獲得系統知識的主要材料，也是學生考試答案的標準出處。而對於日本殖民當局來說，除了一般教育功能之外，課程與教科書還是意識形態傳遞的重要方式或場域，統治者的思想意識與價值取向透過不同的課程設置與教科書這一載體得以直達受教育者，它成為殖民政府社會控制體系的重要一環。概括地說，日據時期臺灣初等教育課程設置與教科書之編纂有以下幾個突出特點：

2　王連生：《初等教育研究》（修訂版），臺北：五南圖書出版公司 1995 年版，第 108 頁。

3　財團法人臺灣教育會：《臺灣教育沿革志》，許錫慶譯，南投：「國史館」臺灣文獻館 2010 年版，第 1 頁。

4　同上，第 24 頁。

5　林品桐譯著：（總督府檔案翻譯八教育系列之一）《臺灣總督府公文類纂教育史料彙編與研究》（以下簡稱《臺灣總督府教育檔案》）（上），南投：臺灣省文獻委員會，2001 年版，第 163 頁。

　　首先是以所謂大日本帝國「肇國精神」為核心的指導思想的確立。日據時期的臺灣，天皇《教育敕語》是教育的最高準則，也是修身課及各類教科書編寫審定的指導思想，其文略曰：「朕惟我皇祖皇宗，肇國宏運，樹德深厚，我臣民克忠盡孝，億兆一心，世世濟其厥美，此乃我國體之精華，教育之淵實亦存於此。」其中心思想即要求臺灣人瞭解日本「肇國宏運」與「國體精華」，積極「義勇奉公、以扶翼天壤無窮之皇運」。[6]總督府民政長官後藤新平稱：「我國民教育有最寶貴原理原則，如明治23年10月30日頒下的教育敕語就是屬此，這實在是我國萬代不易之原則，為臣民者都應經常遵奉這聖旨，對教育努力傾心不懈怠才是。」[7]殖民者認為：「恭讀教育敕語為目前本島教育最為重要者」[8]自乃木希典總督時代開始，每日恭讀《教育敕語》成為所有學校的規定儀式，並且針對早期日本普及率不高的情況，將其翻譯成漢文，編纂出版相關教科書──《教育敕語述義》，要求「從今以後教師應更加奉體聖旨，時常教誨學生教養之道」。[9]一些經歷過那個時代的臺灣人就曾回顧：「我認為『教育敕語』就是日本的憲法。日本的教育敕語對做人做事的影響很大，每逢節日各學校都會朗讀教育敕語，因此日本的教育思想很容易就灌輸到每個人的思想當中。」[10]

　　其次是對課程與教科書的內容做精心的選擇與佈局。教科書中要放什麼，不放什麼，課程設置中哪些課程應當多一些，哪些課程應當先講等等，看似細微末節，其實事關教學效果的好壞乃至教育宗旨的落實。日據時期的臺灣，殖民統治者掌握了課程設置與教科書的審定大權，對於如何開展對臺灣人的教育，他們是十分清醒的，臺灣總督兒玉源太郎曾有這樣的一段「名言」：「教育不可一日忽視，然而徒為灌輸文明，養

6　同上，第10頁。
7　參閱王錦雀：《日治時期公民教育與公民特性》，臺北：臺灣古籍出版有限公司2005年版，第66頁。
8　《臺灣總督府教育檔案》（上），第161頁。
9　《臺灣總督府教育檔案》（下），第1284頁。
10　《宜蘭耆老談日據下的軍事與教育》（宜蘭文獻叢刊9），宜蘭縣立文化中心1996年版，第176頁。

成偏向主張權利、義務之風，將使新附之民，陷於不測之弊害。」[11]日本殖民者主張：「將來臺灣土人教育之至當措置為，以產業上之技能教育為主，低度之普通教育為從，盡可能不施高度之普通教育。」[12]其實質就是實施教育的愚民政策。《臺灣民報》就此尖銳批判道：「『凡統治殖民地的原住民族，須使他們無學文盲為安全』，這句話不但是後藤氏和東鄉氏的所見，恐怕是殖民地領有者的共通心理。」[13]反映在課程和教科書上，我們看到普遍重視和推行的是日語、修身、技藝等課程與教材，其特色即以日語普及和技能訓練為主，意在為殖民地訓練既能夠創造剩餘價值但又不危及其統治的低智勞動者。

　　第三是努力切斷臺灣人與祖國──中國的聯繫。臺灣是日本近代的第一塊殖民地，如何統治、「化育」異民族的臺灣人，成為其在台統治的首要課題。日本殖民者據台之後實施了一系列的兩岸分離政策，從政治、經濟、文化等等各個方面切斷臺灣與祖國的臍帶聯繫，按照矢內原忠雄的話就是「拿臺灣拉開中國而與日本相結合」[14]，這當中教育的作用顯然不可低估。日人曾感慨地說：「回顧創業之初，當時我國全無殖民地教育經驗，甚至其相關知識亦極幼稚，該當如何確立本島教育之基礎並據以安定新附之民，實為不易之大難題。」[15]但即便如此，在初等教育中致力於消除臺灣民眾的中華文化傳統，引入、灌輸日本文化，從一開始就是日本殖民者教育政策的重要目標。首任總督府學務部長伊澤修二明確主張：「除以武力征服其外形外，還必須征服其精神，裨袪除其故國之念，發揮新國民精神。」[16]東鄉實亦指出，殖民地的臺灣教育，「大體上，即以將作為中華民族的臺灣人同化於日本為其根本方針。」[17]其在課程設置與教科書上的具體體現，譬如增加了日本歷史課程，在國

[11]宿利重一：《兒玉源太郎》，東京：國際日本協會昭和18年版，第335頁。

[12]參閱吳密察：《臺灣近代史研究》，臺北：稻鄉出版社1990年版，第160頁。

[13]《排斥愚民教育要求人格教育》，《臺灣民報》大正14年11月23日。

[14]矢內原忠雄：《日本帝國主義之臺灣》，臺北：臺灣銀行1964年版，第87頁。

[15]財團法人臺灣教育會：《臺灣教育沿革志》，第1頁。

[16]轉引自王錦雀：《日治時期臺灣公民教育與公民特性》，臺北：臺灣古籍出版有限公司2005年，第50頁。

[17]東鄉實、伊藤四郎：《臺灣殖民地發達史》，臺北：晃文館1916年版，第416頁。

語、修身教科書中大篇幅介紹天皇萬世一系及日本歷史名人故事，而中國歷史人物（除了孔子等個別列為世界名人者）與山川河流則幾乎不見蹤影。所有這些，都是服務於日本在台殖民統治大方針的。

二、日語中心主義的課程設置

細究日據時期臺灣初等教育課程設置，人們發現普及日語——即所謂國語教育自始至終都是其核心內容。如所周知，日本在台殖民統治以同化政策為其主軸，而同化之重要條件一取決於二者間的交流管道是否暢通，二有待於殖民者的外部思想灌輸，日本殖民者深知這一點：「凡得國須得民，而得民須得人心。若欲得人心，首先非得借溝通彼此思想的語言工具之力不可。」[18]後藤新平聲稱：「有許多不同的方針主導殖民統治，同化主義可能是其一，壓抑主義可能是另一。我要說普及國語與培養特有的品德是邁向同化的第一步。」[19]其中普及日語尤為殖民當局所重視，「臺灣教育始終不渝之目的為國語普及」。[20]日本侵佔臺灣之後，雖然由於缺乏殖民地統治經驗而曾就治台方略有過一番爭論，但以普及日語為教育第一方針的政策很早就已成為日本在台施政的既定目標。1903 年 11 月的一次學事諮詢會上，後藤新平就此做了詳盡的解讀：

> 這些天有人問我：「主導臺灣教育的大方針是什麼？」雖然我並不完全瞭解所謂「大方針」的意思，事實上，我還不能確定地說明大方針。當世界列強佔領殖民地之前，通常會有軍事佔領前必要的預備時期，派遣傳教士，或者使用其他方法，在佔領前瞭解當地的種種狀況。但是，佔領本島，全然沒有這種預備。更甚的是，大多數的內地人（日本人）對殖民地或新版圖統治，過去毫無經驗。
>
> 因此，就經驗方針之確立，必要多大的預備，要有科學調查資料，

---

[18] 參閱吳文星：《日據時期臺灣總督府推廣日語運動初探（上）》，《臺灣風物》第 37 卷第 1 期。

[19] 轉引自王錦雀：《日治時期臺灣公民教育與公民特性》，第 68 頁

[20] 井出季和太：《南進日本史考》，東京：誠美書閣昭和 18 年版，第 122 頁。

並詳細研究新民族的風格、習慣等資料，根據這些新的資料才會有明確的立場。然後我們必須經過一個階段，就是一個實驗時期，也是無方針時期。這不應認為是推託或回避，因為這暗示在產生一明確的方針之前，是有預先的思考與精密的研究。這並不表示，現在什麼事都不做、沒有目標、什麼都不教。我肯定地說，雖然教育的基本方針還未確立，但是，已經明白說出設立公學校的目的，就是要普及國語。[21]

後藤的這番長篇大論為我們揭示了日本殖民者的一個堅定信念，即普及日語是臺灣教育的第一要務，即便是在全盤教育方針尚未定型的時候，國語教育本身就已經是確定了的事項，不受任何干擾。

那麼，日據時期臺灣初等教育課程安排又是如何反映殖民當局的教育總體思路的呢？請參看下表：

日據時期臺灣初等教育課程設置表：

明治 40 年（1908 年）			大正 11 年（1922 年）		
課程	內容	周學時	課程	內容	周學時
修身	道德之要旨	2	修身	道德之要旨	2
國語	簡易事項之說法、漢字混用會話文之讀法、作文寫法	14	國語	普通說話法、讀法、作文、寫法	10
算術	小數、複數及珠算之加減	5	算術	整數、小數、複數、（珠算加減）	4
漢文	簡易文章之讀法、作文	5	日本歷史	日本歷史概要	2
體操	遊戲及普通體操	2	地理	日本地理概要	2
唱歌	單音唱歌	1	理科	植物、動物、礦物及自然現象、通常物理化學上之現象	2
裁縫	通常衣類之縫法、補法	4（女）	書畫	簡易速描	1
手工	簡易細工		唱歌	單音唱歌、簡易複音唱歌	1

---

[21] 轉引自王錦雀：《日治時期臺灣公民教育與公民特性》，，第 67-68 頁。

農業	農事概要		體操	體操、教練、遊戲	2
商業	商事概要		實業科目	（農業）農業概要及實習（商業）商業概要及實習（手工）簡易製作	4（男）
			裁縫及家事	簡易裁縫及手工藝、家事概要及實習	5（女）
			漢文	簡易文章之讀法、作文	（2）

資料來源：據財團法人臺灣教育會：《臺灣教育沿革志》，許錫慶譯注，南投：「國史館」臺灣文獻館 2010 年版，第 126-127，172-173 頁表格編制。本表所列示者為六年制公學校 5 年級課程。

綜合觀察上表，有以下幾個方面值得關注：其一，初等教育課程設置趨於全面和系統，相較而言，1922 年增加了歷史、地理、理科和書畫課，擴大了學生的知識面，而將手工、農業、商業等壓縮為一個綜合課程，但明顯的是，初等教育學制增為 6 年，增加授課時數，學生的課業負擔加重了。其二，漢文越來越被擺在了次要的地位，1908 年的課表中，漢文僅次於國語（日語）處於第三位，且佔有 5 個學時。僅僅過了 14 年，在 1922 年課表中，漢文就已經被擺在了最後一位，僅僅 2 個學時，並被打上括弧，屬於學校可依實際情況靈活處理的情形。漢文在殖民地臺灣初等教育中的地位以一落千丈形容實恰如其分；1918 年的全島學務系長會議曾經「全場一致」決議完全廢止漢文，只是由於其他原因未能立刻實施，但減少課時成為大趨勢；[22]其三，修身和國語佔據著最為重要的位置，修身課雷打不動地居於首位，儘管看上去課時並不算太多，但其強制性和一本正經的「莊重性」卻著實讓學生們不得不謹慎對待，加上對天皇《教育敕語》如同宗教儀軌般念頌遵崇，每日不停地影響著臺灣少年兒童，其給受教育者帶來的衝擊實非幾個課時所能機械衡量。「在本島之初等教育，無比國語科更重要者」[23]我們看到，國語課是所有科目中課時最長的，周課時在 10 至 14 之間（上引 1922 年 5

---

[22]財團法人臺灣教育會：《臺灣教育沿革志》，第 147 頁。
[23]《臺灣總督府教育檔案》（下），第 1381 頁。

年級課表國語課時為 10，實際上 2、3、4 學年均為 14 課時[24]），它凸顯了殖民教育當局對日語普及的重視。殖民當局多次內部會議均做出了「更上一層貫徹國民精神之涵養」、「更加增進兒童的國語能力」的決議[25]。同時國語及修身教育並不僅只在國語、修身課，殖民者強調：「無論任何教學科目應常留意德性之涵養與國語之熟習。」[26]換言之，日語、修身滲透到了所有的學校教育領域。[27]以下揭載的 1922 年殖民者的一份訓令即是對普及日語及強化修身意義的最好注解，其文云：

> 公學校之目的在教育本島人兒童，培養國民性格與習得實用技能。其教學科目均系為貫徹此目的而選定，原本縱然彼此不分軒輕，然國語為我國民精神之所寄，與修身相輔相成在國民性格養成上佔有特殊地位（中略）。
> 修身、國語二科如上所述，在國民性格養成上佔有特殊地位，故於公學校不論在教室的內外，也不分教科的甲乙，在任何時間任何地點皆應時常注意督促實踐之，力求熟悉之，非僅在規定的授課時間內教導示範之，且不應僅只考慮其成績而已。[28]

在此，事情已經再明白不過了，培養什麼樣的人才是次要的，而如何借教育的力量同化殖民地人民，使之熟練掌握殖民者給予的語言，形成基於該語言之上的思考模式，養成日本人的國民精神，這才是日本殖民者真正在意的東西。正如殖民當局頒佈的《臺灣教育令》開篇所述：「教育依據教育敕語之意旨，以培養忠良國民為本義」[29]，一方面是漢文的衰落，另方面是日益擴充的日語普及與日式修身訓練，一增一減間，日據時期臺灣初等教育課程安排所顯現的不正是「拿臺灣拉開中國而與日本相結合」為核心的同化政策的在教育領域的全面落實與實踐嗎。

---

[24]財團法人臺灣教育會：《臺灣教育沿革志》，第 172 頁。
[25]同上，第 147 頁。
[26]同上，第 165 頁。
[27]同上，第 147 頁。
[28]同上，第 146 頁。
[29]同上，第 148 頁。

三、以同化為核心的教科書編纂

以上我們大致梳理了日據時期臺灣初等教育課程設置的歷史發展軌跡，指出其以日語普及教育為中心的實質特色，但殖民當局的教育指導方針要得到貫徹，還有待於各方面配套措施與之相銜接，教科書即是達成這一目標的關鍵環節。

我們知道，教科書是教育輸入的最重要元素之一，教科書提供給受教育者的課文反映了支配階級的基本文化觀念，它反映了一個社會的價值觀與社會規範，是官方認可傳授給新生代的事實、資訊、故事和人們冀望新生代習得的規則、規範和行為模式。教師則藉由教科書，在課堂環境下把價值、態度、知識和技能傳授給學生，並為學生升學奠定知識基礎。教科書既在教育中有如此重要的地位，日本殖民當局自不會放鬆其重視態度。整個日據時期，全台教科書之審定大權由殖民當局一手掌握，1900 年總督府頒佈《公學校用教科書審查規程》，設置公學校用教科書審查委員，由總督直接任命，審查委員長則由教育主管之學務課長親任，審查意見應向總督報告。審查委員除認定官修教科書外，對采自民間的文本，亦負有「檢定其適當與否」之責。[30]《臺灣教育令》第四十八、四十九條規定：「公學校之教科用圖書，應為臺灣總督府擁有著作權者。若無前項圖書時，州知事或廳長得於獲得臺灣總督認可後，另使用其他圖書。」「補習科之教科用圖書于獲得州知事或廳長之認可後，由學校校長定之。」[31]又據《臺灣公學校規則》第七章第六十五條：「公學校之教科用圖書，應使用臺灣總督府所編修者。若缺前項之圖書，廳長得使用經臺灣總督檢定之教科用圖書，或臺灣總督認可之其他圖書。若係前項階段之情況，廳長須預先陳報臺灣總督。」[32]殖民當局還為教科書的編纂增設了專門的教科書編修官，其人員組成與審查委員多有交叉。凡此種種在在體現出日據時期殖民當局對初等教育教科書的高度重

---

[30]同上，第 26 頁。
[31]同上，第 168 頁。
[32]同上，第 139 頁。

視與強力控制。

　　最早的殖民地初等教育教科書可說是在烽火硝煙中誕生的，1895年 6 月 18 日，就在日本殖民者在臺北舉行所謂「始政儀式」的第二天，總督府學務部即告成立，首任學務部長伊澤修二在給臺灣總督樺山資紀的意見書中提出：「新領地臺灣教育之方針，大體分二途。第一乃目前急需之教育關係事項，第二位永遠之教育事業是也。目前急需之教育相關事項，一、應開溝通彼此思想溝通之管道：（甲）應設法讓新領地人民盡速學習日本語……，為達上述……目的，（一）須編輯淺易適切之會話書……」總督府學務部亦認為當務之急為「首先計畫會話書之編輯」。[33]在芝山岩學堂時代，伊澤氏在給總督府民政局長的意見書中再就教科書問題發表看法：「應編輯新領地用的會話篇，教本島人以日本語，教內地人以土語，藉以溝通彼此思想，又應編輯、出版本島用的各種教科書，並調查本島的地理、歷史等，編輯新領地志，俾供施政之參考。」[34]

　　教科書是教師授課的主要依據，日人規定：「（教師應依據）規定之教學課程及教科書與參考書，製作一學年中之教課細目及每週授課之教學方案，並就學生之學業進步狀況、性格品格、才能、交友、勤惰、賞罰及體格等，做平常視察及記錄」。[35]那麼日據時期的初等教育教科書的編纂與使用又是怎樣貫徹殖民者的教育方針並服務於同化政策的呢？以下我們即以國語教科書為例做一剖析。

　　從歷史上看，日據時期臺灣公學校國語教科書審定發行大致以1937 年皇民化運動為標誌，分為前後兩個階段。前期為府定第一期到第四期審定教科書，1913 年之前稱作《台灣適用國語讀本初步》、《台灣教科用書國民讀本》（1-12 卷），之後稱為《公學校用國語讀本》（1-12卷），1937 年皇民化運動後為府定第四、第五期教科書，名稱初時仍沿用《公學校用國語讀本》，後改為《コクゴ/こくご》（1-4）、《初等科

[33] 同上，第 4-5 頁。
[34] 同上，第 6 頁。
[35] 同上，第 75 頁。

國語》（1-8）[36]，應是屬於殖民當局下令取消公學校與小學校之分，適應初等教育統一為國民學校的改革措施而與之相配套。國語教科書內容也發生了一些新的變化，為了呼應皇民化運動，特別增加了涵養國民精神的內容，課本分量加大，程度也隨之提高。[37]

　　誠然，初等教育對象為少年兒童，以其純真的天性適合於什麼樣的學習內容，實具有人類的普世準則，即便是日本殖民者亦未能逃脫其規律。日本殖民者明文規定：「國語應選擇簡易且為模範教材教之，避免方言。其教材應為修身、歷史、地理、理科、產業、家事及其他生活上必需事項且饒富趣味者。」[38]因此，生活化與趣味性一定是國語教科書的天然樣貌。譬如《コガネ虫》一課介紹了有關金龜子的知識，課文描述道：「金龜子有許多種，弟弟捉的有我的拇指頭大小。翅膀是琉璃色，閃閃發光。在這底下，另有一層薄翅膀橫直折疊著。飛的時候，這個薄翅膀，嗡然張開。」趣味性之後是知識性，課文接著寫道：「此蟲白天大抵靜靜地停著，但一到晚上，到處飛繞著，啃著草或樹葉。此際，鄰居的叔叔走來，說道：『今年因為被金龜子啃枯了，葡萄著實不好。』」[39]體現了寓教於樂的教育思想。不過，若以為日據時期的臺灣國語教科書就是這樣一種如詩如畫般的情景那就大錯特錯了。為揭示日據時期殖民地國語教學的同化教育實質，以下我們試列舉若干國語教科書課文予以說明（選擇的教科書為府定第二期《公學校用國語讀本》）：

　　　　明治天皇（卷六第一課）
　　　　明治天皇是偉大的人，就在這一位天皇的朝代，我國變得很昌隆，我們都受到他的恩澤。以前臺灣有很多土匪加害於人。那時，天皇派了北白川宮能久親王征討亂賊，除此之外，天皇也常常掛念臺灣的事情，因此我們在這裡才能平安的過日子。

[36]周婉窈：《海行兮的年代──日本殖民統治末期臺灣史論集》，臺北：允晨文化實業股份有限公司 2004 年版，第 221 頁。

[37]參閱王錦雀：《日治時期臺灣公民教育與公民特性》，第 190-191 頁。

[38]財團法人臺灣教育會：《臺灣教育沿革志》，第 26 頁。

[39]臺灣總督府《公學校用國民讀本》第一種（第三期），臺北：南天書局 2003 年版，卷 3，第 39-42 頁；參閱周婉窈：《海行兮的年代──日本殖民統治末期臺灣史論集》，第 236 頁。

　　天皇陛下（卷八第一課）

（大正天皇）他自小就非常聰明，文武雙全。他秉襲父親明治天皇的氣質，具有仁愛的心，繼位以後，更加的關心人民，我們能夠在仁愛的天皇底下過日子是多麼快樂的事情。

　　總督府（卷十二第二課）

臺灣總督府，治理臺灣整個事情，由總督做統帥，設立輔助官為總務長官，總督府內有總督官房及內務局等六局一部，裡面又分幾個課，辦理各部門的行政。

今日我們能過安詳的日子，都是因為設立這些機關和學校的關係……[40]

　　感念天皇之浩蕩皇恩、安享總督治理下安和樂麗的美滿生活、努力體會身為日本人的幸福等等，這就是殖民者在普及日語的同時所要傳達給臺灣少年兒童的強烈信息。臺灣學者周婉窈曾根據府定第三期國語讀本分類分析，得出結論說：在日據時期初等教育國語教科書中日本歷史、文化、地理及天皇、愛國教育只占 57 課時，而實學知識、近代化占了 68 課時，臺灣事物也占 67 課時，道德教育為 46 課時，其餘勞動者占 6 課時，中國事物占 5 課時，據此，她認為日本相關事物在公學校國語教科書中所占地位並不像人們想像的那樣具有壓倒性比例，這種現象「很值得探討」。[41]在這裡周教授沒有給出她的分類標準，人們不易瞭解其究竟將哪些課文歸入了哪一類。但是，即便其上述分類是科學合理的，她也忘記了一個基本的事實，這就是我們在文章中反復強調的，日式同化教育不僅僅是看教科書中安排的那些課程，或是看國語課有多少課時，更重要的是它已經全方位地滲透進了所有的教學科目中。在此我們不妨再引《臺灣公學校規則》第九條：「公學校對任何教學科目，應經常注意德性之涵養與國語之熟習，力求陶冶國民必要之性格。」[42]任

[40]臺灣總督府《公學校用國民讀本》（第二期），卷6，第1-2頁，卷8第1-2頁，卷12，第3-4頁；參見彭煥勝：《臺灣教育史》，臺北：麗文文化事業股份有限公司2009年版，第256，257頁。

[41]周婉窈：《海行兮的年代——日本殖民統治末期臺灣史論集》，第226，269頁。

[42]財團法人臺灣教育會：《臺灣教育沿革志》，第152頁。

何課程與教科書，「在（臺灣人）每一個人之腦海內，時時要有日本之觀念至為重要。」[43]因此，機械地偏信國語教科書分類數字而忽視其背後的實際政策推演及其效果，恐怕是會陷於「不識廬山真面目」的境地吧。

　　持平而論，世界各國初等教育在教育宗旨、課程設置和教科書編纂指導原則上，大體還是趨於一致的。如我國清末以「忠君、尊孔、尚公、尚武、尚實」為教育宗旨，民國初年之教育方針為「注重道德教育，以實利教育，軍國民教育輔之，更以美感教育完成其道德」。1912 年頒佈的《普通教育暫行課程之標準》對初等教育課程的規定是：「高等小學校之學科目，為修身、國文、算術、中華歷史、地理、博物、理化、圖畫、手工（兼遊戲），女子加課裁縫。視地方情形，得加設唱歌、外國語、農、工、商業之一科目或數科目。」[44]這種一致性實為初等教育發展規律所決定。然而，日據時期殖民當局初等教育課程與教科書卻與此形相似而實異之。在這裡，冠名所謂「修身」之道德教育乃基於天皇《教育敕語》，目標是對異民族的臺灣人進行日本化的思想改造；「國語」教育中則一方面逐步清除漢文影響力，另一方面授之以殖民者給予的語言，以求殖民者與被殖民者間溝通之順暢無礙。所有這一切，都是為了一個共同的目標，即同化臺灣人民，矢內原忠雄稱其為：「確立以國語教育及國民道德的教授為普通教育的根本，而欲以教育的力量同化臺灣人及先住民。」[45]在教科書編纂上，「化導新國民，尊崇皇室，為要培養愛國之民性，對於兩陛下之聖德不用說，對於歷代天皇愛撫百姓之事蹟亦多提示，其他古今為國際而不顧自己生命財產之人士小傳逸事……，加強編入各種教材。」[46]於是人們便看到教科書所充斥的是尊崇天皇，鼓吹殖民統治有功論，宣揚作為日本人之無比幸福的篇章。因此，殖民者的如此立意使得其與通常國家或地區的初等教育有了本質的區別，不

[43]《臺灣總督府教育檔案》（上），第 163 頁。
[44]吳小鷗：《中國近代教科書的啟蒙價值》，福州：福建教育出版社 2011 年版，第 50，51 頁。
[45]矢內原忠雄：《日本帝國主義下之臺灣》，第 76 頁。
[46]《臺灣總督府教育檔案》（下），第 1382-1383 頁。

可一概等同視之。當然，日本殖民者對臺灣民眾實施的同化政策，表面上高調宣揚所謂「一視同仁」，看似光鮮亮麗，內裡則夾帶著骯髒的私貨，其實質早被矢內原忠雄所揭穿：「蓋在經濟及教育，同化是日本及日本人的利益，擁護這種利益的武器，則在政治的不同化，即專制制度的維持。」[47]換句話說，日據時期殖民當局的教育政策乃是要求臺灣人向日本及日本文化的單向、無條件同化，以製造出一批沒有政治權利但又具備若干程度文化的殖民地順民，而殖民者樂於發展臺灣教育事業的真正動機亦正在於此。

---

[47] 矢內原忠雄：《日本帝國主義下之臺灣》，第84頁。

日據時期殖民者的臺灣歷史書寫

——兼以康熙統一臺灣敘事為例

　　歷史是過去發生的所有事件或人類活動的總和，歷史學的使命是為了探索關於過去的真相。不過，越來越多的史家提出歷史既有其本體性，亦有其文本性。換句話說，儘管歷史學家們大都宣稱自己的研究如何地接近歷史的真實，但他們編纂的歷史文本無疑都是具有局限性的，「（它們）都是其所處時代的產物，作者都是帶著各自獨特的觀念和意識形態來審視過去的。」[1]臺灣史的研究肇始於日據時期。總體而言，日據時期殖民者的臺灣歷史書寫多以配合殖民統治宣傳為其存在的基礎。不過 1928 年臺北帝國大學設立後，以文政學部為主導力量滋生出較具學術性的臺灣史研究分支，顯現出若干與殖民者書寫的宣傳性歷史有所不同的價值取向。臺北帝國大學的臺灣史研究已有學者專論探討[2]，本文則擬透過對日據時期日人若干通史類臺灣史典型著作的細緻解剖，來嘗試探討殖民統治者的臺灣歷史書寫脈絡，瞭解其如何描述、解構臺灣歷史，並通過分析其對康熙統一臺灣的歷史敘事，揭示潛藏於背後的深層用意，展現日據時期殖民者臺灣歷史書寫中深深的時代烙印。

一、臺灣史之先聲——從舊慣調查到史料編纂

　　1895 年中日甲午戰後，日本強迫清政府簽訂不平等的《馬關條約》，臺灣淪為其殖民地長達半個世紀。然而，早期日人對於如何統治這第一塊殖民地，是缺乏經驗的。日本政府內部曾討論效仿法國統治阿爾及利

---

[1]　（英）理查·艾文斯：《捍衛歷史》，張仲民等譯，廣西師範大學出版社 2009 年版，第 1 頁。

[2]　許毓良：《日據時期的清代臺灣史研究回顧——以臺北帝大文政學部研究年報與光復初期臺灣島內發行的雜誌為例》，收入《日據時期臺灣殖民地史學術研討會論文集》，九州出版社 2010 年版，第 172 頁。

亞的模式在臺灣實施同化治理政策，但初期的統治毋寧說是在「以無方針為方針」的方式下搖擺不定[3]。與此同時，島內不甘做亡國奴的臺灣民眾則奮起反抗日本殖民佔領，開展了轟轟烈烈的武裝鬥爭，從滯台清軍與抗日義軍共同開展的反割台鬥爭，到日據初期的抗日遊擊戰爭乃至稍後的反殖民武裝暴動，在在給予日本殖民者以打擊。為了鎮壓臺灣民眾的反抗，穩定殖民統治秩序，日本殖民者最初採取血腥的「無差別報復」乃至大屠殺政策，企圖威懾抗日民眾；後以招撫與鎮壓相結合的方法，離間、瓦解抗日義軍。不過，龐大警察與軍隊費用支出嚴重拖累了殖民地地方財政，軍事費與警察費擠佔了殖民地經營經費用的大多數，不得不依賴日本國內的支援，財政狀態可謂捉襟見肘，悲觀的日人中將臺灣出售以擺脫沉重負擔的議論一度盛行。[4]

兒玉源太郎繼任臺灣總督後，啟用後藤新平任民政長官，日本殖民政策發生了大的改變，其中最主要的著眼點即是開始對臺灣這塊殖民地的重新檢視，調整殖民政策，後藤新平將其概括為所謂「生物學原理」，其要點如下：

> 絕不能將比目魚的眼睛當作鯛魚的眼睛呀！鯛魚的眼睛在頭的兩側，而比目魚的眼睛卻在頭的同一側，雖然很奇怪，要像鯛魚般把眼睛置放到兩側是不可能的。比目魚的一側有兩個眼睛，在生物學上有其必要才如此的。要是非將所有的魚類的眼睛都置放在頭的兩側，是行不通的。這個概念在政治上也是很重要的。
>
> 社會的習慣或者制度這些東西，都是其來有自的，是實際有其必要下產生的。其道理未予辯明，便欲將文明國家的制度強行在未開化國中實行，可稱之為文明的暴政；這種事情是不能做的。
>
> 所以，我們在統治臺灣時，首先要把該島的舊慣制度，以科學方式詳細調查，順應民情施治。不理解這個道理，就冒然地想把日本的法律制度移植到臺灣實施的一干人等，就和想把比目魚的眼睛換成鯛魚的眼睛的人是一樣的，都是不懂真正的政治為何物的

---

[3] 鶴見祐輔：《後藤新平》，太平洋協會出版部 1943 年版，第 25 頁。

[4] 參閱拙著：《日本殖民統治臺灣五十年史》，社會科學文獻出版社 2005 年版，第 128 頁。

傢伙。[5]

換言之，後藤新平開出的藥方實際上就是四個字——「因地制宜」，即一改往任自上而下貫徹實施的教條式的殖民政策，轉而要求應從實際出發，創造性地發展真正適合臺灣社會的殖民統治方略。按照後藤的說法就是必須消除「徒有高尚理想卻脫離實際的弊害」。[6]顯然，統治臺灣首先必須建立在對這塊土地充分、詳實瞭解的基礎之上，於是臺灣殖民地史上最大規模的調查工作由茲展開，除了偏向政策性的土地、林野調查外，其中所謂的舊慣調查事業映入了人們的眼簾。

在後藤新平看來，日本在台統治儘管已歷經數年，各級政府機關和官吏也都瞭解一些當地的民俗風情，但新開展的舊慣調查絕不僅於此，「需要一定的專門家之探討」。[7]為此，1901 年成立臨時臺灣舊慣調查會，後藤新平親任會長，先後延聘京都帝國大學教授岡松參太郎、織田萬等加入其間。調查的內容為：「對於通行於臺灣各地方或各種族（族群）間之舊慣進行統一或分類之調查」，包括「調查公私法方面一切舊慣，以為臺灣恰當立法之基礎；調查農工商經濟相關舊慣，以增進臺灣之長遠福祉」。此外，還翻譯介紹西方各國殖民地經驗，分析其利弊得失，以供統治之參考。[8]

經過一段時間的努力，臨時臺灣舊慣調查會獲得了一定的成果，試將其刊行書目舉其要者列示如下：

表一、臨時臺灣舊慣調查會刊行書目選

刊行年月日	書目	冊數
1900 年 1903 年	臺灣舊慣制度調查一斑 （臨時臺灣舊慣調查會第一部）調查第一回報告書上、下，附錄參考書	一 三

5　北岡申一：《後藤新平傳》，魏建雄譯，臺灣商務印書館有限公司 2005 年版，第 38-39 頁。

6　後藤新平：《在臺灣經營方面舊慣制度調查為必要之意見》，許進發編：《臺灣重要歷史文獻選編》一（一八九五-一九四五），臺灣「國史館」2004 年版，第 350 頁。

7　同上，第 353 頁。

8　同上，第 375 頁。

1905 年	（臨時臺灣舊慣調查會第二部調查）經濟資料報告上、下卷	二
1906-07 年	（臨時臺灣舊慣調查會第一部）調查第二回報告書第一、二卷，附錄參考書	五
1909 年	（臨時臺灣舊慣調查會第三回報告書）臺灣私法第三編上、下卷，附錄參考書	四
1910-11 年	同上臺灣私法第一、二、三卷，附錄參考書	十三
1910 年	臺灣糖業舊慣一斑	一
1913 年	蕃族調查報告書阿眉族南勢蕃外二社	一
1914 年	蕃族調查報告書阿眉族奇密社外三社	一
1915 年	蕃族慣習調查報告書第一、二卷	二
1915 年	蕃族調查報告書曹族、阿里山蕃、四社蕃、簡仔霧蕃	一
1915 年	臺灣蕃族圖譜第一、二卷	二
1916 年	契字及書簡類集	一

資料來源：許進發編：《臺灣重要歷史文獻選編》一（一八九五-一九四五），臺灣「國史館」2004 年版，第 377-380 頁。

　　除此之外，親屬繼承、不動產物權、家族制度、祭祀公業等等，均在調查之列。還有，為明瞭臺灣舊慣之淵源而對全中國的擴大調查，其集大成者當屬《清國行政法》（1910-14 年）全七冊，被日人稱為「全面而有系統地研究清廷制度之空前絕後的巨著」。[9]加上出於借鑒老牌殖民主義國家經營經驗之目的而翻譯的譯著，譬如《殖民地組織法大全》、《法蘭西殖民法綱要》、《英法及其殖民地司法行政裁判制度》等等，可謂洋洋大觀。

　　如前所述，後藤新平主導開展的臺灣舊慣調查事業，目的是為日本在台殖民統治政策的制定提供參考，但換個角度來看，則是「無心插柳」地累積了龐大的地方史料，客觀上為日後臺灣歷史的研究提供了資料基礎。另外，臺灣慣習研究所主辦的《臺灣慣習紀事》雜誌，亦記錄了大量對前清遺老遺少、鄉間耆老的訪問，內容涉及社會、政治、經濟、教育、文化、宗族及民間信仰等等各個方面，具有重要的史料參考價值。[10]

[9]　北岡申一：《後藤新平傳》，魏建雄譯，臺灣商務印書館有限公司 2005 年版，第 40 頁。
[10]臺灣慣習研究所：《臺灣慣習記事》（第一-七卷），臺灣日日新報社 1907 年版。

　　日據時期攸關臺灣史的另一重要事件是 1922 年臺灣總督府史料編纂委員會的成立。其編纂委員長賀來佐賀太郎在談到該委員會成立趣旨時說道：

> 臺灣自改隸以來，已經二十有七年。統治之成績，自有世評所存。關於其間之治績，於官衙民間著述之編不少，既雖富於史料，然未有綜合統治之成績而大成之偉人大觀，以公於世。顧改隸當時之當事者，或已去世，或離本島，不惟文書未載之史料，空葬于闇黑，雖既存之關係文書，與歲月之推移，漸將湮滅。是欲使臺灣統治之史跡，垂於後昆，深為遺憾。故督府有此計畫，然經費及年月，自有限制，毫無餘裕為憾。唯於如此限制之範圍內，務要努力，以達所期之目的。因此組織史料編纂委員會。[11]

　　看起來，總督府史料編纂委員會與一般意義的學術機構不同，它的主要任務在於收集日本殖民統治臺灣以來的相關歷史資料，包括關係文書、當事者經歷及口述史料，最終目標是展示「統治之成績」，「欲使臺灣統治之史跡，垂於後昆」，換句話說，這是一個殖民當局的官方御用史料整理單位，其以「總督府」之名相冠，可謂名至實歸。總督府史料編纂委員會曾計畫編纂官方第一部臺灣史，並草擬了《新臺灣史》目錄草稿，其內容大致如下：

第一卷　前紀
　　臺灣之地理
　　領有以前歷史概略
　　日本與臺灣之關係
第二卷　本紀一
　　樺山、桂、乃木總督時代
　　兒玉總督時代
第三卷本紀二
　　佐久間、安東、明石總督時代

---

[11] 臺灣總督府史料編纂委員會委員長賀來佐賀太郎之致辭（1922 年 7 月 24 日），許進發編：《臺灣重要歷史文獻選編》（一八九五一一九四五），臺灣「國史館」2004 年版，第 740 頁。

田總督之統治
第四卷志類一
　　一、官廳志
　　二、法制志
　　三、司法及監獄志
　　……
第五卷志類二
　　二十四地理志
　　二十五氣象志
　　二十六水利志
　　……
對外關係
附錄圖表[12]

　　顯而易見，這樣一個由官方主導下之機構擬編纂的臺灣史，大書特書的是日本統治臺灣的「史跡」，而日據之前的臺灣歷史僅僅在第一卷的第二部分簡略提及，厚今薄古可謂到了極致。不過，該委員會所專注日據時期臺灣史料整理，與前述之舊慣調查事業著重進行的日據前資料搜集形成了客觀的銜接，不知不覺中構建出臺灣史資料建設相對完整的鏈條。

二、殖民者的臺灣歷史書寫

　　前文談及的兒玉後藤時代所實施的舊慣調查，通俗而言實際上就是對臺灣這塊初辟殖民地的一次「摸家底」行動。所謂「舊慣」，顧名思義就是日據之前的清代臺灣本地施行的一切政制、民事、法律、鄉族、教育乃至宗教等方方面面的官方體制、民間風俗、習慣法，日人的目的在厘清其來龍去脈，「甄別良莠」，以便據此制定契合臺灣實際的殖民統治政策，只不過在此基礎上意外的留存了大批堪為臺灣史基礎的史料。

---

[12] 新臺灣史目錄草稿，同上，第 747-748 頁。

到了總督府史料編纂委員會時代，殖民當局有意識地開展了歷史資料的發掘收集工作，但主要限於對日本統治時期史料的搶救性發掘整理，目的在為日本的所謂「治績」留下見證，同時亦作為日本殖民當局施政之參考。

　　然而，歷史資料的累積並未必然地帶來臺灣史編纂工作的繁榮，舊慣調查會因其自身主要目標並非出於為臺灣歷史編寫服務，自另當別論。總督府史料編纂委員會的歷史定位就是一家歷史編纂機構，其編纂部長持地六三郎並主持草擬了《新臺灣史》目錄，似乎首部官方臺灣史呼之欲出。遺憾的是，我們看到該委員會除了出版《臺灣史料稿本》等資料集外[13]，成績有限，《新臺灣史》的編纂亦杳無音信。作為史料編纂委員會委員的伊能嘉矩曾積極執筆寫作清代之前的臺灣史部分並大致完稿，而他人撰寫的其餘部分則始終未見完成。[14]也就是說，官方版臺灣史實際上是難產了。難怪當時有日人歎云：「有關臺灣新舊史籍汗牛充棟，然多偏於一局部，尚無得窺全豹之著作，欲得知臺灣歷史者，頗感不便。」[15]在這樣的背景之下，由個人編修的臺灣歷史專書開始出現，填補了此一空白。

　　1927 年，由山崎繁樹與野上矯介合編的《臺灣史》一書由株式會社寶文館正式出版發行，山崎在序言中以對談的方式這樣描述該書編纂緣由：

> 「有關臺灣的各種論著已有相當數量，但作為歷史之編纂似乎不怎麼見到。」
> 「整體上堪稱歷史的書籍可以說未見一本，只是在一些雜纂類的書中零散地記載史實。」
> 「我等以教育本島人為己任，倘若不暸解臺灣歷史，便無法樹立正確的教育指導方針。因此研究臺灣歷史是非常有必要的。而今

---

[13] 《臺灣史料稿本》僅為打字油印稿本，主要記錄 1895-1919 年臺灣總督府施政紀要。另收錄了《改隸前支那史料》、《臺灣史料雜纂》、《巴達維亞城日記》等。

[14] 伊能氏去世後，其門人故舊將其編輯出版，定名《臺灣文化志》（刀江書房 1928 年版），詳細見吳密察：《臺灣大學藏伊能文庫》，《大學圖書館》第一卷第三期。

[15] 藤崎濟之助：《臺灣全誌》，中文館 1927 年版，自序第 18 頁。

編寫合格的歷史書卻一本也沒有，不由深感不安。事在人為，深
入開展史實調查研究，略加收集的話，或許便可嘗試編纂（臺灣）
歷史。」

「本人亦深有同感，母國人在面對臺灣人時，最要緊的是理解彼
等，而理解彼等之首要者在彼等之歷史，以及深悉彼等之土俗、
風尚、趣味、思想等。……」[16]

　　那麼，究竟一部什麼樣的臺灣史才符合殖民者的要求呢？藤崎濟之
助的一段話很能表明日本殖民者的著史心態，他說：「臺灣領台前歷史
的研究，主要應致力於網羅遙遠四千年以來之史實，特別是探尋、敘述
我國與臺灣之間自古以來的歷史關係。」[17]因此，日據時期臺灣史的一
個最大特點，就是挖掘、描述臺灣與日本自古以來的歷史聯繫，並且是
越久遠越好。以下試列舉兩部臺灣史著作為例予以說明：

一、《臺灣史》（1927 年版）　　二、《臺灣小史》（1945 年版）
第一篇　無所屬時代　　　　　1、黎明期的臺灣
　　第一～三章　　　　　　　　2、無所屬時代的臺灣
第二篇　（荷）蘭領時代　　　3、荷蘭領有時代的臺灣（一）
　　第一～六章　　　　　　　　4、荷蘭領有時代的臺灣（二）
第三篇　鄭氏時代　　　　　　5、鄭氏割據時代的臺灣（一）
　　第一～五章　　　　　　　　6、鄭氏割據時代的臺灣（二）
第四篇　清領時代　　　　　　7、清國領有時代的臺灣（一）
　　第一～十章　　　　　　　　8、清國領有時代的臺灣（二）
第五篇　改隸時代　　　　　　9、清國領有時代的臺灣（三）
　　第一～十八章[18]　　　　　10、新生臺灣（一）
　　　　　　　　　　　　　　 11、新生臺灣（二）
　　　　　　　　　　　　　　 12、新生臺灣（三）
　　　　　　　　　　　　　　 13、新生臺灣（四）
　　　　　　　　　　　　　　 14、大東亞戰爭與臺灣[19]

---

[16] 山崎繁樹、野上矯介：《臺灣史》，株式會社寶文館 1927 年版，第 1-2 頁。
[17] 藤崎濟之助：《臺灣全誌》，中文館 1927 年版，凡例第 1 頁。
[18] 山崎繁樹、野上矯介：《臺灣史》，株式會社寶文館 1927 年版，目次第 1-44 頁。

　　整體來看，這兩部私人臺灣史著作較之總督府史料編纂委員會草擬的的《新臺灣史》目錄，在篇章結構上還是相對較為合理的，雖然日本殖民統治時期歷史依舊佔據大部分的篇幅，但對臺灣史的敘述還是大致照顧到了各個歷史時代，較具完整性。當然，這僅僅是就全書結構體系而言的，具體到書寫的內容上，不消說明顯地將注意力放在了臺灣與日本關係史的敘述上，請看下表：

表二、臺灣史關於台日關係史事記述

時代	台灣與日本關係史事	
	《台灣史》	《台灣小史》
古代	第一篇第二章臺灣與日本民族之交涉 第一節　倭寇 （一）倭寇之跳樑 （二）臺灣與倭寇 第二節　在臺灣之日本人史跡 （一）臺灣與弘法大師及智證大師 （二）臺灣與豐臣秀吉（禦朱印船、臺灣招諭） （三）臺灣與納屋助左衛門 （四）臺灣與山田長政 （五）臺灣與德川家康（有馬晴信、村上（山）等安）	2、無所屬時代的臺灣 《日本書紀》所載之「當世國」、「蓬萊山」即為臺灣。 日本人之海外發展——八幡船之活躍、臺灣島上的日本人勢力 豐臣秀吉之臺灣招諭——建設大亞細亞帝國之理想、山田長政之寄台、村山等安之討伐
荷據	第二篇第一章荷蘭之崛起 第二節荷蘭東印度公司 （二）東印度公司的活動東印度公司與日本貿易 第三章荷蘭人的臺灣統治 第二節在台荷蘭人與日本及支那之貿易 （一）與日本人之貿易 第四章西班牙人佔據臺灣 第二節西班牙人的臺灣經營 （二）日本人宣教師 第五章日（荷）蘭人衝突之經緯	3、荷蘭領有時代的臺灣 荷蘭人對日本人、支那人及原住民之態度——日本人的特權…… 日（荷）蘭人之衝突——濱田彌兵衛的偉大功勳、太守納茨被引渡日本 田川氏渡明 流落異鄉的大和撫子 鄭成功之義舉——日本武士義勇隊參加……

---

[19] 種村保三郎：《臺灣小史》，東都書籍株式會社 1945 年版，目次第 1-12 頁。

	第一節衝突前日（荷）蘭人在臺灣的根據地 （一）衝突前日本人在臺灣的根據地 第二節柏原太郎左衛門的偉大功勳 （一）在台日本人的潛在勢力 （二）關稅問題的紛爭 （三）沒收日本兵器 （四）柏原太郎左衛門的武勇 （五）日（荷）蘭政府的交涉 第六章荷蘭人的沒落 第一節日本人及支那人的反抗 （一）日本人的反抗	
鄭氏	第三篇第一章鄭成功在日與鄭芝龍 第一節鄭芝龍與日本 第二章鄭成功之渡明與遵奉明室 田川氏之渡明鄭芝龍與德川幕府的交涉 田川氏之自刎七左衛門之聲援	5、鄭氏割據時代的臺灣 鄭成功向日本求援
清代	第四篇第七章明治七年征台之役 征台之朝議及與清國之交涉討伐臺灣締結北京條約	8、清國領有時代的臺灣 日本經略臺灣之先聲明治七年征台始末陣中的西鄉都督

資料來源：山崎繁樹、野上矯介：《臺灣史》，株式會社寶文館
1927 年版；種村保三郎：《臺灣小史》，東都書籍株式會社 1945
年版。

　　考察《臺灣史》與《臺灣小史》，人們可以看到日人極力突出的是
這樣一個歷史觀——臺灣自古以來就與日本有著千絲萬縷的聯繫。首
先，台日關係被追溯到了近兩千年前，《臺灣小史》寫道：《日本書紀》
記載，垂仁天皇曾遣人至「當世國」，「求非時香果」（柑橘類）；雄略天
皇時期，亦有日人飄至「蓬萊山」，與當地人結婚生子，後再返日本。
書中引用尾崎秀真的研究稱「當世國」與「蓬萊山」均為今天的臺灣，
於是斷言距今（《臺灣小史》出版的 1945 年）一千四百至兩千年前便有
日本人到達臺灣的明確記載。[20]其次，列舉了豐臣秀吉與德川家康時期

日本對臺灣的貿易與殖民圖謀，尤其是所謂的「臺灣招諭」及濱田彌兵衛綁架荷蘭駐台總督納茨事件，稱之為顯示了日本人活躍於臺灣的「偉大功勳」。再次，鄭成功的日本血統被強調和放大，田川氏的日本母親形象，鄭成功與日本割不斷的關係，向日本的求援活動等等，都是以《臺灣史》、《臺灣小史》為代表的此一時期臺灣史書所樂於描述的事項。

　　或許有人會說，上文引述的兩本臺灣史書的作者非專業人士，畢竟與嚴謹的學術著作有所區別。那麼我們再來看看被後世稱之為臺灣史研究之「巨峰」[21]的伊能嘉矩的臺灣史大作──《臺灣文化志》又是怎樣書寫臺灣歷史的。《臺灣文化志》研究範圍為清代臺灣歷史，其書中有關早期臺灣史部分主要集中在「清朝以前中國人所知之臺灣」一節，在這裡我們看到伊能氏筆下的臺灣史展現出的是這樣的一番樣貌：除細數中國史籍中歷代關於臺灣的記載之外，日本人的影子同樣如約而至、浮現出來。書中先是講述了早期日本人如何漂流到臺灣，然後談到「日本人入侵臺灣之先驅──倭寇」和日人命名臺灣為「高砂」的由來，繼而有「豐臣秀吉之招諭、有馬、村山之入侵」，荷據時期的「日本甲螺」等。[22]換句話說，在臺灣歷史的書寫中強調和突出日本與臺灣的歷史聯繫這一點上，伊能嘉矩的《臺灣文化志》與上引二書並無實質性的差別。這種由私人各自著述卻又在思想理念上達到高度一致的狀況，在無論是伊能嘉矩氏抑或之後的臺灣史著作，應該是或多或少的受到了總督府史料編纂委員會公佈的《新臺灣史》目錄的影響，這一官方指導性文件有可能成為當時臺灣史著述的一個範本被日人在編纂臺灣史時自覺不自覺的遵守著，《新臺灣史》目錄中醒目地設置了「日本與臺灣之關係」一節，隨後出版的臺灣史書籍基本按照這一的思路進行章節安排，從而造成了臺灣史千書一面的情形發生。

---

[21] 吳密察：《從人類學者到歷史學者──臺灣史研究的巨峰伊能嘉矩》，《當代》第 135 期（1998 年）。

[22] 伊能嘉矩：《臺灣文化志》（上卷），江慶林等譯，臺灣省文獻委員會 1985 年版，第 40-70 頁。

三、殖民者筆下的康熙統一臺灣敘事

康熙 22 年清政府經過多年的準備，排除內部紛爭，授予水師提督施琅專征權，率領大軍進擊澎湖，隨後克取臺灣，實現了全國統一，史稱康熙統一臺灣。[23]臺灣正式納入了中央政府的直接管轄之下，此後數百年間，來自大陸的閩粵移民與原住民一道，胼手胝足，開發、建設了座美麗的寶島。

作為清代前期中國歷史上的重大事件，康熙統一臺灣得到了後世的高度評價，康熙《重修臺灣府志》曾贊云：「臺灣，荒裔區也。二十餘年沐聖天子深仁厚澤，置郡縣、定營制、啟文明，士讀農耕、商懷工集，轂擊肩摩之盛，有禮陶樂淑之風；大綱小紀，治具畢張。猗歟休哉！凡廟謨憲慮，真無遠弗屆矣。」[24]然而，在日本殖民者的筆下，康熙統一臺灣卻展現出另一番歷史景象。

日據時期殖民者的臺灣歷史書寫中，康熙統一臺灣歷史事件受到了較大的關注。其中著墨最多的是兩個方面：其一，臺灣棄留問題；其二，清廷之治台政策。試分別列述如下：

1、種村保三郎：《臺灣小史》：

施琅之臺灣保有論與清之領台清朝為掃蕩鄭氏出動大軍前後歷二十年有餘，至康熙二十二年（一六八三），終究剃去鄭氏一族頭頂周邊的頭髮，得達其夙願。然清朝征服鄭氏的目的在堅拒鄭氏一族留髮要求，並未以將臺灣島土地收入版圖為其目標。換言之，是為了把鄭氏從臺灣島上一舉掃蕩，而非將此東南孤島、瘴癘之鄉收為版圖，全無經營其間之意志。清將施琅完成接收臺灣手續後，將一切善後託付吳英返回廈門，當時清廷基業未定，國內多事，且以臺灣為瘴癘不毛之地，故唱放棄臺灣論者居多，廟議將決，唯施琅獨自頑強反對之，向朝廷草上「條陳臺灣棄留屬

---

[23]陳孔立主編：《臺灣歷史綱要》，九州圖書出版社 1996 年版，第 134 頁。

[24]康熙《重修臺灣府志》卷一封域志、附形勢總論，臺灣文獻叢刊第六六種第一冊，臺灣銀行 1960 年版，第 27 頁。

害疏」，孤軍奮戰，終於顛覆朝議而獲成功。[25]

2、伊能嘉矩：《臺灣文化志》：

臺灣之領有清朝雖已巢蕩臺灣，然曩使而其所以認為有征服臺灣必要者，初不過為芟除以此海島為根據地之前明餘黨（尤其唯一勢力鄭氏之族黨）。其在中原之建國鴻謨猶未固，內治之基業，亦未就緒之時，欲收之歸入永久版圖，此在清朝國策上，殊不容易決定者也。……《臺灣外記》云：「眾以留恐無益，棄虞有害，各議不一」，可見其依違難決之狀。……時，以親歷征服，建樹首功之靖海候施琅，堅持留台之意見，遂於康熙二十二年十二月二十二日題疏詳陳棄留之利害，……此意見終見獲准，康熙二十三年四月，遂發上諭，臺灣歸入版圖。

夫一旦已收之領土，固不容忽爾放棄，雖漸使統制就緒，而其實並未出諸真摯之經營，係屬事實。《裨海紀遊》所謂：「今台郡百執事，朝廷以其海外勞吏，每三歲遞擢，政令初施，人心未洽，而轉盼易之，安必蕭規曹隨，後至者一守前人繩尺，不事更張為？況席不暇曖，視一官如傳舍，孰肯為遠效難稽之治乎？」係當時被等閒政治之內容，終至康熙末年釀成朱一貴之大亂。因此，近此年代所有關臺灣之文書中，如特書臺灣之形勝，寓意讚頌泰平，與其說將其評為當時之實狀，毋寧為粉飾虛華，可謂不外所有炫張一時之筆爾。[26]

3、山崎繁樹、野上矯介：《臺灣史》：

清國之臺灣棄留論　如上所述，康熙二十二年鄭克塽投降，臺灣成為清國之領土。但是當時清朝之基業尚不完備，國內波瀾尤未

---

[25]種村保三郎：《臺灣小史》，東都書籍株式會社 1945 年版，第 100-101 頁。

[26]伊能嘉矩：《臺灣文化志》（上卷），江慶林等譯，臺灣省文獻委員會 1985 年版，第 139、141、142 頁。伊能氏將下引《臺灣府志》記事斥為粉飾虛華：「海外蒼茫島嶼，自古未有建郡縣者。隋開皇中，略澎湖；至元末，置巡司。而北港、臺灣，前明始見於簡編；初為逃籔，繼作倭窟。自偽鄭拾荷蘭之遺，城市室廬，頗近中土。迨入國朝版圖，聲教遐訖，經營而締造之，歷七十年；天獻其祥，地不愛寶，千峰作鎮，百川匯流，巍然有東南之保障。所謂聖人懷柔及河喬岳者，寧以海外異哉！」

為止。其最初決意征伐臺灣，主要是為了夷平鄭氏之不逞，其有
無須將臺灣永久納為領土之意識尚有疑問，有司亦多唱領有臺灣
之不利，主張只擁澎湖以為東方門戶之鎖鑰即可，傾向於將臺灣
從全國版圖中放棄。……然此時水師提督施琅一人稱其不可，特
上疏條陳臺灣棄留之利害……清朝遂采其議，於翌康熙二十三年
（一六八四）以臺灣為一府，隸屬福建，從而將臺灣作為清國之
領土永久統治。

崛起於滿洲的清朝顛覆明朝，降服鄭氏，將臺灣納入清之版圖，
從而統領其領土二百餘年，然其政治不得宜、內憂外患交加，甚
至出言臺灣為化外之地，政治未能振興，文化之發展與經濟之勃
興均不足為道，更多的似乎是給土民帶來苦難。[27]

　　以上關於康熙統一臺灣後臺灣棄留之爭的描述，應該說還是基本符
合歷史事實的。彼時清廷攻取臺灣的主要目標就是為了消滅鄭氏政權，
以剷除東南海上最大的抗清勢力，最終奠定清王朝統一國家的基礎。至
於剿滅鄭氏之後的臺灣島本身的前途命運問題，朝廷上下並無定見，出
現爭論也是正常的。康熙帝最終做出保留臺灣的決策，體現出了一個偉
大政治家的遠見卓識。不過引入注目的是，上述臺灣史著作在討論臺灣
棄留之爭整個過程的時候，著重渲染的是清廷視臺灣為「瘴癘不毛之
地」，指其目的只是為了消滅反叛勢力，根本無將臺灣收入版圖之主觀
意圖。更重要的是，進一步宣傳康熙統一臺灣後實施消極的治台政策，
各級官員懶政懈怠，清廷的統治非但沒有給這個島嶼上的人民帶來幸
福，相反，黑暗的政治、凋敝的經濟和落後的文化，卻已然使得臺灣民
眾陷入「苦難」之境地。

　　日本殖民者對康熙統一臺灣歷史的如此敘事與定位，隱含著相當的
深意。法國歷史學家米歇爾·德·塞爾托（Michei de Certeau）在他的
《歷史書寫》一書中曾形象地將歷史敘事比喻為中世紀城堡中的「歷史
陳列廊」，「其中一系列的肖像、像畫以及牆上的彩繪標識，在被文本描
述前，構成了一種空間（博物館）與瀏覽（參觀）的關係。歷史編纂學

---

[27] 山崎繁樹、野上矯介：《臺灣史》，株式會社寶文館 1927 年版，第 160-161、158 頁。

和一幅長長的畫卷有著同樣的結構。它們都沿著敘述的主線再現亡者。」塞爾托認為：「原始資料決定了我們基於該資料所提供的文獻所『重建出來』的歷史的摸樣。我們所獲得的原始資料以及我們選擇進行研究的素材，從一開始就確定了我們所要製作出來的歷史的類型。」[28]日據時期殖民者的臺灣歷史書寫，正是試圖通過擇選歷史事件、放大某一歷史片段，來重組臺灣「歷史長廊」，最終呈現出符合其「需要」的歷史形象，因為這樣的歷史「再現」對於鞏固日本在臺灣的殖民統治有著莫大的益處。《臺灣史》作者山崎繁樹曾經說道：「今日之臺灣人大體不瞭解臺灣歷史，學校也沒有教，於是從小、公學校到中學校的兒童、學生乃至青少年，多以為今日臺灣文化發達的現狀不過是以往之延續，對於往昔臺灣遭受各國人佔領、壓迫以及飽嘗橫徵暴斂之苦均一無所知。不光是青少年，不少長輩對於遙遠過去疏於記憶，即便改隸前之近期事情亦印象模糊。由此而來，今日作為一視同仁統治下的帝國新臣民，一邊沐浴深厚澤惠，過著平靜安穩生活，一邊卻稀見感激之念甚至不滿足。究其原因，這都是不瞭解臺灣歷史、換言之是不瞭解自己的歷史的緣故。」[29]於是，殖民者的筆下臺灣歷史發展典型過程就被這樣描繪了出來：

> 臺灣孤懸南荒海洋，故較近方為世界瞭解，距今不過約三百年。其間前百餘年，或為西班牙、葡萄牙、荷蘭，或為鄭氏等接踵佔領，在混沌殺伐中渡過。後二百餘年被置於前清治下，以其蕞爾小島，且為化外蕃夷而遭疏遠；又以為生蕃難治之區而生恐懼，以至於日本之南富饒之臺灣被長期放置，天府之金鑰閉鎖，全島之真相不為外界所知。政治廢弛，住民生活無著。改隸之後，在我（天皇）一視同仁治理之下，日本建設臺灣，庶政大舉，文物璨然，這是全島四百萬民眾值得慶賀的事情。本島這樣的黑暗面與光明面的史料根本就不缺乏。[30]

---

[28] 米歇爾·德·塞爾托（Michei de Certeau）：《歷史書寫》，倪復生譯，中國人民大學出版社2012年版，第81、108頁。

[29] 山崎繁樹、野上矯介：《臺灣史》，株式會社寶文館1927年版，第2頁。

[30] 山崎繁樹、野上矯介：《臺灣史》，株式會社寶文館1927年版，第4頁。

　　歷史是一面鏡子，日本人給臺灣人遞上了一面經過精細挑選的鏡子，撫今追昔，讓臺灣人想想他們昨天的苦難——「黑暗面」，看看今天的好日子——「光明面」，以覺悟這些是多麼的來之不易。一時間，這樣的憶苦思甜般的古今對比幾乎成了殖民者臺灣歷史書寫的「規定動作」，譬如《臺灣統治及其功勞者》的作者橋本白水在描述康熙統一臺灣後清代臺灣歷史時寫道：「清朝的臺灣統治……不負責任、放任自流，較之支那大陸尤甚。縱觀清朝統治臺灣二百年之史跡，政府業績乏善可陳，僅至晚期臺灣巡撫劉銘傳稍見改觀。追溯以往，著人與清國人之人種鬥爭無日不休，康熙二十二年納為領土到光緒十九年的二百三十年，有驚人的二十二次叛亂。」整個社會「冠盜、匪賊、奸豪跋扈」，「分類械鬥」紛起，此均源於「清國二百年間的惡政」。[31]而作為強烈對比，在日本的治理下，「（臺灣）全島安和樂麗，昭和時代大氣蔚然，讚頌之聲響徹雲霄，與清朝治下二百三十年二十二次叛亂的時代，及匪徒橫行的軍政時代相比宛如隔世之感。」[32]在此人們可以毫不客氣地說，日據時期殖民者的臺灣歷史書寫，與其說是在描述歷史，不如說是在按照自己的主觀意願建構歷史，建構一個為我所用的全新臺灣歷史。

　　應當指出的是，本文列舉臺灣史著作都是由殖民者編纂的，即所有這些臺灣史的編寫者都有共同的殖民者的身份：《臺灣史》作者山崎繁樹是台中州立台中商業學校校長，曾任台南高等商業學校教授，野上矯介是台中商業學校教諭，曾任台中州立教育博物館囑託，他們都是日本在台殖民教育的實踐者。《臺灣小史》作者種村保三郎是總督府警務局保安課的警察，兼任總督府官房外事科翻譯，本身就是實實在在的殖民官吏。其餘如《臺灣全志》作者藤崎濟之助先後擔任新竹州警務課警視、臺北地方法院代理檢察官、臺北州理蕃課警部乃至臺北州蘇澳郡郡守，同樣是典型的殖民警察和官吏。[33]即便是被普遍認為較具學術水準的《臺

<hr />

[31] 橋本白水：《台灣統治とその功勞者》，南國出版協會 1930 年，第 12、13 頁。

[32] 同上，第 21 頁。

[33] 《台灣總督府職員錄》，中研院台灣史研究所檔案館台灣總督府職員錄系統；橋本白水：《評論台灣の官民》，台灣日日新報社 1924 年，第 179 頁。

灣文化志》的作者伊能嘉矩，他本人也是以日本侵台軍隊陸軍部雇員的身份來到臺灣的，為此曾獲明治二十七、八年戰役從軍徽章，先後任職總督府民政局、臺灣土語講習所、總督府囑託、總督府史料編纂委員會等，其在談及「決然渡台」的初衷時這樣說道：「蓋治化、保護及誘掖未開蕃民之道，似易而甚難。即是一面設立教育之法，宜為適當作智德啟培之媒助，一方面講究授產之術，不可不消除日潛禍於未然。而為此事，首先要審慎從事人類之研究，以此完全觀察其形而上及行而下，並探勘其地理與自然之關係然後將其結果加以運用之。若是此根源之調查未完成，而徒然著手處理善後者，不知對於治化、保護及誘掖，何以得見其能適實也。」表示願為此調查事業「甘冒百難，不顧生死」，「在所不辭」。[34]看了這「一心為公」的表白之後，人們似亦不必對伊能氏之殖民者身份有何疑義。正由於此，這些身為殖民者的作者們在書寫臺灣歷史的時候，帶著一種本能的集體衝動致力於從歷史上證明日本佔領臺灣的合理性與正當性，通過對臺灣「歷史長廊」的比較展示，極力讚美日本統治，督促臺灣人感謝天皇一視同仁之浩蕩皇恩，曲線兜售殖民統治有功論，這應該是千書一面的殖民者臺灣史著作產生的深層原因。

　　山川均在談到日據時期臺灣教育的時候曾經說過這麼一段話：「在臺灣一切的學校，從頂到底，都循著臺灣人和日本人的『民族線』，明確地分做兩樣。」[35]日據時期臺灣的殖民者與被殖民者、統治者與被統治者雙方在描述這片土地與人民的發展歷史的時候，同樣依「民族線」而發展出截然相反的解讀。臺灣愛國史家連橫在《臺灣通史》序言中寫道：「夫史者，民族之精神而人群之龜鑒也。代之盛衰，俗之文野，政之得失，物之盈虛，均於是乎在。故凡文化之國，未有不重其史實者也。古人有言：『國可滅而史不可滅』。」「洪維我祖宗，渡大海，入荒陬，以拓殖斯土，為子孫萬年之業者，其功偉矣。」[36]在回顧臺灣著名歷史

---

[34]《作者小傳》，見伊能嘉矩：《臺灣文化志》（上卷），江慶林等譯，臺灣省文獻委員會1985年版，第17頁。

[35]山川均：《日本帝國主義鐵蹄下的臺灣》，收入王曉波編：《臺灣的殖民地傷痕新編》，海峽學術出版社2002年版，第178頁。

[36]連橫：《臺灣通史》自序，臺灣時代書局1975年版。

人物鄭成功時更發出「緬懷忠義，冀鼓英風，憑弔山河，慨然隕淚」的感歎，其「存正朔於滄溟，振天聲于大漢」[37]的指導思想與本文揭示的日本殖民者宣揚佔有臺灣正當論和殖民統治有功論的臺灣史觀，實可謂南轅北轍。日據時期臺灣歷史書寫中清晰可見的「民族線」，展示給人們的另一面，乃是臺灣人在殖民同化政策下的民族文化自覺與堅持。

---

[37]參閱茅家琦：《臺灣通史和它的作者連橫》，收入汪毅夫主編：《連橫研究論文選》，廈門大學出版社 2006 年版，第 10 頁。

日據時期臺灣社會的中國意識與臺灣意識

一八九五年《馬關條約》簽訂後，臺灣成為日本殖民地。身為中華民族一分子且擁有悠久歷史文化傳統的臺灣人民，依然堅持自己的文化觀念和行為模式，與日本殖民者的同化政策相抗爭，中國意識十分強烈。與此同時，臺灣人也曾提出「臺灣是臺灣人的臺灣」這樣臺灣意識十分濃重的口號，這又應予以怎樣的理解？日據時期臺灣社會中國意識與臺灣意識的關係如何？本文擬就此略作分析，敬祈指正。

一、 日據時期臺灣社會的中國意識

日據之前，臺灣是中國領土的一部分，臺灣人民是中華民族大家庭中的一員，漢民族在遷徙登臺的同時，也將傳統中華文化傳入臺灣並綿延傳承，而廣大原住民同胞以其獨特的文化豐富了中華文化的內涵。臺灣人是中國人，臺灣文化是中華文化的一部分，臺灣人的中國意識，無論在反清復明的鄭氏時期抑或大一統的清代，其作為主流意識，一直都是臺灣民眾思想意識和社會生活的基礎。

日據之後，臺灣淪為日本的殖民地，雖然依據《馬關條約》，兩年內未離臺灣的民眾自然轉變為「日本國民」。但是，臺灣人民的中國意識並沒有被消滅，儘管在日本殖民統治的高壓下，中國意識的表現方式或顯現程度有所區別，中國意識作為臺灣社會意識的主軸卻從來沒有出現大的偏差。無怪乎臺灣總督小林躋造要懷疑：「（臺灣人）沒有作為日本人應有的精神思想，惜力謀私，僅披著日本人的假面具。」[1]

甲午戰後，臺灣人民就在祖國大陸人民的支持下，展開轟轟烈烈的反割台運動，丘逢甲等士紳即發出「義與存亡」[2]的誓言，隨後的臺灣民主國，亦多方表示：「仍應恭奉正朔，遙作屏藩，氣脈相通，無異中土」。並明白揭示：「臺灣士民，義不臣倭，願為島國，永戴聖清。」日

1　戴國輝：《臺灣與臺灣人》，研文堂，東京，1980 年，第 208 頁。
2　《中日戰爭》第三冊，中華書局，1991 年版，第 74 頁。

本殖民者完全佔領臺灣全島之後，臺灣人民又起義反抗，陳秋菊、胡嘉猷等領導的臺北大起義，即在討日檄文中號召恢復中國在臺灣的主權，以「上報國家（清廷——中國），下救生民」。柯鐵、簡義等於鐵國山聚集人馬，號稱天運元年，他們在大坪頂上高高豎立的兩面大旗中，有一面即書寫「奉清征倭」幾個響亮的大字，可見這也是一次以回歸中國為主旨的抗日起義；南部林少貓、黃國鎮等聯合攻擊日軍駐地，並密謀進攻嘉義，試圖消滅日軍，亦「回復清政」，更是明白無誤地要求恢復清王朝在臺灣的統治。

　　我們研究還發現，在日據初期為數不多的幾次試圖自稱「臺灣王」的起義活動中，這些起事者依然擺脫不了大中華思想或中國意識的影響。六甲事件中的羅臭頭曾試圖「自立為王」，但他理想中的臺灣王，只是清國皇帝封賞下的臺灣地方統治者，史稱：「羅臭頭更藉托清國皇帝及天帝，准許羅君得近日即位為天下皇帝。」亦即大中國範圍內的小兒皇帝。[3]土庫事件中的黃朝也提出過自立為王的主張，但這裡的所謂「臺灣王」仍然是屬於中國而不是脫離中國。他自稱天有四門，自己是為清國這個「天」來守護南大門的。[4]西來庵事件中的余清芳自稱臺灣將生「聖明之君」，而這個聖明之君是企圖恢復漢族雄風的皇帝，其理想為復興「中原大國」。[5]

　　以上種種事例表明，在日本殖民主義的刺刀下，臺灣人民不屈反抗的精神寄託為祖國中國，無論是直接號召回歸的起義還是曲線圖存的起事，萬變不離其宗，最後的目標，都是為了使臺灣擺脫日本統治，重新歸屬中國，使臺灣再度成為中國人自己的臺灣。毫無疑問，中國意識是日據初期臺灣社會的主流意識。

　　1910 年代中期，日漸成長起來的臺灣民族資產階級及其知識份子，在以林獻堂為首的部分士紳領導下，開始走向一條與武裝鬥爭不同的以非暴力手段爭取自身權益的鬥爭。在這一系列政治抗爭中，繼承中華文

3　洪敏麟主編：《雲林、六甲等抗日事件關係檔案》，臺灣省文獻會，1978 年，第 206 頁。

4　《線代史資料（21）》台灣，みすず書房，東京，1979 年版，第 31 頁。

5　同上，第 59 頁。

化傳統、宣揚中華民族意識、復興中華文化，成為運動領導者、參與者的自覺行動，隨著運動的深入，中國意識在臺灣得到了更深層次的紮根和更廣範圍的傳揚。

首先，他們在各種場合宣傳臺灣人是漢民族的後裔，是中華民族的一份子。黃呈聰稱：「回顧歷史，我臺灣文化，曾由中國文化作為現在生活的基礎，無論風俗、人情、社會制度，盡皆如此。——從文化上說，中國為母，我等為子，母與子生活上的關係，其情誼之濃，不必我等多言。」[6]林呈祿則言：「現在臺灣島的大部分，無論怎樣說，都無法否定他們是中國的福建、廣東移過來的歷史事實。」[7]

日本人自己也不得不承認：「本來漢民族經常都誇耀他們有五千年傳統的民主人士文化，這種意識可以說是牢不可破的。臺灣人固然是屬於這漢民族的系統，改隸雖然已經過了四十餘年，但是現在還保持著以往的風俗習慣信仰，這種漢民族的意識似乎不易擺脫。」[8]臺灣民眾對自身民族屬性和定位，以民族運動主要領導人蔣渭水的一番話即可明白無誤的顯示出來了，他說：「臺灣人不論怎樣的豹變自在，做了日本國民，隨即變成日本民族，臺灣人明白地是中華民族即漢民族的事，（是）無論什麼人都不能否認的事實」[9]

其次，當時臺灣社會出現了認同中華文化，眷戀中國，以祖國中國為自豪的濃烈氛圍。在民族運動個團體的宣傳、鼓勵和切實推行下，中華文化在臺灣得到進一步的復興和傳播，中國意識在臺灣民眾，特別是知識份子中普遍勃興。[10]日本殖民者在一份內部報告中曾寫道：文化協會成員多懷有民族意識，常說：「我中國或我中華民族」，「追慕中國之年相當興盛」，「期盼（中國）早日統一」等等。[11]日人承認：「以中國為

[6]　轉引自若林正丈：《臺灣抗日運動史研究》，研文堂，1983 年版，第 230 頁。
[7]　王曉波編：《臺灣的殖民地傷痕》，帕米爾書店，臺北，1985 年，第 95 頁。
[8]　王曉波編：《臺灣的殖民地傷痕》，帕米爾書店，臺北，1985 年，第 14 頁。
[9]　《臺灣民報》1924 年 9 月 11 日。
[10]陳小沖：《日據時期臺灣的中華文化復興運動》，《臺灣研究》1993 年第 1 期。
[11]若林正丈：《臺灣總督府秘密文書〈文化協會對策〉》，《臺灣近現代史研究》創刊號（1972年）。

祖國的人，恐怕不在少數」。以至於整個臺灣社會十分濃重，「今日臺灣人，除特權階級外，大部分人醉心於中國，乃是不爭的事實。」[12]民族運動骨幹份子莊遂性則深情地表達了自己內心的感受，他說：「我在國外和異民族相處時，我心安理得地當一個中國人，在國內和國人相處時，則我心安理得地當一個臺灣人，並且以能心安理得地當一個『中國的臺灣人』而覺驕傲。」[13]李友邦在談及日據下臺人心態時亦指出：「臺灣割後，迄於今日，已四十餘年，雖日寇竭死力以奴化，務使台人忘其祖國以永久奴役於日人。然台人眷戀祖國的深情，實與日俱增。時間愈久，其情愈殷，是並未嘗有時刻的忘卻過。」[14]

「七七事變」後，日本殖民者加強了對臺灣社會的控制，有組織的政治運動均遭取締。為了強化同化政策的貫徹及將臺灣整合為日本南進基地的需要，配合日本帝國主義對外侵略戰爭，日本殖民者在臺灣掀起皇民化運動的浪潮，這一運動的核心內容即是竭力摧殘中華文化，灌輸日本皇國思想，以圖將臺灣人民「從裡到外」都轉變成為「真正的日本人」。顯然，在這一特殊歷史背景下，臺灣人民不能公開宣揚中華文化，無法保持與祖國的密切聯繫，不能從事一切與祖國相關的活動。但是，惡劣的環境並不能動搖臺灣民眾心中與祖國難以割捨的情懷，他們頂著日本法西斯統治的高壓，以各種隱密的、半公開的方式，繼續保持自身固有的文化傳統，以中華民族一份子的堅韌精神與強制同化政策進行鬥爭。

「七七事變」爆發，臺灣民間即流傳中國將收復臺灣，民眾心中潛藏的中國意識再度升溫，據日人密報，不少人認為「中國是個大國，日本必敗；中國是我們的祖國，希望中國勝利」。相信中國將收復臺灣，「現在中國將奪回臺灣，如果我們起來與日本抗爭的話，不用多久，我們就能回到中國的治理下」。據當時對大屯郡下西屯公學校高年級學生的調查，在這些臺灣學生家長對時局的認識中，「相當多數的人希望回歸到

---

[12]同上。
[13]葉榮鐘：《臺灣人物群像》，帕米爾書店，臺北，1985年，第152頁。
[14]王曉波編：《臺灣的殖民地傷痕》，帕米爾書店，臺北，1985年，第177頁。

中國的懷抱。」臺灣同胞還不時公開表示自己是中國人，如宜蘭郡礁溪庄的遊在添稱：「中國是我們本島人的祖國」，有人還冒險投書寫道：「日本必亡，祖國興隆」。臺灣軍司令部在分析當時臺灣人的反應時不得不承認：「事變爆發當時，一部分本島人（臺灣人）中間由於民族的偏見，依然視中國為祖國，過分相信中國的實力，受宣傳的迷惑，反國家或反軍隊的言論和行動在各地流傳，民心動搖。」[15]

在皇民化運動囂塵直上的時候，臺灣人民仍暗中學習漢語，收聽祖國的廣播，對日人推行的改姓名運動不屑一顧，即使少數被迫更改者，亦以潁川、江夏等帶有祖國故地意識的姓氏冠名。一些被迫加入皇民奉公會的人亦大都消極敷衍。難怪到日據行將終結的時候，臺灣總督安藤利吉對「領台五十年」後的臺灣人仍發出「並無絕對加以信賴和自信」的慨歎。[16]日據時代臺灣社會的中國意識，借用楊肇嘉先生的話就是：「臺灣人民永遠不會忘記祖國，也永遠不會丟棄民族文化！在日本人強暴的統治之下，渡過了艱辛苦難的五十年之後，我們全體臺灣人民終以純潔的中華血統歸還給祖國，以純潔的愛國心奉獻給祖國。」[17]

以臺灣人民抵抗運動為視角，可將日據時代分為三個時期，即武力反抗時期（1895—1915 年）、民族運動時期（1915—1936 年）和皇民化運動時期（1937—1945 年）。日據時期臺灣社會的中國意識在不同的階段呈現出不同的特點。在武力反抗時期，由於距割台不久，當時的臺灣民眾仍存有一種通過武裝鬥爭達到回歸祖國的熱盼，這時的中國意識直接而鮮明；民族運動時期，臺灣民眾轉向以非暴力政治抗爭來謀求自治，同時等待恢復與祖國關係有利時機的到來，此時的中國意識體現為對自身民族性的體認和對中華民族文化的堅持和弘揚；皇民化運動時期，由於法西斯高壓政策和軍部勢力的猖獗，社會運動停頓，臺灣人民只能以抵制皇民化、堅守中華傳統文化來與強制同化相對抗，這時的中

---

[15]《十五年戰爭極密資料集》（第 19 集），《臺灣島內情報本島人的動向》，不二出版社，東京，1990 年。參閱拙作：《「七七事變」與臺灣人》，《臺灣研究》1996 年第 2 期。

[16]王育德：《苦悶的臺灣》，新觀點叢書（9），臺北，第 151 頁。

[17]楊肇嘉：《楊肇嘉回憶錄》，三民書局，臺北，1977 年，第 4 頁。

國意識更多的體現為對中華文化和祖國中國的心理認同。

二、日據時期臺灣社會的臺灣意識

正如任何一個國家的民眾在國家意識之外還有其自身所屬地域的地方意識一樣，臺灣民眾除了擁有中國意識之外也擁有臺灣地方意識是再正常不過的事情。從理論上說，自大陸遷台的居民從早期的移民社會向定居社會轉化之後，臺灣地方意識便隨之產生。這種意識是對自己定居繁衍的這塊土地的認同感，是自身區別於國內不同區域民眾的心理標識，正如福建人與山東人自我地域認同感不同，臺灣人與河北人或是其他省份人群不同而有其地方意識是社會生存的自然樣態，本身並不包含任何政治含義。

日本佔據臺灣之後，在統治者方面，日人作為外來殖民者，其與臺灣人分屬兩個完全不同的民族，臺灣的民情風俗、人文地理乃至民眾性格、社會制度又與日本迥異，加上日據初期臺灣人民接連不斷的抗日起義，使得日本國內高層及總督府當局傾向於將臺灣作為一個與日本「內地」不同的特殊地區來看待，在臺灣推行特殊統治。在此基礎上，實施總督制，並制定《六三法》，賜於總督很大的權力。如臨機處分權，特別律令權等。因此，首先提出臺灣地位特殊的其實是日本人自己，其出發點是以此為依據擴大總督的權力，方便殖民統治的運作。

另一方面，由於日本殖民者政治上的壓迫、經濟上的剝削和民族歧視政策，臺灣人民從一系列不平等的待遇和生活體驗中，感受到了壓迫民族與被壓迫民族間本質的不同，在「內地人（日本人）」與「本島人（臺灣人）」間政治經濟不平等的鴻溝中，加深了「非我族類」的排異性，使得臺灣人相互間強化了自我認同和「自我歸類」，自發的凝聚為濃烈的臺灣意識。1910 年代世界範圍內民族自決浪潮的衝擊和臺灣人民族意識的覺醒，促成了一部分臺灣先進知識份子將由日人始作俑的臺灣特殊論拿來為我所用，發展出臺灣地方自治和設置臺灣議會的政治訴求。在這裡，臺灣意識從自發走向了自覺。可以說，日據時期的臺灣意

識已經不僅僅是一種地方意識或地域意識，而且是包含有民族反抗喻意的政治意識。

概括第說，日據時期的臺灣意識包括以下幾個方面的主要內涵：

首先，臺灣人與日本人分屬不同民族，臺灣人是漢民族。在這裡，臺灣意識與中國意識產生了交叉點。《臺灣民報》上常有這樣的語句：「臺灣人的祖先們自三百年前，為要開拓新天地樹立生存權，由福建省的漢民族陸續渡海而來，造成這個美麗的臺灣。」[18]「現在臺灣的先住民族中，除起八萬未開化人之外，十分之九算是由中國渡來的漢族。」[19]

其次，臺灣風土人情與日本不同，依其特殊性應實施不同的政策。「臺灣固是日本帝國的屬領，但是離了本國遠了，氣候是不同，而人情、風俗、言語思想各種的生活樣式都是有大差了。——臺灣和日本內地不同，不是日本內地的一部分，故不能依照同樣的統治法。」[20]「殖民地原住的民族，既然與本國（按指日本—引者）不同，風俗習慣自然與本國迥異，其各殖民地的特殊的事情，於統治上是有絕大的關係，所以不能以統治本國人的方針制度，來適用於殖民地的統治，這是極其明顯的事情。」[21]在這裡，臺灣意識的第二層含義是，臺灣人要有與日本人不同的自己的生活方式。

再次，設置臺灣議會，實施臺灣自治，這是日據時期臺灣意識上升為政治層面的訴求。他們指出：「臺灣雖是在日本統治之下，但是因為臺灣本來的民族是與日本民族不同，實際的政治施設非特別參酌臺灣特殊的民情風俗不可。」[22]自 1921 年起臺灣議會設置請願運動蓬勃發展起來，其請願的理由，在《臺灣民報》發表的社論《臺灣議會與臺灣憲法》中得到了明白的闡述：「請願的根本主旨，始終一貫，要求臺灣特別委任立法及臺灣預算的議決權，即要求在臺灣地域之範圍內的參政權。其要求的根本理由，是為臺灣的民情風俗與日本內地不同，如欲謀臺灣民

---

[18]《臺灣人的生存權》，《臺灣民報》大正 14 年 9 月 6 日。
[19]《農民的最後生存權》，《臺灣民報》大正 14 年 9 月 6 日。
[20]《當真是要內地延長嗎？》，《臺灣民報》昭和 2 年 7 月 3 日。
[21]《拓務省與殖民地參政權》，《臺灣民報》昭和 4 年 8 月 18 日。
[22]《非設立民選議會不可》，《臺灣民報》昭和 2 年 8 月 14 日。

眾的幸福,須行適合臺灣民意的政治,欲適合臺灣民意的政治,必要使
臺灣住民參政,欲使臺灣住民參政,非設置臺灣議會不可。」[23]

　　在臺灣社會的實際層面,臺灣意識是抗拒日本殖民者推行的同化政
策的利器。我們知道,日本在台殖民統治的重要目標,就是企圖破壞臺
灣人原有的中華文化體系,移植日本文化,將臺灣人同化為畸形的日本
人。而臺灣意識所強調的臺灣人漢民族性及臺灣社會特殊論,則恰恰與
日本殖民者的同化意願背道而馳。「大凡國民性的構成基礎,是自然的
造成的共同體,就是在一定地域,由血族的種族的共同體。把一種共同
的歷史、共同的文化、共同的生活條件所發生,而成長做國民或是做民
族的。以上的共同體,是經過數百年或數千年訓養而來,故有特別性格,
和他國人定有差異,所以這國民性決非一朝一夕可以改造的。倘若欲強
行,不但勞而無益,並且是背人道、逆自然的政策了。」[24]「臺灣是有
四千年的歷史和文化,社會上有特別的制度、民情、風俗,——同化政
策欲使臺灣化作與內地(日本)的府縣同樣,這實在是難的,若要達其
目的,總要生出種種的強制,無視臺灣的個性了。若此則不利於臺灣民
的現實生活。」[25]

　　在臺灣意識的構想中,作為「模範的殖民地自治」的藍圖應該是這
樣的:「——尊重原住民的民族心理,至於風俗習慣種種的固有文化,
其善良的不可不給它保存,所有的一切施設,須要以殖民地人為本位。
母國唯有間接的受其利益而已。」[26]而日本殖民者同化政策卻「萬事都
以本國為本位以定方針,要使殖民地改變和本國一樣」[27],一個是以臺
灣為本位,一個是以宗主國日本為本位;一個要求保存臺灣人固有的民
族性,一個力圖使臺灣人異化為日本人,二者有著本質的不同。因而臺
灣意識作為同化主義的對立面,再次顯現出其民族反抗的政治意義和在
當時歷史條件下的進步性。於是我們對於日據時期相當多的臺灣意識強

---

[23]《臺灣民報》昭和 2 年 1 月 3 日。

[24]《尊重殖民地的國民性就不是同化主義了》,《臺灣民報》大正 14 年 2 月 21 日。

[25]《臺灣民報》大正 13 年 6 月 21 日。

[26]《模範的殖民地自治》,《臺灣民報》昭和 3 年 1 月 22 日。

[27]《尊重殖民地的國民性就不是同化主義了》,《臺灣民報》大正 14 年 2 月 21 日。

烈的口號便不難理解了，請看他們發自內心的吶喊吧：「臺灣本是臺灣住民的臺灣，萬般的事業和施設，皆要以臺灣住民為本位的，而且萬般的事情都要靠仗臺灣民眾自身的力量去做，才會徹底才有誠意的。」[28]

　　臺灣意識作為臺灣自別於日本人的一種思想意識，其著力強調臺灣地方性和臺灣人個性的特點，使得它又不是簡單地表現為地方意識或昇華為臺灣自治的政治意識，同時也表現為鄉土文學意識，臺灣地方特色文化意識，臺灣特殊民俗形態等等，即滲透到社會文化、生活的各個方面。僅舉臺灣文學為例，他們就極力強調寫臺灣的地方特色，發展新臺灣文學。他們說：「要產生有價值的文學不消說要表現強大的地方色彩（localcolor）的，如像蘇格蘭文學、愛爾蘭文學的鄉土藝術，個性愈明亮而價值愈高升的，才是現代的之活文學。在臺灣有什麼詩人會描寫著臺灣的風景、空氣、森林、風俗、人情和老百姓的要求沒有？我們不得不盼望白話文學的作者的將來，務要拿臺灣的風景為舞臺，臺灣的人情為材料，建設臺灣的新文學，方能進入臺灣文化的黎明期。」[29]

　　綜合而言，日據時期臺灣意識與日據之前的臺灣意識既有傳承又有很大的不同，它們都是一種臺灣地方意識，但在日本殖民統治下臺灣人民身受異族壓迫的新的歷史條件——「治者和被治者兩階級的對立…，明顯地因民族的不同而區別著」[30]，使得臺灣意識隨著民族運動的展開從自發轉而成為自覺，並擁有強烈的政治反抗的意味，從而烙上了地域概念和政治概念的雙重印記。

三、中國意識與臺灣意識的關係

　　一個民族由於共同生活、共同語言而產生共同意識；一個社會由於群體的不斷重複的經歷和體驗而形成共同的感受，從而產生社會共同意識。又由於社會群體自身民族性和某一群體的特殊性（地域性）而分別

---

[28] 《敬呈畢業諸君》，《臺灣民報》大正 14 年 4 月 11 日。
[29] 《詩學流行的價值如何》，《臺灣民報》大正 4 年 10 月 4 日。
[30] 《有名無實的人才登庸法》，《臺灣民報》昭和 5 年 1 月 18 日。

擁有民族意識和地方意識。

　　在日據時期的臺灣社會，中國意識作為宏觀意識，它體現了臺灣人的民族性；臺灣意識作為次級意識，它體現了臺灣人的地方性；二者既相互區別，又共處於一個統一體中。具體而言，臺灣意識與中國意識又可視為表與裡、殼與核的關係。中國意識的深層內涵是它的實質所在，臺灣意識的表像外殼則是它的外在構態。無論中國意識或是臺灣意識，在日本殖民統治下它們共同聚合為反日意識。正是基於二者關係的上述特點，所以不論這種反日意識是以中國意識抑或臺灣意識的面目出現，日本殖民者都很自然的將其一並歸結為中國人（或漢人）的中華民族意識（或漢民族意識）。換句話說，日本人已經看穿了中國意識與臺灣意識的同質性，即它只是臺灣人反日運動手握匕首的兩刃而已。這一認識在日人對臺灣民族運動中代表中國意識的祖國派和代表臺灣意識的自治派的描述中得到了淋漓盡致的表現：

> 一種是對支那（中國）的將來也持很大的囑望，以為支那不久將恢復國情，同時雄飛於世界，必定能夠收復臺灣。基於這種見解，堅持在這時刻到來之前不可失去民族的特性，培養實力以待此一時期之來臨。因此民族意識很強烈，時常追慕支那，開口就以強調支那四千年文化鼓勵民族的自負心，動輒撥弄反日言辭，行動常有過激之虞。相對的，另外一種是對支那的將來沒有多大的期待，重視本島人的獨立生活，認為即使複歸於支那若遇較今日為烈的苛政將無所得。因此，不排斥日人，以臺灣是臺灣人的臺灣為目標，只專心圖謀增進本島人的利益和幸福。然而，即使是這些人也只是對支那的現狀失望以至於抱如此思想，他日如見支那隆盛，不難想像必回復如同前者的見解。[31]

　　出現上述現象的根本原因，在於臺灣民眾無論是中國意識或是臺灣意識都毫無例外地對自己屬於中華民族一員有著深刻的認識，「中國是素稱文教之邦，我們臺灣人是漢民族的後裔。」[32]「我們是具有五千年

---

[31]《臺灣社會運動史》第二冊，政治運動，創造出版社，臺北，1989 年，第 14 頁。

[32]《臺灣民報》昭和 6 年 8 月 1 日。

優秀歷史的漢民族的子孫」[33]。日人亦稱：「臺灣人的民族意識之根本起源，乃系於他們是屬於漢民族的系統」，「視中國為祖國的感情，不易擺脫，這是難以否認的事實。」面對日本殖民者的民族歧視和壓迫，[34]臺灣民眾的心態由黃白成的一段話得以清楚地表白：「中國——對世界人類有很大的貢獻，所以世界各國都很羨望，那麼倘要問日本如何對中國人輕蔑起來？可以答覆是在日清戰爭中國戰敗而來的。自此以來，日本人竟蔑視中國人為清國奴。我到琉球、日本旅行，每聽到這種侮辱時，就想到我們的祖國是中國，中國本來是強國，是大國，道德發達很早的國家，這種感想很強烈，而且每一次都加強這種精神。」[35]

　　當然，中國意識與臺灣意識的立足點又有所不同，中國意識是以身在臺灣的中國人的基本立場，著力弘揚中華文化，努力保持中華文化在日本殖民統治下不致失墜，並且以此作為抵制日本殖民同化的利器；臺灣意識則以身為臺灣人，身處臺灣社會特殊歷史條件為出發點，體認到臺灣處於日本統治下的現實，努力將臺灣與日本內地相區分，以臺灣特殊性作為抵制同化政策及「內地延長主義」的盾牌。前者謀求臺灣重歸中國社會，後者則認為在此之前應該有一個中間環節，原因一是臺灣所處地位特殊，須先謀取自治，然後才談得上歸返中國的可能性，二是當時臺灣內外情形也決定了它一定要有一個「待機」（等待時機）的過程，無法一蹴而就。但不可否認的是，二者出發點不同而歸結點是一致的，即所謂殊途同歸。

　　還應提及的是，日據時期臺灣意識的凸顯，與臺灣社會特殊歷史背景有關。因為當時臺灣割讓後，臺灣人名義上已經成為「日本國民」，加上日本殖民者的高壓政策，臺灣民眾無法在島內公然提出臺灣是中國人的臺灣或臺灣歸還中國的口號，臺灣人民不得不以臺灣不同於日本的特殊性為由，以臺灣意識來排斥同化意識，而日據時期臺灣意識的深層底蘊依然是中國意識。

---

[33]《臺灣社會運動史》，稻鄉出版社，臺北，1988 年版，第 281 頁。
[34]王曉波編：《臺胞抗日文獻選編》，帕米爾書店，1985 年版，第 14 頁。
[35]《臺灣社會運動史》，稻鄉出版社，臺北，1988 年版，第 283 頁。

　　簡言之，日據時期臺灣社會的中國意識和臺灣意識相生而不相剋，共同在反日民族運動中發揮著不同且重要的作用。具體到臺灣社會中臺灣人個體上，若干人可能偏重於中國意識，若干人可能臺灣意識更為濃厚，從而產生所謂「祖國派」與「自治派」等等分別。在民族運動發展不同階段中國意識與臺灣意識也有此漲彼落的關係，但二者的同質性，使得臺灣意識一直圍繞著中國意識的軸心在轉動，中華民族意識便是在其中起著決定性作用的力量。

論臺灣人與臺灣民族運動

日據時期台灣民族運動，要解放的對象到底是什麼？史明在《台灣人四百年史》一書中提出：日據時代台灣人和台灣社會已經發展成為與中國人、中國社會不同的一個群體，形成了單獨的、唯一的台灣民族，因此，台灣民族運動要解放的「民族」，就是台灣民族。事實果真如此嗎？讓我們看看歷史的真貌究竟怎樣。

一、虛構的「台灣民族」

「台灣民族論」的核心，是認為在日據時期，台灣社會與台灣人已經超越了與中國相同的血緣、文化關係，在社會上、意識上形成不同的民族集團。我們認為，這與日據時期的歷史實際並不相符。

日據以前的台灣社會，經過大陸移民數百年的墾拓，到了清代後期，已經脫離了邊疆社會的特點而逐漸內地化，在社會結構上，與大陸沿海省份並沒有什麼不同，這是史學界一般的觀點[1]。同時，中華文化自明末以降，即伴隨著移民們拓展到台灣各地，台灣社會無論是語言、風俗、信仰，還是起居、勞作等各方面，都是中華文化的延伸；由於台灣人民祖籍源於福建、廣東，因而又帶著濃厚的閩、粵地方文化色彩。總之，在日本殖民者來到台灣的時候，台灣文化就是帶有台灣地方特色的中華文化，台灣人是中華民族的一部分。

甲午戰後，台灣淪為日本的殖民地，日本殖民者在對台灣人民進行民族壓迫和剝削的同時，針對台灣社會的上述特點，實施了同化政策及與大陸隔離政策，前者試圖將原為中華民族一部分的台灣人民同化成為日本帝國的一忠良臣民」[2]，將台灣人拉到日本文化的懷抱中來；後者

---

[1] 參閱陳孔立：《清代台灣社會發展的模式問題一評「土著化」和「內地化」的爭論》，收入《台灣研究十年》，廈門大學出版社，1990 年版，若林正丈：《台灣抗日民族運動中的「中國座標」與「台灣座標」》，收入《近代台灣的社會發展與民族意識》，香港大學校外課程部，1987 年版。

[2] 謝銘仁·《台灣社會文化史論》，浪速社，大阪，1978 年版，第 195 頁。

則圖謀斬斷台灣與中國大陸的聯繫，把中國從台灣人的心中推開[3]。這種「一推一拉」的政策，貫穿了日本在台灣殖民統治的始終，它不能不對台灣社會發展進程帶來很大的影響。一方面，由於同化政策的實施，確有少數殖民統治的「協力者」自覺或不自覺地接受同化而成為日本人的臣僕；另一方面，由於與大陸的相對隔離，台灣人民與祖國之間的交流受到種種限制，中華文化在台灣受到殖民統治機器的強力壓迫和摧殘，這使得台灣人民面臨著前所未有的挑戰：要麼頑強堅持中華傳統文化，繼續做個堂堂正正的中國人；要麼同化為日本帝國的「順民」；要麼如史明所稱異化為所謂的「台灣民族」。事實表明，不屈的台灣人民選擇的是前者。

　　眾所周知，日本殖民者在台灣實施的同化政策，涵蓋了社會生活的各個方面，概略地說，則有語言同化、思想同化和習俗同化三項主要內容。所謂語言同化，即大力推廣日語，排斥漢文漢字，以改變台灣人民固有的中國文字和思維工具，「希望通過教授國語（日語）而使台灣人轉變成日本人」[4]。思想同化，是通過學校教育、社會教育和輿論攻勢，來灌輸日本文化，轉變台灣人民的思想觀念，「培養忠良著實的日本國民」[5]，以圖將台灣人塑造成「畸形的日本人」[6]。習俗的同化，在同化進程中同樣被日本殖民者高度重視。台灣總督府總務長官森岡二郎曾說：「不論在精神、形式上都與內地人絲毫沒有兩樣之後，才能稱為完全之日本化[7]。」其內容則為改變台灣人固有的習俗及衣、食、住、行各方面的生活方式，一切都以日本文化為依憑。然而台灣人民並沒有在殖民統治的高壓下屈服，他們運用各種方式堅持中華傳統文化，抗拒同化政策。關於台灣人民抗拒日本殖民者同化政策的情形，筆者在《日本在台同化政策及其失敗》和《一九三七―一九四五年台灣皇民化運動述

---

[3]　矢內原忠雄：《日本帝國主義下之台灣》，台灣銀行，台北，1964 年版，第 86 頁

[4]　村上嘉英：《舊殖民地台灣語言政策的一個考察》，載《天理大學學報》，第三六卷第二號。

[5]　台灣教育會：〈台灣教育沿革志〉，台北，昭和 14 年版，第 232 頁。

[6]　戴國輝：《台灣與台灣人》，研文堂，東京，1980 年版，第 212 頁。

[7]　黃昭堂：《台灣總督府》，自由時代出版社，台北，1989 年版，第 172 頁。

論》等文中已作詳述[8]，在此僅舉幾則相關事例再予說明：

事例一（一九○五年）

　　……若試著一瞥島民墓所，則我等必起奇異的感覺，即島人，且為比較進步的近時人的石碑面，堂堂地雕刻有清朝頒賜的官位勳爵等，並刻有光緒年號，卻未曾刻記我朝授予之官職的，亦未有使用明治年號者，這在統御方面未必值得介意，但歷來的同化者乍一聞之，則必憤慨一番。

　　──門田正經：《台灣視察報告》[9]

　　……台灣已脫離清國主權，完全歸我日本領有，但他們動不動仍使用皇清等文字，其墓碑銘，男則記「皇清顯考某」、女則記「皇清顯妣某」，此為平常之事。彼等國法上為我帝國臣民，死後卻仍在墓碑銘上冠以「皇清」文字，這是大義名分上所不容許的。

　　──小松孤松：《公園與墓地》[10]

事列二（一九二八年）

　　近來大稻埕有三百年來一回的中國自古流傳的祭典，為此，數萬本島人從遙遠的山區和農村前來參拜，且購買物品，情形極為昌盛，大稻埕據說有數十萬的交易。不過，這僅僅是在本島人聚集的大稻埕，城內日本人並未分到半分餘潤。對這種祭禮，官憲沒有任何干涉，不過是出於本島人（台灣人）自身發自內心的習俗，這時有許多民眾是自動前來大稻埕的。然而，令人擔心的是，我台灣神社的大祭，儘管官憲慫恿人們參拜，從各地召集特別志願者給予種種恩典，卻從未聽說過有像本島人（台灣人）傳統祭典那樣昌盛。一個是本島人（台灣人）自發，一個是官憲的慫恿，而其間懸隔如此，這決不是什麼好現象。──濱田恒之助等·《台灣》[11]

8　參閱《台灣研究集刊》，1992 年第 3 期、1987 年第 4 期。

9　《台灣協會會報》，十一卷八一號（明治 38 年 6 月）。

10　《台灣慣習記事》，五卷十號（明治 38 年 10 月號）。

11　濱田恆之助等：《台灣》，富山房，東京，昭和 3 年版，第 481 頁。

事列三（一九四四年）

在皇民化運動時期，日本文化在台灣的影響究竟如何？中川正分別從衣、食、住三方面進行分析。在衣的方面，日本與台灣「兩種樣式的交流，即一方影響另一方或兩者綜合的新樣式，亦幾乎沒有發現。」「只是在城市中較常見流行歐美式的西裝，至於庶民階層，現今仍屬於風馬牛不相及的關係。」在食的方面，「上述意義上的日台兩種樣式交流現象幾乎無可言述，本島人（台灣人）中嗜好生魚片的人不能說全無，但這僅僅是例外中的例外，更遑論成為生活習慣。」在住的方面，「日本式與台灣式互相影響的形跡幾乎沒有發現，也沒有所謂結合兩者長處而產生新的樣式。」「近來本島人（台灣人）居住木製房屋的人增多了，但這現象只是一小部分，且為政府以衛生的立場予以強制者或是出於城市住屋的困難，至少與台灣全島居住總數相比，不過為九牛一毛的例外現象，以此不足以論證日本式住居對本島式住居的影響。」「台灣的家屋構造大體上淵源於中國」。總之，在台灣，日本人和台灣人各有各的「生活方式」，並沒有出現堪稱為「交流」的現象。

—— 中川正：《關於內台生活的交流》[12]

諸如此類的例子相當多，無法一一列舉，我們之所以選擇這幾個事例，是基於以下幾個方面的理由：史明聲稱他寫《台灣人四百年史》是站在台灣人大眾的立場進行的，那麼我們就看看「台灣人大眾」在日據時期的生活真貌如何，此其一；這三個事例取材於一九〇五、一九二八和一九四四，它們分別代表著日據初期、民族運動興盛期和皇民化運動時期三個階段，具有典型意義，此其二；上述文獻基本上屬於在野日人耳聞目睹的台灣社會實態，比較不帶偏見，真實性較強，此其三。綜合上述事例，我們可以得出如下幾點結論：

首先，這些事例表明，在整個日據時代，台灣文化作為中華文化的一個組成部分的地位，並沒有改變，台灣人民從衣、食、住到思想觀念、

[12]《民俗台灣》，四卷五號（昭和 19 年 5 月）。

信仰習俗，都保持著本身固有的傳統。從這個意義上說，日本殖民者的同化政策是失敗的。面對此一事實，日本人不得不承認：「台灣人口六百一十萬中，漢民族佔百分之九十四，內地人僅不過百分之五點五，這是台灣所持性格的最大基底[13]」「本島人口的大部分，是由種族上（這當然是自然科學的概念）和民族上（這是人文科學的概念），與大和民族相異的漢民族及高砂族所構成。」「這種異質性，主要是民族上的異質性[14]。」換句話說，台灣人仍然是以漢族為主體的，包括高山族同胞在內的中華民族的一分子。

其次，台灣地區的中華文化，不可避免地帶有該地區的特色。但這種特色，只是多彩多姿的中華民族各具特色的地方文化的一部分，台灣文化的主體，依然是中華傳統文化。日據時期一些強調台灣特殊性的日本人也不得不承認：台灣的衣、食、住、行乃至冠婚葬祭、社寺廟宇等等風俗習慣，「其外形、內容都有特殊的趣味」，但歸根結抵，仍然是「漢人種」[15]。有的人則直截了當地說：「五百萬（台灣）島民是漢民族，在過去擁有相當悠久的歷史和文化，現在雖因台灣歸日本領有而成為日本國民，但他們根本的思想、文化，仍然沿襲著漢民族的方式。」「其風俗習慣等等，仍舊沿襲漢民族多年的歷史傳統」[16]。由此可見，史明先生所謂台灣人、台灣社會在日據時代已經超越與中國的血緣、文化關係而成為台灣民族的說法，是不符合歷史實際的。

再次，在台灣民眾心目中，祖國觀念、中國意識仍相當強烈。上引事例中，第一個例子顯示，在日本統治台灣十年後，台灣人民仍普遍使用清朝年號、官爵來刻寫墓碑，卻不使用日本年號或日本官銜，第二個例子反映出台灣民眾根深蒂固的中華傳統文化觀念，以及不為日本殖民者同化政策威脅利誘所動的民族性格，第三個例子則展現了皇民化運動甚囂塵上的時候，台灣廣大區域內民族傳統的頑強生存及發展，同時說

---

[13]楠井隆三：《進展中的台灣經濟‧總論》，載《台灣經濟年報》，昭和17年版，第29頁。
[14]楠井隆三：《昭和十七年台灣政治經濟概觀》，載《台灣經濟年報》，昭和18年版，第6頁。
[15]小松吉久：《殖民地文學——發揮台灣趣味》，載《台灣慣習記事》，五卷十號（明治38年10月）。
[16]松井石根：《台灣統治四十年的回顧》，載《東洋》（特輯號），昭和10年。

明，日本殖民者試圖以日本文化替代台灣地區中華文化的同化圖謀，遭到了根本的失敗。一些有識日人也清醒地認識到：歷史上，中國曾被異民族征服過，但它最終則以固有的文化征服了征服者，「能同化有幾千年歷史傳統的幾百萬人之民族，是絕沒有先例的[17]。」

顯而易見，日據時期台灣人民雖然處於異族統治下，但他們自身文化並無質的改變，其固有的民族性依然留存。作為中華民族成員，台灣人民站在中國人民反抗外來侵略的最前哨，頑強地維繫著民族文化血脈的暢通不絕。台灣人和台灣社會還是中國人和中國社會，所謂的「台灣民族」之論，無疑是虛構的、不存在的。

二、台灣民族運動要「解放」誰？

日本殖民統治時期，台灣社會各種矛盾尖銳、突出。台灣人民的反抗鬥爭，既有前期的武力抗日暴動，又有後期的非暴力政治抗爭，還有此起彼伏的農民運動、工人運動和學生運動。一般所稱的台灣民族運動，是指第一次世界大戰爆發後，台灣民族資產階級及其知識分子領導的非暴力政治運動，始於一九一四年的台灣同化會，終於一九三六年台灣地方自治聯盟的解散，共計二十二年。

有關台灣民族運動的研究，是台灣史上的熱點課題，國內外成果頗豐。但是，台灣民族運動的主體是什麼？它要解放的對象是誰？一個時期以來，卻引起不少的爭議。史明在提出「台灣民族論」後接著引申道：由於台灣社會與台灣人已經形成為「台灣民族」，「因此，在台灣民族解放運動當中的所謂「民族」，必然是現正存在著的現實的台灣社會與台灣人，換言之，台灣民族運動所要解放的對象，不外乎是現實的台灣社會與台灣人[18]。」倘若將台灣社會與台灣人作為一種地域概念的話，那麼這種提法並沒有錯。但如將它們作為一種民族概念，並以之與中華民族相對立，則在知識上是無法成立的，因為這顯然違背了歷史事實。其

---

[17] 同 11，第 644 頁。
[18] 《台灣人四百年史》第 689 頁。

中最大的破綻在於，這種觀點所賴以存在的「台灣民族論」，根本就是虛構和不存在的。既然不存在「台灣民族」，那麼台灣民族運動所要解放的，就只能是台灣地區的中華民族，因為台灣社會中的台灣人，本來就是「現實存在的」中國人，即中華民族成員。因此，史明所謂台灣民族運動要解放「台灣民族」的說法，是錯誤的。在這裏，我們將繼續從日據時期台灣社會矛盾及台灣民族運動所提的方針、口號兩方面入手，對這一問題做進一步深入探討。

　　日據時期台灣社會的主要矛盾，可以從以下幾點進行分析：

　　在政治上，日本殖民者建立了一整套殖民統治體制來壓迫台灣人民。「六三法」及之後的「三一法」的頒布，賦予總督以行政、立法和軍事大權，君臨台灣人民。同時又以其嚴密的警察網和保甲網，將統治的觸角伸向各個角落。殖民統治機器一方面保護日本殖民政府及在台日人的利益，另一方面壓制台灣人民的合理要求，對台灣人民實施民族歧視政策。台灣總督府民政長官後藤新平在為民族壓迫政策辯護時，曾告誡總督府醫學校的台灣學生說：「你們如果要求與已經三千年來對皇國盡其忠義的日本人同等待遇，則今後以八十年為期，努力同化於日本人，在此以前，縱有差別，亦無可奈何，不作不平之鳴，以為全島民示範[19]。」日本殖民者就是以台灣情況特殊，台灣人民智識低陋且為不同民族為藉口，歧視、壓迫台灣人民。僅以重要官職中日本人與台灣人所佔比例一事為例，據一九二四年的統計，台灣官吏三萬三千人中，除專賣局翻譯官一名、醫專教授一名、高等或專門學校教授一名和已退職的外書課翻譯官一名外，全是日本人任高等官[20]，從而在政治上建立了日本人的獨占優勢地位。

　　經濟上，日本殖民者通過土地調查，確定了小租戶單一土地所有權，從而便於土地的商品化和日本資本的侵入。同時，總督府將大量所謂「無主」地掠為官有，放領給日本資本家和退休官吏，從而在台灣形

[19]同3，第87頁。

[20]山川均：《日本帝國主義鐵蹄、白台灣》，收於王曉波編：《台灣的殖民地傷痕》，帕米爾書店，台北，1985年版，第70頁。

成大批日本人大地主。另據《台灣糖業統計》的報導，台灣製糖、明治製糖、大日本製糖、鹽水港製糖和帝國製糖等幾個主要製糖會社所有耕地面積，在一九一八年為五一、六四六甲，一九二八年為六七、二一七甲，一九三五年為七六、一二一甲，到了一九四〇年，僅台灣、明治、大日本和帝國四大製糖會社所有地便達一〇九、五〇〇甲，如若加上通過租佃，資金前貸和水利等手段而間接控制的土地，日本人無疑是台灣最大的土地佔有者[21]，而受剝削的是廣大台灣農民及農業工人，就是一些中小地主也都受到日本資本的控制。對於台灣民族資本，日本殖民者則予壓制、打擊。他們一面制定各種有利於日本人的政策法規，使得日本資本得以低價或無償擁有大片土地、森林和礦山開採權以及條件優越的融資管道，另外又限制台灣地區民族資本的發展，如規定台灣人不得單獨組建株式會社、利用參予制來控制台灣人開辦的銀行企業，等等。因此，在經濟上也形成了日本人的壟斷地位。

　　教育方面，日本殖民者大力推行的是以日語普及為中心的同化教育。總督府官員就會聲稱：「教育不可一日忽視，然不得漫然導入文明的潮流，養成權利義務論之風氣，以期不致使新附之民陷入於不測之弊害[22]。」換句話說，教育的實質是貫徹愚民方針。為此，日據時期台灣地區普及的是初等教育、師範教育和中等職業教育，目標是培養台灣地區的勞動力資源，以供殖民者更有效地榨取。就是這些初、中級教育，也存在著嚴重的民族不平等。王敏川在《台灣民報》撰文指出：台灣人學生「察其內容程度，劣於內地人（日本人）中學遠甚，而欲入高等學校不可得，或因英語、教學、理科諸科之學力不足，不能上進者，每抱慨嘆焉[23]。」師資配備也極不公平，供日人上學的小學有資格教員佔教員總數的比例平均為百分之七十點九，供台灣人上學的公學校，其比例僅為百分之四十二點五，故時人言：「台灣人比住在台灣的日本人，受

[21]《台灣風物》，第三一卷第四期。
[22]種村保三郎：《台灣小史》，東都書籍株式會社，台北，昭和 20 年版，第 287 頁。
[23]王敏川：《王敏川選集》，台史會，台北，1987 年版，第 11 頁。

著「賤價的教育」的事實，是沒有懷疑的餘地」[24]。矢内原忠雄云：台灣的教育乃是「為了確保日本人的支配者地位[25]」，山川均更一針見血地指出：「在台灣一切的學校教育，從頂到底，都循著台灣人和日本人的民族線，明確地分著兩樣[26]。」

其餘在社會就業、工資福利、公共參予機會、地方建設等方面，都以日本人的利益為依歸，台灣人民則處於二等公民的地位。這一社會現實決定了日據時期台灣社會的主要矛盾是台灣人民與日本殖民者之間的矛盾。又因台灣人民是中華民族的一員，故而這一矛盾也就是台灣地區中華民族與日本殖民主義的矛盾。在這一主要矛盾的基礎上發生、發展起來的民族運動，是中華民族爭取民族解放的鬥爭，鬥爭的矛頭主要針對日本殖民者，所要解放的民族，當然是台灣地區的中華民族。

我們還能再從台灣民族運動中所提出的方針、口號，來分析這一運動所要解放的對象問題。

「台灣同化會」被普遍認為是台灣民族運動的發端。在參予同化會的主旨上，台灣人和日本人可說是同床異夢，後者是為了使台灣人民「悅服王化，渾然成為一體，成為忠良的（日本）國民[27]」、而前者只是籍同化之名；「目的是希望日本政府對台人鬆弛壓力；能放鬆束縛。俾台人得減輕痛苦而已[28]。」台灣議會設置請願運動，其中心內容，是要求「順應台灣事情之立法，即就台灣住民公選議員組織台灣議會以行之」[29]。換句話說，就是要求日本殖民者承認台灣人的參政權，以特別代議機關的形式，實施特別立法。這雖為改良主義的自治要求，但它標誌著台灣人民以公開的方式，在台灣島内發動了爭取殖民地人民政治地位、反抗總督府專制統治的鬥爭，得到廣大民眾的熱烈響應。文化協會則提出「以

---

[24] 同 20，第 76 頁。

[25] 同 3，第 25 頁。

[26] 同 20，第 77 頁。

[27] 《台灣社會運動史》（原《警察沿革志》）第一冊，文化運動，創造出版社，台北，1989 年版，第 27 頁。

[28] 甘得中：《獻堂先生與同化會》，收於《林獻堂先生紀念集》卷三追思錄。

[29] 王曉波編：《台胞抗日文獻選編》，帕米爾書店，台北，1985 年版，第 79 頁。

助長台灣文化的發展為目的」[30]，對台灣民眾進行民族主義、民主主義和科學主義教育，同時大力弘揚台灣地區的中華文化，以促進台灣人民的民族覺醒和思想意識的更新，並達成了近代台灣民族運動史上空前的抗日民族統一戰線，將台灣民族運動推上一個新的階段。台灣民眾黨宣稱：「本黨以確立民本政治、建立合理的經濟組織、及改除社會制度之缺陷為其綱領[31]。」究其目標，政治上乃是針對日本人對台灣政治資源的獨佔和總督府的殖民統治；經濟上反對日本資本對台灣工農業經濟命脈的控制及對民族資本的壓迫；社會問題上支持工農運動，努力促成全民性的民族運動。台灣地方自治聯盟，是台灣民族運動中的溫和派的安協主義產物，它以有限的「地方自治」為目標，以求對殖民統治制度做一些敲敲補補的工作，但就基本內容上看，仍包含有民族鬥爭的色彩。必須指出，台灣民族運動與台灣人民對祖國強烈的文化認同感，對自己屬於中華民族一員的深刻體認，是分不開的。他們把台灣地區中華民族解放的前途同祖國的強大聯繫起來，認為：「若要救台灣，非先從救祖國著手不可，欲致力於台灣革命運動，必先致力於中國革命之成功，待中國強大時，台灣才有恢復之日─待中國有勢力時，台人才能脫離日本強盜的束縛[32]。」對於台灣人民這種強烈的民族感情及其在台灣民族運動中的作用，日本殖民者也不得不承認並號召保持高度警覺。總督府警務局所編《警察沿革志》寫道：

> 台灣人的民族意識之根本起源，乃係於他們是屬於漢民族的系統，本來漢民族經常都在誇耀他們有五千年傳統的民族文化，這種民族意識可以說是牢不可破的。台灣人固然是屬於這漢民族的系統，改隸雖然已經過了四十餘年，但是現在還保持著以往的風俗習慣信仰，這種漢民族的意識似乎不易擺脫，蓋其故鄉福建、廣東兩省與台灣，僅一水之隔，且交通來往也極頻繁，這些華南地方，台灣人的觀念，平素視為父祖墳墓之地，思慕不已，因而

---

[30] 同 27 第 190 頁。
[31] 同 27 第二冊，149 頁。
[32] 同 29 第 186 頁。

視中國為祖國的感情，不易擺脫，這是難以否認的事實[33]。

　　事實表明，台灣人作為中華民族一分子的民族性格，在日據時期並沒有改變，台灣民族運動要解放的對象，只能是他們，而不可能是什麼別的人。

三、台灣人的中國情

　　前面我們分別回答了台灣人是什麼和台灣民族運動要解放誰的問題，現在我們再來看看台灣民族運動與「祖國中國」的關係，以及在台灣人民的心目中，「祖國中國」是不是像史明先生所稱的那樣，已是「虛幻的」或「無法親近的」？

　　台灣民族運動與同在日本統治下的朝鮮民族運動相比，有一個顯著的不同點，也就是朝鮮民族運動的目標十分單一。它以脫離日本殖民統治而獨立為訴求，台灣則由於在日本侵佔前屬於中國的一部分，台灣人是中華民族的一員，因此，台灣民族運動除了與日本統治者發生關係外，還不能不同它的祖國——中國發生關係。這就產生一個問題：台灣脫離日本殖民統治後，它的地位如何確定？因此，台灣民族運動中出現了世人所謂的祖國派和自治派，前者強調中華民族的一體性和台灣與祖國的不可分割的依存關係，以回歸祖國為追求目標；後者對清廷出賣台灣和民國的贏弱表示失望，以努力增進台灣人民自身福祉為目標，而不急於回歸祖國。然而，必須強調的是，無論是祖國派還是自治派，雖然在回歸祖國的態度上有急緩之分，但他們的鬥爭方向卻是一致的，即隨著條件逐漸成熟，台灣最終將回歸祖國。幾乎貫穿整個台灣民族運動的台灣議會設置請願運動，就為我們提供了一個很好的例證。台灣總督府內部記錄中，對兩派的立場有者明自的敘述：

　　　　一種是對支那（中國）的將來抱持很大的囑望，以為支那（中國）不久將恢復國情，同時雄飛於世界，必定能夠收回台灣。基於這

---

[33] 同29，第415頁。

種見解，堅持在這時刻到來以前不可失去民族的特性，培養實力以待此一時期之來臨。因此民族意識很強烈，常時追慕支那（中國），開口就以強調支那（中國）四千年文化鼓勵民族的自負心，動輒撥弄反日言辭，行動常有過激之虞。相對的，另外一種是對支那的將來沒有多大的期待，重視本島人的獨立生存，認為即使歸於支那（中國）若遇較今日為烈的苛政將無所得。因此，不排斥日本，以台灣是台灣人（中國）現狀失望以至於懷抱如此思想，他日如見支那（中國）隆盛，不難想像必回復如同前者的見解[34]。

林獻堂是自治派的代表人物，並在台灣民族運動中處於領導地位。但就他個人而言，則仍然懷抱著強烈的中華情懷。日據初期，他與林幼春、洪棄生等人創建詩社，吟頌漢詩，雖然帶有某種消極避世的色彩，但其試圖延續漢學一線生機的主觀願望是值得肯定的。在日據後期法西斯軍國主義氣焰高漲的時候，林獻堂率團到廈門、福州、上海等地訪問，就會面對大好河，說出「林某歸來祖國」的話，引起軒然大波，被總督府御用報紙斥為「非國民」，大加撻伐，林獻堂本人還遭日本浪人的毆辱。這一事件說明，一向以溫和的自治派面世的林獻堂，同樣具有強烈的民族意識，對祖國並未嘗或忘[35]。再看台灣地方自治聯盟的幹將楊肇嘉，台灣學者稱他是一位「為爭取台灣自治而與日本人奮鬥半生」的人[36]。他回憶錄中也深情地寫道：「（日據）五十年間，我們一心念念不忘的是我們的祖國，給我們開拓建置基業的祖先。我們一直保存著我們固有的文化，我們的婦女也堅拒了異族的蹂躪和誘惑。我們的祖先不僅用武器和強敵血戰了多年，並且即使在一切武器被搜出沒收以後，我們的兄弟姐妹們仍繼續堅強的展開了文化、經濟、政治的全面鬥爭，一直到台灣光復為止[37]。」「我們全體台灣人民終以純潔的中華血統歸還給祖國，以

[34] 同 27 第二冊，第 14 頁。

[35] 王曉波編：《台灣的殖民地傷痕》，帕米爾書店，台北，1985 年版，第 153 頁。

[36] 《光復前台灣的民族意識》，收入《近代台灣的社會發展與民族意識》，香港大學校外課程部，1985 版。

[37] 楊肇嘉：《楊肇嘉回憶錄》，三民書局，台北，1977 年版，第 3 頁。

純潔的愛國心奉獻給祖國[38]。」台灣中部民族運動骨幹莊遂性更直截了當地說：「我在國外和異民族相處時，我心安理得地當一個中國人，在國內和國人相處時，則我心安理得地當一個台灣人。並且以能心安理得地當一個中國的台灣人而覺驕傲[39]。」這幾個「心安理得」再貼切不過地表露了日據時期台灣知識分子對祖國的眷戀和嚮往。概而言之，「祖國中國」絕不是史明先生所謂僅僅存在於個別祖國派、民族派幹部頭腦中的「虛幻」觀念，而是普遍存在於絕大多數台灣民族運動領導人及參加者心中，台灣民族運動中不論是激進派或溫和派，其中國情是日本殖民者的高壓所無法抹平的。

　　日據時期台灣廣大普通民眾對「祖國中國」的感情，我們可以從兩個方面來分析。其一，針對日本殖民者的同化政策，正是廣大台灣民眾堅持中華傳統文化，在語言、風俗、信仰等等各個方面，抗拒日本文化的同化，使日本殖民者的同化圖謀遭到了根本的失敗，中華文化在台灣頑強地扎根、成長。其二，在民族運動的浪朝中，台灣普通民眾對祖國中國的感情，可說是與日俱增。他們積極參加、支持台灣議會設置請願運動、文化協會以及民眾黨組織的各種活動，響應中華文化宣傳，反抗日本殖民者對民族運動的鎮壓。民族運動幹部從東京請願回台，他們像歡迎英雄似地簇擁著四處遊行、歡呼；文化協會的講演會，熱情的觀眾將會場擠得水泄不通；文化劇演出和美台團電影放映時，台上台下同聲頌揚寶島、怒斥警察橫暴；甚至由於演講者穿著上海服，以至於上海服一時成為民間流行的服裝。凡此種種，使得當時的台灣社會，人們普遍可以感到這麼一股濃烈的氣氛：「今日台灣人，除特權階級外，大部分醉心於中國，乃是不爭的事實[40]。」就連日本警察也不得不承認：「以中國為祖國的人，恐怕不在少數[41]。」史明先生所聲稱的日據時期台灣人一般大眾「並不追隨知識分子而來耽迷於所謂『血緣關係』、也不仰賴

<hr>

[38] 同上，4 頁。

[39] 同 35 第 253 頁。

[40] 若林正丈：《台灣總督府秘密文書「文化協會對策」》，載《台灣近現代史研究》創刊（1978 年）。

[41] 同上。

『祖國中國』的抽象觀念，就是說，對現實的中國完全無法感到親近，也不抱任何幻想[42]。」這些話顯然是對歷史事實的歪曲。事實證明，維繫與祖國及中華文化的血濃於水的淵源關係、以及對祖國中國的強大向心力、一直都是整個日據時期台灣人民反抗日本殖民統治的精神支柱。在結束全文之前，有一點必須提起注意的是，在日帝下台灣民族運動中，自治派曾經提出「台灣是台灣人的台灣」的口號，這被台獨理論家們充作日據時期「台灣人意識」強烈的一個證據。其實，當我們深入了解這句口號提出的背景及其含義，就能做出正確解釋。台灣是甲午戰敗後依據《馬關條約》割讓給日本的，這一不平等條約，在當時歷史條件下是所謂有效的。從國際法上講，當時台灣已經成為日本的「領土」，台灣人也成了「日本臣民」。在這種情況下台灣的民族運動，儘管從實質上講，是在台灣的中華民族反抗日本殖民統治的鬥爭，但在鬥爭的策略上，是不可能在島內公然提出「台灣是中國人的台灣」口號的；面只能強調台灣的特殊性；以台灣地方、台灣人不同於日本本土及日本人的現實，來與日本殖民者作鬥爭。李友邦先生曾就此提出：「因為《馬關條約》後，祖國政府不得不把台灣承認為日本所有，所以台灣革命已不得不成為台灣五百萬民眾自己的事，而祖國政府不能是主動的，除非他提出「收復台灣」的口號[43]。」所以，提出「台灣是台灣人的台灣」，是在當時國際環境下不得不做出的策略性選擇，是針對日本殖民者而絕不是針對所謂「中國社會」和「中國人」的。

---

[42]同 18。

[43]李友邦：《台灣要獨立也要歸返中國》，《台灣先鋒》第一期。

關於臺灣人的抗日與「臺灣人意識」
——史明「臺灣人意識」論的批判

日本殖民統治台灣的五十年，是台灣人民飽受奴役和欺凌的五十年，同時也是他們前赴後繼、奮起反抗的五十年。從抗日義軍的浴血奮戰，到文化協會的啟蒙鼓動，從民眾黨的吶喊演說，到台灣共產黨的革命理論，不同的階級和團體，運用不同的方式，為實現他們階級和民族解放的理想而奮鬥。在這裡，各階級及同一階級的不同階層間的矛盾和利益錯綜複雜，所要達到的目的也不盡相同。但是，在中華民族對日本帝國主義的這一主要矛盾的支配下，台灣人民的抗日鬥爭，處處顯示出強烈的中華民族意識，則史跡具在，為不爭之事實。

然而，台獨理論家史明所著《台灣人四百年史》，卻提出所謂「台灣民族論」，認為台灣人民的抗日鬥爭及是基於強烈的「台灣人意識」，謂台灣人民抗日鬥爭的目標，是要建立獨立的「台灣國」。因此，再現台灣人民在各個歷史時期抗日鬥爭的歷史真實，正確理解各政治團體在特殊歷史條件下所提出的口號、綱領的具體含義，有助於澄清問題，分辨是非。

一、前期抗日運動與「台灣人意識」

史明在其著作中十分強調台灣人意識在台灣人民抗日鬥爭中的決定性作用，認為台灣人意識的強弱，是影響鬥爭成敗的關鍵因素。但我們卻發現，他實際上是將台灣人民憑藉著對祖國的向心力和強烈的中華民族意識而進行的英勇抗日，說成是依據「台灣人意識」進行抗日，可是這種說法，卻經不起史料的驗證。

首先我們來看初期抗日武裝鬥爭的情形。就在日本殖民者宣稱全島底定的豪言剛落，以胡嘉猷、林李成、林維新、許紹文等人為首的抗日游擊隊伍，便打響了抗日的第一槍。他們在所發佈的檄文中公開宣布：「此次征倭，上報國家，下救生民」，並且書寫清廷「賞戴藍翔」的頭

衙，使用光緒年號，加上從「諸國皆我清朝和好之國」等文字，可見北部抗日武裝鬥爭明顯是以恢復中國對台灣的主權為訴求的[1]。在中部，柯鐵、簡義共聚大坪頂，號稱鐵國山，宣告一八九六年為天運元年，計劃將日軍吸引中路，然後分襲南北，驅逐日本殖民者。他們在大坪頂上樹起兩面大旗，其中一面上書「奉清征倭」四個大字，明明白自是以回歸祖國相號召[2]。至於南部義軍，以黃國鎮、林添丁、阮振等人為首，積極聚集力量，準備響應柯鐵所部一齊起義，「進攻嘉義，殲滅日本軍，以回復清政[3]。總之，台灣人民的初期抗日鬥爭，從北到南，都是在一片回歸祖國的吶喊聲中展開的，它體現了台灣人民強烈的祖國意識。其次，我們再看中期抗日蜂起事件。一九○七年蔡清琳領導北埔起義，自稱「聯合復中與總裁」，號召人民「協助中國軍隊，將日本人從台灣擊退」，宣傳中國軍隊將在新竹登陸，應奮起響應[4]。顯然，這裡「復中興」的含義，就是恢復中國對台灣的主權。苗栗起義中，領導者羅福星在他聲討日本殖民者暴行的文章裡，更是對「佔世界面積三分之一」、「人口最多」的「我中華民國」充滿深情，以「殺頭相似風吹帽，敢在世中逞英雄」的豪邁氣概，為「雪國家之恥，報同胞之仇」而起義戰鬥[5]。其他如林杞埔起義、土庫起義等，也無不是在中國大陸辛亥革命的直接影響下爆發的，雖然土庫起義中提出過自立為王的主張，不過，這裡所謂的「台灣王」，仍然是屬於中國，而不是脫離中國。黃朝自稱受玄天上帝神助為台灣國王，但他認為：天有四個，台灣處於清國的南端，自己是為清這個「天」來守護南天門的[6]。

　　史明在他的書中著重提到了六甲起義和西來庵起義兩個事件，來作為台灣抗日史上要求獨立的典型。遺憾的是，這兩個例子並不能給史明的觀點以任何支持。

[1]　參閱許世楷：《日本統治下的台灣》，東京大學出版會，東京，1972 年，第 72 頁。
[2]　台灣憲兵隊編：《台灣憲兵隊史》，龍溪書舍復刻本，第 200 頁。
[3]　同上，第 288 頁。
[4]　現代史資料（二一）《台灣（一）》，すずみ書房，東京，1979 年，第 28 頁。
[5]　同上，第 32-36 頁。
[6]　同上，第 31 頁。

六甲起義發生於一九一四年春。隨著日本殖民者加強對台灣基層社會的控制，警察統治網時時監視著人民的一舉一動，民間怨憤之聲日趨高漲。適逢殖民當局大肆徵調民夫，參與對太魯閣山地同胞的討伐行動，更激起廣大農民、隘勇的不滿。這時，嘉義廳店仔口支廳南勢莊民羅臭頭，起而與陳條榮、羅獅、羅陳等人共謀反抗，他們利用民間信仰為組織手段，聚集幫眾，於一九一四年五月襲擊警察派出所，擊斃日警一人。因事起倉促，眾寡不敵，起義最後失敗。對於這次起義，史明是這麼評價的：羅臭頭「從早就富有台灣人意識，又因曾受過日人警察的欺壓而懷恨在心，逐漸欲想驅逐日人並實現台灣獨立[7]。」事實果真如此嗎？

我們先來看羅臭頭的所謂「台灣人意識」問題。按照史明的劃分法，台灣的士紳階級或剝削階級是「大陸漢人」，是外來統治者，勞苦大眾或被剝削階級是台灣漢人，是本地人，後者才具有台灣人意識。羅臭頭的情形卻恰恰相反，新近公布的六甲事件檔案記載：「羅臭頭，家世頗富裕，當於山岳重疊之僻地，以本島人之智力程度，寧可授過分教育。及與兄羅順興分家後，不勵農業，結果，家道漸次中落，生活狀態不如往昔[8]」。由此可知，羅臭頭的出身，與其說是勞苦大眾，毋寧說是家世富俗的鄉紳家庭，按史明的說法，該歸類於「大陸漢人」，雖然後來家道中落了，也只是個破落地主，同勞苦大眾的台灣人沾不上邊，怎麼可能一個一大陸漢人」卻「從早就富有台灣人意識」呢？這不是自相矛盾嗎？

再者，羅臭頭組織起義，根本不是為實現所謂的台灣獨立。的確，羅臭頭會經聲稱得到神授，將為台灣皇帝，他計劃「擬先襲擊山地警察官史派出所，殺害巡查，掠奪槍器，漸次增加勢力，進而出平地，襲擊支廳及派出所，戰勝日本人等，自立為王之目的[9]」。這就是所謂的「台

---

[7]　《台灣人四百年史》，第 441 頁。

[8]　洪敏麟主編：《雲林、六甲等抗日事件關係檔案》，台灣省文獻委員會，台中，1978 年，第 205 頁。

[9]　同上，第 176 頁。

灣皇帝」。對此，有必要做一分析。如上所述，六甲起義基本上是傳統式的農民起義，在這種起義事件中，皇權主義思想泛濫，是中國歷史上農民起義的常態，因此，出現一些稱王稱帝的現象，不足為怪，與所謂的「台灣獨立」毫不相干。有趣的是，羅臭頭這個「台灣皇帝」也是由清朝皇帝封賞的。史料記載：「羅臭頭更藉托清國皇帝及天帝，准許羅君得近日即位為天下皇帝」[10]。可見，羅臭頭理想中所謂台灣皇帝，不過是清國皇帝之下的台灣地方統治者罷了。

　　值得注意的是，台灣人民在抗日起義中所出現的稱王稱帝現象，與大陸農民起義相比較，有其突出的特點，即他們心目中的「台灣王」或「台灣皇帝」，都是中國封建皇帝管轄下的地方統治者（如羅臭頭、黃朝等）。他們都在中國的國家範圍之內。因此，如果要說台灣農民起義有什麼特殊性的話，那就是與祖國千絲萬縷斬不斷的聯繫，而不是相反。

　　西來庵起義發生於一九一五年，日本人稱：「明治四十五年中華民國建立之大業，對於自古受篡奪帝業的歷史所馴化的彼等，以漢族為祖先之本島民眾歸趨，帶來動搖的徵兆[11]。」余清芳即因而挑起暴動。雖然日本殖民者有意將台灣人民的抗日運動貶低為個人篡奪帝位的野心，但這個記載顯示，祖國辛亥革命成功的鼓舞乃是西來庵起義的直接導因。

　　余清芳在籌劃、領導起義時，確曾以台南將出現新皇帝領導民眾驅逐日本人相號召。但這是否就意味著如同史明所稱：「志在推翻日本統治並建設台灣國」呢？回答是否定的，請看以下事實：

　　其一，余清芳在發布的諭告中寫道：「古今中華主國，四夷臣卿，邊界來朝，年年進貢，豈意日本小邦倭賊，背主欺君，拒獻貢禮，不遵王法，藐視中原，侵犯疆土，實由滿清氣運衰頹，刀兵四起，干戈振動，可惜中原大國，變為夷狄之邦。」對中國的衰落表示痛心。他自稱大明慈悲國奉旨本台征伐大元帥，宣傳「中國南陵（按指台灣），天生明聖

---

[10]同上，第206頁。
[11]同4，第52頁。

之君，英賢之臣」，要中興大明國[12]。顯而易見，這次起義在充斥反滿氣氛的辛亥革命的影響下，打的是反清復明的旗號。換句話說，台灣出現的新皇帝，不是分裂祖國的皇帝，而是企圖重振漢族雄風的皇帝，它與台灣獨立或所謂台灣國，毫無相同之處。

　　其二，參加起義者，對祖國有強烈的感情。西來庵起義雖然以民間信仰形式組織，帶有神秘宗教色彩，但起義的深層原因，則是日本殖民者在台灣的殘暴統治和人們對祖國的向心力。起義主要領導人之一的羅俊，即「常言日人施政完全蔑視人民，虐待人民，致人民生活益陷慘境，吾等所以不能在鄉里立足，皆係日政府之苛政所致，有機會非在本島各地同時蜂起革命以驅逐日寇光復本島不可[13]。」又如賴冰、賴宜等「均以日政府年年增加賦稅名目，且課重賦，致人民不堪特徵，各種產業亦多為日人所專佔，大加贊同起義，尤以賴宜原係武秀才，常回憶以往中國時代所受厚遇立成激烈信徒[14]。」他們四處宣傳來自中國的巫師可施法使人刀槍不入，中國軍隊將攻打台灣，號召人民起來響應等等。

　　其三，起義的主要領導者坦承起義目的在於回歸中國。起義失敗後，台北地方法院在給台灣總督的報告中說：「據林牛及謝成等供稱：台中廳下阿罩霧之巨商林季商（彼於去年脫離本島籍歸復中國也）外數名，曾謀議於廈門，並派遣羅俊、林元及謝成等至本島，與林季商之弟五少爺事林瑞騰、余清芳、賴淵國、賴阿冰、賴宜等共籌費用及招募黨員事宜，為使本島復歸中國版圖，正計劃中云云。蘇東海則稱：以台南廳參事蘇有志、余清芳為首領，擬使本島獨立者，將擁戴李昌（李宗）三十三歲者為皇帝，彼稱大明民：云云。各說紛紜，除非逮捕被視為主謀之羅俊、余清芳、賴宜等歸案，似不易判明其真相[15]。」這就是說，早在當時，對起義的日的究竟在於回歸中國抑或台灣獨立，就有種種撲朔迷離的傳聞。起義領導者賴宜直言不諱的供詞，為我們揭開了迷霧，

---

[12] 同4，第59頁。
[13] 林衡道主編：《余清芳抗日革命全檔》，第一輯第一冊，台灣省文獻委員會，台中，1974年，第60頁。
[14] 同上，第61頁。
[15] 同上，第340頁。

他在第一次偵訊時說：「余既已宣誓招募同志，擊退日人，為堅定將台灣恢復為中國版圖之決心，乃祈神明佑之也[16]。」在第二次偵訊時，他仍堅稱：「因需要繳納巨額稅捐有利事業又俱被日人所獨占，每況愈下，不堪其苦，如恢復為中國版圖，自不致受其苦，乃同意羅俊之企劃，並協助其舉也[17]。」看到這明明白白的宣誓，我想史明的論點大概已不值一駁了？

概而言之，早期抗日鬥爭中，台灣人民的共同奮鬥目標，即在於以武力驅逐日本殖民者，使台灣重新回到祖國的懷抱，它充分顯示出台灣人民對祖國的向心力和中華民族強大的凝聚力，台灣人民心頭激盪的是強烈的中華民族意識，絕不是狹隘的台灣地方意識或所謂「台灣人意識」。所有事實表明，所謂台灣人民抗日武裝鬥爭是為了謀求脫離祖國而獨立的論調，說到底，是對歷史事實的歪曲或無知。

二、後期抗日與「台灣人意識」

一九一〇年代中期，隨著世界各被壓迫民族反抗運動的開展，在中國大陸、朝鮮等地民族解放運動的鼓舞和日本國內民主運動的刺激下，逐漸成長起來的台灣民族資產階級及其知識分子，開始尋求一條與武裝鬥爭不同的、以非暴力抗爭手段來爭取民族解放的道路。

必須提醒的是，史學家們都習慣地使用「民族運動」、「民族解放運動」等詞句來表述這一階段台灣人民的抗日運動，但對這些詞句中關鍵的「民族」一詞的含義，卻從未有過明確的界定，於是便出現了各說各話的情況。史明就聲稱：這是指台灣民族，這種民族運動，是「想要為台灣的民族獨立來奮鬥」[18]。字面含義的混淆不清，極易迷惑人們的視線。因此，嚴格確定台灣民族運動的含義，是十分必要的，而這一確定應當也只能以歷史事實為依據。

---

[16] 同上，第 99 頁。
[17] 同上，第 103 頁。
[18] 同 2，第 459 頁。

　　民族運動是殖民地、半殖民地被壓迫民族反抗殖民主義、帝國主義的鬥爭。在朝鮮，是高麗民族反抗日本殖民主義的鬥爭，在印度，是印度民族反抗英國殖民主義的鬥爭，鬥爭的最終目標是建立獨立的民族國家。在台灣，雖然鬥爭的性質與其他各殖民地是一致的，但台灣的歷史文化背景，造就了它自身的特殊性。在淪為日本殖民地之前，台灣是中國的一個省，台灣人民是從中國大陸移居的漢族移民及其子孫和少數原住民——高山族所組成，它們都是中華民族的一分子，這就決定了台灣民族運動的實質，乃是在台灣的中華民族的一部分（主要是漢族）與日本殖民主義之間的矛盾和鬥爭。台灣民族運動這一鮮明的民族特性，就連日本殖民者也不能不予以承認，台灣總督府所編《警察沿革志》總序是這麼寫的：

　　　關於本島人的民族意識問題，關鍵在其屬於漢民族系統。漢民族向來以五千年的傳統民族文化為榮，民族意識牢不可拔。屬於此一漢民族系統的本島人，雖已改隸四十餘年，至今風俗、習慣、語言、信仰等各方面卻仍沿襲舊貌，由此可見，其不輕易拋除漢民族意識。且其故鄉福建、廣東兩省又和本島只有一衣帶水之隔，雙方交通頻繁，且本島人又視之為父祖塋墓所在，深具思念之情，故其以支那為祖國的情感難於拂拭，乃是不爭之事實。自改隸後，我等遵奉聖意針對此一事實訂定統治方針，對這些新附民眾一視同仁平等對待，使其沐浴於浩大皇恩。歷代當局，皆依本旨，致力於化育。在我統治之下，本島人享有恩澤其實極大，然仍有一些本島人，蔑視曲解此一事實，頻頻發出不滿之聲，以至引起許多不祥事件。此實為本島社會運動勃興之原因。依此檢討，則除歸咎其固陋之民族意識外，別無原因，但這亦顯示在本島社會運動的考察上，民族意識問題格外重要[19]。

　　這種堅朝不拔的民族意識，正是台灣後期抗日民族運動的內在動力所在。

　　不容否認，這一時期的部分台灣人曾經提出過台灣獨立的口號，如

<hr>

[19]《台灣社會運動史》（《警察沿革表》中譯版），第一冊，創造出版社，1989年，第213頁。

留學大陸的台灣學生。其中又以中台同志會和台灣獨立革命黨為主要代表。以下我們著重對這兩個團體進行分析。

中台同志會是南京的台灣留學生及部分中國學生聯合組成的反日學生團體，它成立於一九二六年三月，當年七月遭破壞，前後僅存在五個月，影響並不算大。領導者有吳麗水、李振芳、文化震等人。中台同志會的宗旨，即緊密團結中國大陸和台灣兩地的同胞，互相配合、互相支持，共同打倒日本帝國主義，謀求中國和台灣的共同自由平等。這是該會章程總則中明確規定了的。綜觀中台同志會前後發表的宣言、傳單、談話錄等資料，對該會的指導思想及行動可以歸納以下幾個特點：

第一，參與該會活動的台灣學生，明確承認自己是中國人，是漢民族的一分子。《中台同志會成立大會主旨書》開篇即寫道：「甲午戰後，日本帝國主義以武力壓迫清朝，締結馬關條約，終於把我東南屏障台灣，及三百六十餘萬同胞，置於淪亡之地，任命彼等念意宰割。吾人每想及此便不勝憤慨。因此，於茲組織本會，以便連絡中台同胞情誼，開拓中台間文化為祖國謀利益為台灣謀解放[20]」他們對於一部分大陸同胞「甚至把台灣人當作是外國人看待」的做法，表示強烈不滿[21]。

第二，認為台灣的前途與祖國的命運緊密相連，祖國強大之日，即是台灣人民解放之時。《中台同志會成立宣言》指出：「考之歷史上之事實，台灣滅亡之日，亦即是中國民眾被帝國主義者所控制之日，中國完全屈服於日本之時，即為台灣民眾被日本帝國主義壓榨之時，故中台兩地的民眾實有共生共死的密切關係[22]。」他們認為：「只要中國成為強國，我們台灣的獨立自然水到渠成[23]。」

第三，台灣獨立不是針對中國，而是針對殖民宗主國的日本。中台同志會認為，台灣的淪為殖民地和中國的半殖民地地位，是日本帝國主義對中國的瘋狂侵略所造成的。「日本帝國主義者，乃是兩地人民的公

---

[20]同上，第 135 頁。
[21]同上，第 142 頁。
[22]同上，第 136 頁。
[23]同上，第 143 頁。

敵[24]。」中台同志會謀求的是中國大陸與台灣兩地的共同獨立自由。因此，它明白宣誓：「本會的第一目的，在於謀求中國及台灣共同的自由獨立[25]。」顯然，中台同志會尋求的是脫離日本殖民主義統治的獨立，這是殖民地人民反抗殖民主義帝國主義鬥爭的正當要求。

第四，對台灣自決權的問題，要做實事求是的分析。中台同志會在《告民眾書》中曾經提出：「台灣解放成功後，台灣所得權利之一，便是自決權[26]。」這種極端主張的出現，一方面是左翼學生對國民黨的不信任，另一方面也有其歷史的原因。甲午戰後，台灣被清政府割讓予日本，他們看來，這是「把台灣雙手捧給日本帝國主義」，無異於對台灣的「出賣」[27]，由此產生的被遺棄、失落感，在台灣人民的心中不能不留下深深的傷痕，但這種對清廷出賣台灣的恨，不也正是對中華民族的眷戀和愛的一種表現嗎？何況他們在提出「自決」的同時，並不排除海峽兩岸「合併」的可能性[28]。

至於台灣獨立革命黨問題，近年來研究成果逐漸增多。對該黨所主張的台灣獨立革命，其領導人李友邦做了如下解釋：「因為馬關條約以後，祖國政府不得不把台灣承認為日本所有，所以台灣革命已不得不成為台灣五百萬民眾自己的事，而祖國政府不能是主動的，除非他提出『收復台灣』的口號，既然由台灣五百萬民眾方面出發，所以他首先必須作爭取獨立的鬥爭。」為此，他提出台灣革命的二階段論，即「第一，必須以台灣作為日本帝國主義者的殖民地而向他爭取獨立；第二，又須以台灣作為中國之一部分而且適應著全民的需求歸返祖國」[29]。很清楚，獨立是手段，歸返祖國才是目的。

針對當時居留大陸的部分台灣人所提出的台灣獨立主張，黃玉齋曾有過極其精闢的分析，他說：「這派發達很早，如本書前面所講的說他

---

[24] 同上，第 137 頁。
[25] 同上，第 143 頁。
[26] 同上，第 150 頁。
[27] 同上，第 147 頁。
[28] 同上，第 150 頁。
[29] 李友邦：《台灣要獨立也要歸返中國》，《台灣先鋒》第一期。

是『台灣獨立派』亦可，說他是『台灣光復派』也無不可！我們所謂：台灣人，個個都是中國人。總而言之，所謂：『獨立派』捨去極端自主外，都是要做中國的一省呀！最近極端獨立派的論調是說：『現在中國內受軍閥橫行，外受列強壓迫，幾乎自身不能顧了焉能顧及我們台灣呢？」他們的結論還是：現在應該台民治台民，將來還是做中國的一部分[30]！」所以，我們認為，分析任何一個社會問題時，都必須把它提到一定的歷史範圍之內來考察，對後期抗日階段的「台灣獨立論」，也應當從當時的歷史條件出發，發掘其中蘊含的深層寓意，才不至於犯主觀主義的錯誤。

　　最後我們來看看台灣島內的情況。有關台灣共產黨問題，我們將在下一節討論，這裡集中就台灣民族資產階級領導的民族運動做一分析。

　　台灣民族資產階級領導的民族運動，以台灣同化會為開端；歷經台灣議會設置請願運動、文化協會、台灣民眾黨，直至台灣地方自治聯盟，各個階段提出的綱領、口號雖有不同，但運動的性質基本上屬於改良主義，其根本的思想路線，是以溫和的、非暴力的、體制內的抗爭為主導。正如當時激進派領導人之一的連溫卿所指出的：該運動的目的，「在於排除專制，要求民主政治，主張把委託於台灣總督之行政、司法、立法三權歸於將成立之台灣議會。」「此不過為內政之獨立而已[31]」。換句話說，台灣民族資產階級領導的民族運動的最高訴求，不過是台灣自治。有意思的是，說台灣民族運動是謀求台灣獨立的論調，正是日本殖民者當年千方百計想扣在民族運動領導人頭上的大帽子，而為後者所極力聲明駁斥的。台灣民族運動的喉舌《台灣民報》就曾多次表明了自己的嚴正立場：「台日紙（按指台灣總督府御用報紙）對於台灣議會請願的報導，老不放棄它們傳統的偏見與邪推！」「什麼有台灣獨立的存意，中傷——捏造未免太過於非紳士的了[32]」王敏川在談及台灣議會設置請願運動時說：日本殖民者將這一運動「常常看做極危險的事，而生起猜忌，

---

[30] 漢人：《台灣革命史》，新民書局，屏東，1925 年，第 90 頁。
[31] 連溫卿：《台灣政治運動史》，稻鄉出版社，台北，1988 年，第 82 頁。
[32] 《台灣民報》第二四九號（1929 年 2 月 24 日）。

或妄加誹毀，這真是可為抱憾，像這種運動，是最合法的運動，是很穩健的運動，為甚麼偏要抱那種杞人憂天的過慮來逆世界的大勢呢[33]？」看來，這種連當時人都認為是「杞人憂天」的台灣獨立論調，在現今的我們，似乎就更不必去為它感到困惑了。

三、台灣民族論與台灣共產黨

　　台灣共產黨的成立，是台灣近代史上劃時代的一件大事，它標誌著台灣無產階級力量的壯大及馬克思列寧主義思想對島內外台灣民眾的影響力與日俱增。雖然黨的領導人會犯過左右傾機會主義和教條主義的錯誤，但這一無產階級先進政黨的成立，畢竟將台灣民族運動向前推進了一大步，為台灣人民反抗日本殖民主義的鬥爭作出相當大的貢獻。過去的一個時期內，由於政治敏感性，台灣共產黨的研究，極少有人觸及。近年來，有關論著相繼出現，值得注意的是，這些論著除了部分為外國學者的研究成果外，都是出自台獨派或台獨色彩濃厚的部分學者的手筆，如史明的《台灣人四百年史》、盧修一的《日據時代台灣共產黨史》以及陳芳明的一些論文等等，他們對台灣共產黨如此厚愛的緣故，是因為自認為從中得到了某些發現，而這些發現對他們來說，簡直如獲至寶。盧修一寫道：「一九七二初我在巴黎一個偶然的機會裡，看到日本人山邊健太郎主編的兩本有關日據時代台灣政治運動的史料集，赫然發現二〇年代的台灣人組織了共產黨，而且在距離今天的六十年之前，就已經提出了台灣獨立、建立台灣共和國的明確主張。這個發現非常有刺激性也非常有意義，因為那個時候我的政治理念已經很清楚地指向同樣的目標[34]。」史明則說「台灣共產黨是以『台灣民族』為台灣革命的出發點，所以台灣的殖民地，民族解放運動就不可能成為中國革命的的一部分，也不是日本革命的一部分，而是單獨成為一系統及一單位的『台

---

[33]《王敏川選集》，台灣史研究會，1987 年，第 144 頁。

[34]盧修一《日據時代台灣共產黨史》，前衛出版社，台北，1990 年，自序。

灣革命』[35]。」看來，如何看待台灣共產黨的台灣民族論及其台灣獨立、建設台灣共和國的主張，已經成為擺在人們面前亟待解決的重大課題。

　　將台灣人民單獨分列出來作為一個民族的提法，出現在台灣共產黨成立時的政治大綱中，該大綱是這麼闡述台灣民族的產生和發展歷程的：台灣的最初住民是野蠻人，即所謂「生蕃」。鄭成功佔領台灣後，生蕃逐步承受壓迫。土地漸受剝奪，終於全部為漢人送入深山裡，台灣土地被鄭氏一族及其部屬的大農戶等分割佔有。此後由中國南部移居台灣的漢人與日俱增，所謂台灣民族即是上述南方移民的來台居住為其濫觴。近代以後，隨著台灣內部資本主義的初步成長，台灣社會政治、經濟產生動搖，反抗清朝的民族運動加倍緊張。中日戰爭結果，台灣割讓予日本，在革命空氣彌漫之中，誕生了台灣共和國。台灣共和國雖然失敗，但最主要的土地問題實際上起了一大變化，台灣最終成為日本殖民地，「台灣民族經過這樣的歷史階段，在特殊的經濟發展過程中被培養長大[36]。」應當說，台灣共產黨政治大綱有關台灣民族的論述，讀起來相當吃力，一方面，對台灣歷史發展的敘述，支離破碎，不成體系，而且錯誤不少，另一方面，對所謂台灣民族形成的社會歷史條件並沒有完整的、令人信服的論證，對台灣社會政治、經濟演變規律的認識也極不充分，整個理論基礎相當薄弱。歷史事實是，明末以來移居台灣的閩粵漢人，在抵達台灣墾闢荒野的同時，也把他們原有的語言、服飾、風俗習慣帶到了台灣，並世代相傳。他們說的是和大陸祖地相同的閩南話、客家話，祭祀的是從大陸祖廟分香而來的觀音、媽祖、保生大帝或三山國王，歲時年節他們同樣有春祈秋報的習俗和中秋春節等歡樂的日子，台灣文化，實實在在就是中華文化尤其是閩南、粵東文化的延伸，大陸移民不僅去台的時候是漢族，而且在歷史發展的各個時期乃至日本統治時代，也同樣是漢族，從來就沒有異化成為所謂的「台灣民族」。這點，有關的史料很多，限於篇幅，僅以日本駐台灣軍司令松井石根一九三五年的一則講話作為佐證，他說：

---

[35] 同7，第582頁。

[36] 同19，第三冊，第24-26頁。

　　五百萬島民是漢民族，在過去擁有相當悠久的歷史和文化，現在雖因台灣歸日本領有而成為日本國民，但他們根本的思想、文化，依然沿襲著漢民族的方式。如今，他們的祖先墳墓，中流以上者，均在福建、廣東，去年廣東發表的華僑調查，便將廣東渡來現屬台灣籍民者均視為華僑。因此，居住在台灣者，無論是福建人或是廣東人，今天表面上雖說是日本國民，但由於其歷史的原因，大部分人卻並未懷有這種心理。尤其是島民大部分為福建人，廣東人是少數，從福建來的人，腦子中根深蒂固的觀念就是台灣是福建的領土，是福建人亦即漢民族的土地。故而其風俗習慣等等，仍舊沿路漢民族多年的歷史傳統，且認為他們的衣、食、住等所有方面，並不比日本差，自己甚至還佔有優勢。當然，伴隨著一般文化的步，衣、食、住的狀態漸漸產生著變化，然而，上述觀念卻牢不可破。語言方面也是如此，今日雖極力獎勵國語（日語），但要將他們當中固有的漢民族語言去掉却不是一件容易的事[37]。

　　這就是日本殖民者眼中作為漢民族的台灣人！

　　那麼，與歷史和現實相違背的所謂「台灣民族論」，究竟為什麼會出現在台共的政治大綱中呢？我們認為這一問題的線索必須到國際共產主義運動的發展史上去尋找。

　　列寧主義民族殖民地理論認為，在資本主義上升時代、民族殖民地問題與資產階級解放運動是結合在一起的。民族解放運動主要由資產階級領導，民族運動的主要任務，是反對殖民主義和建立民族獨立國家。因此，這一時期的民族運動屬於資產階級世界革命的一部分。資本主義進入帝國主義階段，特別是蘇聯十月革命後，世界明顯地分為壓迫民族與被壓迫民族，民族殖民地人民反抗帝國主義、殖民宗主國的鬥爭與各先進國家無產階級反對本國資產階級的鬥爭緊密地聯繫在一起了。殖民地、半殖民地的民族解放運動，已經由資產階級世界革命的一部分，轉變成無產階級世界革命的一部分。在這一形勢下，殖民地半殖民地的無

[37] 松井石根：台灣統治四十年的回顧，《東洋》（特輯號），昭和10年，第113-114頁。

產階級，在民族解放運動中，既在一定程度上團結民族資產階級，又要與它的動搖、妥協和不徹底性作鬥爭，並爭奪民族運動的領導權。因此，一個富有戰鬥性和鐵的紀律的無產階級政黨─共產黨的建立，便成為該時期殖民地、半殖民地民族運動的首要任務。

　　在各殖民地、半殖民地國家建立共產黨組織，不僅是無產階級世界革命的需要，也是第三國際的組織要求。由於第二國際社會民主黨人力量的強大，共產國際第一次代表大會上只有十三個正式共產黨組織參加。直到第三次代表大會才有一〇三個組織的六〇三名代表參加，為此，共產國際強調必須加強組織工作。第三次大會通過的《論策略》提綱中明確要求：共產國際當前的首要任務，就是爭取使工人階級的大多數處於共產國際的影響之下，在鬥爭中建立強大的、群眾性的共產黨，以便準備向資產階級實行新的進攻。在這一策略指導下，東方各國如中國、印度、土耳其、埃及、波斯等國共產黨相繼建立。同時共產國際還特別指示各擁有殖民地國家的共產黨，要積極協助本國殖民地建立共產黨組織，所有參加共產國際的「各國共產黨必須直接幫助附屬的或沒有平等權利的民族……和殖民地的革命運動[38]。」台灣共產黨就是在上述背景下，由殖民宗主國的日本共產黨協助成立的。

　　　一九二二年共產國際通過的《日本共產黨綱領草案》，雖然沒有關於殖民地問題的專門論述，但在對外關係方面提出了「從朝鮮、中國、台灣、庫頁島完全撤出軍隊」的要求[39]。一九二六年綱領則明確規定，「以促進日本統治下的殖民地獨立為黨的任務[40]。」一九二七年綱領更指示：「（日本）共產黨必須同殖民地解放運動保持密切聯繫，並給予所有思想上、組織上的支持[41]。」它所提出的十三項口號中，第三項即是「殖民地的完全獨立」[42]，依據共產國際的指示。日本共產黨開始積極著手籌組台灣共產黨。一九二七年十一月，渡邊政之輔、佐野學等日共人

[38]列寧：《民族和殖民地問題提綱初稿》，《列寧選集》卷四，第274頁。
[39]《日本共產黨綱領集》，日本共產黨中央委員會出版部，東京，1964年，第8頁。
[40]同7，第33頁。
[41]同39，第33頁。
[42]同39，第34頁。

於莫斯科晤商在台灣共產主義者中成立「日共民族支部」的問題，他們共同起草了政治大綱和組織綱領，然後給從上海到東京的林木順和謝雪紅，告訴他們以「日本共產黨台灣民族支部」的名義成立台灣共產黨組織。就這樣，日本共產黨起草的政治大綱到了台灣共產黨創立者的手裡[43]。一九二八四月十五日，台灣共產黨正式成立，會上提交討論通過的政治大綱，已由翁澤生翻譯成白話文[44]。東京警視廳出示的證據表明：「關於台灣民族問題的政治綱領，市川正一處發現的這份『政治大綱草案』與去年（一九二八）四月二十五日，上海領事館檢舉台灣共產黨之際收押的『政治大綱』內容幾乎相同[45]。」也就是說，台灣共產黨政治大綱基本上只是日共提供的政治大綱草案的轉譯而已。問題已經清楚了，所謂的台灣民族論，其始作俑者，並不是台共，而是日共。

日共之所以提出台灣民族論乃至台灣獨立，建設台灣共和國等主張，我們認為，可以從以下幾個方面進行分析：

首先，日共對台灣歷史和日本殖民統治下台灣的社會政治、經濟狀況，還缺乏深入的了解。還不能把馬克思列寧主義關於民族殖民地問題的原理同台灣的具體歷史條件正確地、恰當地結合起來。關於台灣社會歷史狀況的研究，到一九二〇年代，已經獲得初步成果，但多為日本殖民地官員和部分資產階級學者的作品，用馬克思列寧主義的立場、觀點和方法來探討台灣社會的著作尚未出現，日共本身對台灣的研究則更為薄弱（山川均、矢內原忠雄等人的研究是在三〇年代之後）。此外，日共黨內山川主義與福本主義的鬥爭正激烈進行，對外則忙於參予國內普選活動，無暇顧及台灣，台共建黨工作也是委託中國共產黨一手籌辦的。日共關於台灣社會的分析，就是在上述背景下倉促形成的，這就不可避免地帶有濃厚的主觀主義色彩乃至判斷上的失誤。例如將清朝統治下台灣人民的反抗鬥爭稱作民族運動，台灣民主國的建立是擬建立一個民族獨立的國家並走向資本主義道路等等，而最大的失誤是生硬地將台

---

[43] 現代史資料（二二）《台灣（二）》，すずみ書房，東京，1980 年，第 86 頁。
[44] 同上，第 137 頁。
[45] 同 36，第 8 頁。

灣人民說成是單一的台灣民族,從而製造了所謂的台灣民族論。

　　其次,日共的台灣民族論,有其思想上的根源。(台灣民族論雖然是日共對台灣歷史、社會缺乏深入了解所得出的錯誤結論,但它的出現,卻有著深刻的思想淵源。)如所周知,列寧將十月革命後的世界劃分為壓迫民族與被壓迫民族,「勞動者不應當忘記,資本主義把民族分成佔少數的壓迫民族,即大國的(帝國主義的),享有充分權利和特權的民族,以及佔大多數的被壓迫民族,即附屬或半附屬的,沒有平等權利的民族[46]。」為此,他告誡國際共產主義者,特別是擁有殖民地國家的共產黨人,不應忘記「殖民地人民也是民族,誰容忍這種「健忘精神」,誰就是容忍沙文主義[47]。」日共的台灣民族論,就是依據這一精神指導所做出的。當然,就絕大多數殖民地、半殖民地民族國家來說,這無疑是正確的。然而,台灣作為日本殖民地,卻有著它自身的特殊性,台灣是日本帝國主義憑藉不平等條約從中國分割出去的,台灣人民是中華民族的一部分,日共正是忽視了台灣的特殊性而生搬硬套列寧的民族殖民地理論,從而犯了教條主義的錯誤。

　　再次,從台灣民族論出發,引申出台灣民族解放運動的方針和策略。(「壓迫其他民族的民族是不能獲得解放的」,這是無產階級國際主義的一項基本原則。史達林還特別強調壓迫民族的無產階級必須堅決的援助被壓迫民族解放運動來反對「本國的」帝國主義。)既然日共確認台灣人民為台灣民族,那它就天然享有民族自決權,確切地說,即「自由分離權」,況且共產國際有關日共問題的文件中,亦多次明確指示應促進殖民地獨立或提出殖民地完全獨立的口號,在這種情形下,日共很自然地發展出「台灣民眾獨立萬歲」、「建設台灣共和國」的主張,並寫進台共政治大綱。應當特別指出,所謂民族自決或自由分離權,列寧對它有明自的界定,則特指「在政治上同壓迫民族自由分離的權利[48]」。對台灣,它是同殖民宗主國日本自由分離的權利,所謂台灣獨立建設台灣

[46]列寧:《為戰勝鄧尼金告烏克蘭工農書》,《列寧選集》卷四,第148頁。
[47]列寧:《論對馬克思主義的諷刺和「帝國主義」經濟主義》,《列寧全集》卷二三,第58頁。
[48]列寧:《社會主義革命和民族自決權》,《列寧選集》卷二,第719頁。

共和國，從根本上講，是作為殖民宗主國的日本共產黨徹底支持被壓迫民族（所謂台灣民族）爭取實現獨立解放的表現，與今天台獨份子針對中國而叫囂的所謂台灣獨立，風馬牛不相及：

剩下的問題是，中國共產黨、台灣共產黨也接受了台灣民族論和台灣廣立、建設台灣共和國的主張，這又是出於什麼樣的緣故呢？我們知道，一九二七－二八年，在整個國際共產主義運動中，將馬克思主義教條化、共產國際決議和蘇聯經驗神聖化的傾向十分嚴重、反映到中國共產黨內，連續出現了左傾機會主義錯誤，其根源，即在於當時的主要領導人忠實地執行了共產國際「第三時期」理論。台灣共產黨政治大綱，是日本共產黨依據共產國際指示精神起草的，作為共產國際一個支部的中國共產黨，對此當然持積極的支持態度；同樣，台灣共產黨作為日共的民族支部，不折不扣地執行上級黨組織的決議，也是它的義務。另外，在當時的歷史條件下，日本殖民者對台灣的佔領，有不平等的《馬關條約》為護符，積貧積弱而陷於軍閥割據混戰游渦中的中國，既無力收復台灣，也不能公開提出對台灣的領土主權要求。因此，中國大陸和台灣的革命者，充其量只能希望台灣盡早擺脫日本帝國主義的殖民統治，實現獨立和自由。至於脫離日本殖民統治後台灣的前途，那是下一階段的事情，在當時，大陸和台灣的共產黨人還來不及考慮，而此後國際國內局勢的發展變化，也不是他們所能預料得到的。這一時期中國共產黨和台灣共產黨在台灣民族解放運動中的主要目標，集中於擺脫台灣的殖民地地位，其他一切的策略、主張，都不過是為達到這一目標的手段罷了，他們支持諸如台灣獨立、建設台灣共和國等口號的出發點，亦僅此而已。直到抗日戰爭時期，中國正式對日宣戰，公告廢除中日間包括《馬關條約》在內的所有不平等條約，台灣地位確定後，打倒日本帝國主義，收復祖國領土台灣才真正成為他們唯一的抉擇。

通過以上對台灣人民抗日史實的敘述和分析，我們可以毫不客氣地指出：史明的《台灣人四百年史》並不是一部合格的史學著作，它不是從大量的原始資料出發，經過周密的分析，得出結論，而是先有固定的政治框框，再回過頭去找證明，文中不時出現削足適履、張冠李戴等等

歪曲歷史的現象,這是史學論著所不允許的。他的許多所謂的新觀點,根本就缺少可信的史實依據。這說明,台獨理論的歷史基礎,是多麼的貧乏和不可靠。

臺灣與中華的交織：蔣渭水反殖民鬥爭之思想與實踐——兼駁「台獨史觀」

1895 年隨著腐敗的清政府在甲午戰爭中的失敗，被迫簽訂了不平等的《馬關條約》，臺灣淪為日本的殖民地，日本殖民者在臺灣政治上實施總督專制統治、文化上則推行試圖將臺灣人改造成為「畸形日本人」的同化政策。與此相對應，臺灣民眾也奮起開展了爭取政治權益、堅持民族文化的不屈抗爭，而蔣渭水正是是他們當中的傑出代表。蔣渭水是臺灣近現代史上的先進知識份子，反抗日本殖民統治的先鋒，民族運動的優秀領導者之一，愛台愛鄉的傑出臺灣人和中華民族意識強烈的民族主義者。尤其是熱愛臺灣與心繫中華二者融於一身，且與其短暫人生道路相伴相隨，為人們展示了一位堪稱臺灣史上「中華民族的臺灣人」的典範人物。本文即擬以蔣渭水人生道路的三個發展階段為脈絡，探討其反抗日本殖民統治鬥爭的思想與實踐歷程，並兼駁斥「台獨史觀」的相關論點。

一、總督府醫學校前後的蔣渭水

蔣渭水（1891—1931），字雪谷，臺灣宜蘭人。幼年曾受業於宜蘭宿儒張鏡光（茂才），學習中華文化，「受其民族思想之影響極深」。[1]17 歲進入宜蘭公學校，1910 年考入總督府醫學校，1915 年以第二名的優異成績畢業。這一時期，祖國的發展和變化，給蔣渭水帶來很大的刺激，據其醫學校同學杜聰明回憶：「辛亥革命對於醫專學生的影響非常大，稍有民族意識的同學，莫不寄予重大關切。尤其是蔣渭水先生特別興奮，不但關心，而且勃勃欲試。」[2]另據白成枝記述：蔣渭水「嚮往祖國，常著文痛論日帝暴政，會袁世凱竊國稱帝，先烈（按指蔣渭水——

---

[1] 吳密察監修、遠流臺灣館編著：《臺灣史小事典》，臺北：遠流出版公司 2000 年版，第 132 頁。

[2] 葉榮鐘：《臺灣人物群像》，臺北：時報文化出版有限公司 1995 年版，第 227 頁。

引者）密派在學同志數人，組暗殺團赴京圖為博浪之擊而不果。其同志二人為上海鎮守使鄭汝成所執倖免於難。」[3]體現出蔣氏憂國憂民的愛國情懷。醫學校畢業後的蔣渭水，先後經營了東瀛商社和春風得意樓（酒樓），除了商業利益之外，另一主要目的則在於「以此作為交結朋友和聯絡臺灣各地方同仁的場所」。[4]總督府醫學校時期蔣渭水的政治意識已逐漸萌發，日籍校長曾就此直接警告其「有很大的政治趣味」、「多事」、「有不穩言動」。[5]蔣氏自己也有如下的說法：「老實說來，我的政治煩悶的魔病，是自醫學校的時代，便發生起來的了。在這學窗的時代，做出了種種的事項，……也有可笑的，也有可驚的，也有可悲憤的，也有可痛快的，也有很危險的。」[6]

　　蔣渭水作為日據時期逐步開始政治覺醒的臺灣人知識份子的代表，他的出現有其歷史的、時代的意義。

　　首先，蔣渭水是日本在臺灣建立殖民統治後成長起來的日據後新一代臺灣本地知識份子，儘管幼年曾經受到中國儒家思想的影響，但公學校及總督府醫學校的學習經歷，決定了其與老一輩士紳知識份子相比，乃是屬於日本殖民統治者實施同化政策、對臺灣人進行日本化改造的時空環境下成長的新青年。如果說，老一輩士紳知識份子的反抗還有傳統教育浸淫下深層的故國情懷和民族文化眷戀作為其基礎的話，那麼蔣渭水作為新一代青年，他猶如一個時代的縮影，其政治覺醒更多的反映了新一代臺灣人對於日本殖民統治的覺悟和自發反抗。此外，主要接受日本教育成長的蔣渭水身上所體現的中華文化傳承，則是臺灣社會深層中華民族文化血脈生生不息的反映。從清朝到日據，時代的斷層並未導致文化的斷裂，在這裡我們看到了臺灣地區中華文化的強韌性格和延續性。

3　白成枝編：《先烈蔣渭水傳略》，《蔣渭水遺集》，臺北：文化出版社1950年版，第1頁。

4　郭德金：《臺灣文化協會回憶記》手稿本，轉引自王曉波編：《蔣渭水全集》（以下簡稱《全集》）（上），臺北：海峽學術出版社2005年版，第5頁。

5　蔣渭水：《五個年中的我》，《臺灣民報》第67號（1925年8月26日），（《全集》（上），第83頁。

6　同上，第84頁。

　　其次，從臺灣淪為日本殖民地的那天起，臺灣人民便前赴後繼、展開了長達 20 年的不屈不撓的抗日武裝鬥爭，但在日軍優勢兵力面前遭到慘烈的失敗。1915 年西來庵事件之後，臺灣人民從早期武裝鬥爭失敗的血的教訓中進行反思，開始尋求新的反抗道路。另一方面，1910 年代祖國辛亥革命、朝鮮獨立運動及日本國內民主運動等外部環境的急劇變化也給予臺灣島內局勢帶來極大的影響，臺灣人民的抗日鬥爭逐步從武裝鬥爭轉換到非暴力政治抵抗運動，從而進入日據時期臺灣史上的所謂民族運動的新階段。共同托起這一時期臺灣反抗鬥爭的大致有三股力量，一是以林獻堂為首的本地士紳地主及民族資產階級，他們深受日本殖民政府和日本資本的雙重壓迫，有反抗和謀求參政權的要求；二是留學日本的臺灣留日學生，他們在政治環境相對寬鬆的殖民地母國日本接受了新思想的洗禮，最早產生政治覺悟，首先起而反抗殖民專制統治；第三就是臺灣島內青年知識份子，這第三股力量的代表人物就是蔣渭水。相對於留日學生乃至本地士紳階級，島內青年知識份子既掌握新知識和新思想，又是與臺灣這塊土地最貼近的，是最容易與大眾打成一片的一群人，臺灣民族運動中工人運動、農民運動之所以得到廣泛的發展，與他們的努力奮鬥是分不開的。典型人物如蔣渭水之於工人運動，簡吉之於農民運動。民族運動骨幹葉榮鐘就曾這麼說過：「在許多民族運動的領袖之中，蔣渭水先生是最接近民眾的一個。」[7]在民族運動的反抗鬥爭中他們的執行力、戰鬥力是比較強的。因此，蔣渭水在日據時期臺灣民族運動中，理應佔有更重要的地位。正是基於這一原因，《臺灣新民報》在蔣渭水逝世時發表的悼念文章中說他是「臺灣解放運動真正的實際指導者」。[8]這樣的評價應當是較為貼切的。

　　再次，蔣渭水的早期思想有其逐步發展、進步的脈絡。在總督府醫學校時代，蔣渭水面對總督專制統治和殖民地萬惡之法——「六三法」，逐漸謀求展開抗爭。按照他自己的話來說就是「交結朋友，為臺灣人做

---

[7]　葉榮鐘：《臺灣人物群像》，臺北：時報文化出版有限公司 1995 年版，第 228 頁。

[8]　《蔣渭水先生的逝世和今後的社會運動家》，《臺灣新民報》376 號（昭和 6 年 8 月 8 日），《全集》（下）第 632 頁。

事」。結識林獻堂之後，對於被學界普遍視為臺灣民族運動開端的臺灣同化會，一開始他是反對的，認為臺灣人怎麼能主動要求與日本同化？「這是不大通的行動」，並聯絡同學當面質疑同化會幹部。但後來聽到同化會只是為了「一時的方便」，以同化之名，謀臺灣人政治地位改善之實，於是改採「沉默態度」。對於林獻堂主導的臺灣議會設置請願運動他則表示極大的認同，興奮地說「這真是臺灣人唯一無二的活路啊！」[9]由此可見，總督府醫學校前後的蔣渭水，其政治思想路線與林獻堂為首的本地士紳階級基本相一致，建立有權決定臺灣地方事務、謀求臺灣人參政權的臺灣議會，為其本階段政治訴求的最高目標。

　　由上可知，早期的蔣渭水是一個充滿激情和想像力的青年，他試圖從各個角度來探索臺灣的前途和命運，對於有益於臺灣人免受殖民專制統治痛苦的任何嘗試，都懷抱著熱情支持的態度。這一時期他的思想屬於開放性接納和吸收的狀態，可以這說是蔣渭水思想發展歷程中廣泛吸取養分及在政治鬥爭道路上進行初步探索與實踐的階段。

二、文化協會時期的蔣渭水

　　如果說總督府醫學校前後的蔣渭水是處於政治鬥爭的青春期的話，那麼文化協會時期的蔣渭水便進入了快速的成長期。按照他自己的話來說：「邇來我的同志漸漸地增加了，我的活動的機會慢慢地成熟起來了」。[10]

　　這一時期蔣渭水的最大貢獻就是直接催生了臺灣民族運動中第一個有著廣泛群眾基礎的反抗日本殖民統治的統一戰線組織——文化協會。一直以來，人們認為文化協會的誕生與林獻堂有著密不可分的關係。誠然，林獻堂作為主要的指導者和資金支持者，他的作用是毋庸置疑的。但我們認為在文化協會的誕生過程中，蔣渭水才堪稱是真正孕育文化協

9　蔣渭水：《五個年中的我》，《臺灣民報》第 67 號（1925 年 8 月 26 日），《全集》（上）第 86 頁。

[10]同上。

會的「產婦」。蔣渭水在《五個年中的我》一文中寫道：「自獻堂氏歸台，在臺北開了歡迎會以後，新交的同志，李應章、林麗明、吳海水、林瑞西……諸氏。屢次慫恿我出來組織團體，並提出他們所做的青年規則書來和我研究。我考慮了以後，以為不做便能（罷），若要做呢，必須做一個範圍較大的團體才好，由是考案出來的就是文化協會了。」[11]可以看出，文化協會團體的組成，的確是由蔣渭水一手操辦的。文化協會的成立造就了臺灣本地士紳階級、留日學生及本地知識份子三股抗日力量的合流，從而掀起臺灣民族運動的新高潮，蔣渭水無疑是其中的最大推動者。

　　臺灣文化協會的宗旨是「以助長臺灣文化之發展為目的」[12]，而對於文化協會動機或宗旨的闡述，我們認為也是出自蔣渭水的手筆。以下我們試對比文化協會趣旨書和蔣渭水早期的《臨床講義——對名叫臺灣的患者的診斷》一文，便可以看出二者一脈相承的淵源關係。

文化協會趣旨書[13]	《臨床講義》[14]
臺灣人現時有病了，這個病不愈，是沒有人才可造的。所以本會現今目前，不得不先著手醫治這的病根。我診斷得臺灣人所患的病，是智識的營養不良症，除非服下知識的營養品，是萬萬不能愈的。文化運動是對這病唯一的原因療法。文化協會，就是專門講究並施行原因療法的機構。	一、診斷　世界文化時期的低能兒。 一、原因　知識營養不良症。 一、經過　因為是慢性病，經過要長些 一、…… 處方　受正規學校教育　極量。要補習教育　極量。 進幼稚園　極量。 設圖書館　極量。 讀報社　極量。

　　顯而易見，文化協會的成立主旨思想就是按照蔣渭水對臺灣社會病

[11]同上，第 87 頁。
[12]參閱陳小沖：《日本殖民統治臺灣五十年史》，北京：社科文獻出版社 2005 年版，第 159 頁。
[13]蔣渭水：《五個年中的我》，《臺灣民報》第 67 號（1925 年 8 月 26 日），《全集》（上）第 87 頁。
[14]蔣渭水：《臨床講義——對名叫臺灣的患者的診斷》，《全集》（上），第 3 頁。

症的診斷及開出的藥方來設計的，文化協會的創立浸透著蔣渭水的心血。倘若按日據時期的常用語來形容，蔣氏無疑是文化協會的「第一功勞者」。與總督府醫學校階段跟隨林獻堂從事臺灣議會設置請願運動不同，這時期的蔣渭水有了自己獨特的政治嗅覺和策略考慮，從《臨床講義》寫作時代主張以長達二十年的教育普及來治療臺灣人的「知識營養不良症」，到此時積極創建文化協會乃至組織「新臺灣聯盟」的政治結社來向民眾灌輸文化知識以喚醒其民族意識，這一發展和轉變，體現出蔣渭水政治覺悟的提高和新一代臺灣人知識份子從理想化的、較為脫離民眾的臺灣議會設置請願活動到深入社會實際從事文化啟蒙運動以啟發民智的現實發展路徑。因為只有廣大民眾的覺醒和發動，臺灣的民族運動才能夠有真正的基礎和向前發展的希望。

　　文化協會時期蔣渭水的第二件「功勞」就是「做了民報的保姆」。

　　日據時期臺灣民族運動中文化協會所主張的對臺灣民眾普及文化知識、喚醒其民族意識的活動，需要借助宣傳的力量，除了廣泛開展的講演會外，《臺灣民報》作為文化協會的機關報，發揮著重要的輿論喉舌的作用，其中蔣渭水對《臺灣民報》的發展壯大作出了很大的貢獻。1920 年《臺灣民報》的前身《臺灣》雜誌在島內發行，其據點就是設置在蔣渭水的文化公司內，蔣渭水並擔任雜誌的董事之一。在蔣渭水的宣導下，1924 年決定停刊日文的《臺灣》雜誌，傾全力經營《臺灣民報》。為此蔣渭水大聲呼籲：「《臺灣民報》是臺灣人的民報，是臺灣三百六十萬同胞公有底唯一的言論機關，是臺灣人的靈魂，是臺灣人思想的先導，是維新的工具，是自覺人的和（利？）劑！所以，要盼望為臺灣人的，有一人就要有一本，這不但那開你智識廣你見聞，也是盡為臺灣人的一份子任務。」[15]到了 1925 年僅僅一年的時間，《臺灣民報》發行數就從 3500 冊一舉突破到了 1 萬冊，並從半月刊發展為旬刊、週刊，《臺灣民報》的影響力由此快速擴大。為此，文化協會同志均稱讚蔣渭水為「民報的保姆」。此外，蔣渭水還充分利用《臺灣民報》這一輿論

---

[15]晨鐘暮鼓七，《全集》（上），第 71 頁。

工具，發表一系列文章，抨擊日本殖民統治，鼓吹民族運動，為臺灣人民的政治、經濟、教育和文化權益呼號吶喊。無怪乎楊肇嘉稱：蔣渭水是與「民報因緣最深的一人」。[16]

　　文化協會時期蔣渭水所做的第三件大事，是在「治警事件」[17]中不畏強暴，怒斥總督府的專制統治和日本殖民者的同化政策，體現出強烈的中華民族情感，同時也給臺灣民眾以極大的震撼和影響。從蔣渭水在法庭上義正詞嚴的答辯狀中我們便可窺其一斑：

> 「松林和山林，是有先天的之差異，急要同化，很是無理，各民族各十分發揮其天性，杉做杉圓其向上，松做松圓其向上，互相合同形成一個理想的大森林才是呢。」
> 「臺灣的統治，不是用法律或是政策做得成啦，對本島人休說什麼同化政策，一視同仁的必要，只是如母親對兒子，如太陽對我們的模樣，以無我的愛相接洽，才有真的文化向上啦。」[18]

　　上述兩節語言在現今有關蔣渭水的論著中，多被當做蔣氏的話語加以直接引用，實際上仔細閱讀蔣渭水《「治警事件」法庭辯論》全文，蔣渭水明確注明是轉述日人掘內的言論，因此它並不是蔣渭水本人的語言，這是應特別注意的。不過，蔣渭水贊成這些觀點，也是很明顯的，所以它也可作為探討蔣氏思想的一個參考。總之一句話，就是蔣渭水堅決反對日本殖民當局實施的無視民族平等發展權利的、強制性的所謂同化政策。他強調：「同化是自然的，不是人為的是無為而成的，不是強制可成的。不是人為的，還不是兵力能做同化作用的。」[19]

　　此外，蔣渭水還十分堅持自己的中華民族身份。他說：

> 「臺灣人不論怎樣豹變自在，做了日本國民，便隨即變成日本民

[16]楊肇嘉：《臺灣民報小史》，臺北：東方出版社《臺灣民報》複刻版附錄。

[17] 1923 年 12 月 16 日，臺灣總督府以臺灣議會期成同盟違反「治安警察法」為由，將該會核心份子逮捕，其中包括蔣渭水在內 18 人被起訴判刑。

[18]蔣渭水：《「治警事件」法庭辯論》，《臺灣民報》第 2 卷第 16 號（1924 年 9 月 1 日），《全集》（上），第 26 頁。

[19]同上，第 28 頁。

族，臺灣人明白是中華民族即漢民族的事，不論什麼人都不能否認的事實。」

「國民是對政治上、法理上看來的，民族是對血統的、歷史的、文化的區別的，人種是對體格、顏貌、皮膚區別的。」

「民族中含有相同的血統關係，歷史的精神的一致、文化的共通、宗教的共通、言語習慣的共通、共同的感情等諸要素。」[20]

在這裡，蔣渭水針對臺灣因《馬關條約》被割讓淪為日本殖民地帶來的歷史變化，指出：即便是臺灣人在政治上、法理上成了所謂的「日本國民」，但全體臺灣人的民族性，仍然是中華民族或漢民族，這是由歷史、文化、宗教乃至感情等因素決定的，臺灣人是中華民族，而不是別的。因此，他在法庭上儘管拗口，但仍然堅持這麼一個詞彙——「以中華民族做日本國民的臺灣人」。[21] 聯繫到蔣渭水在《臨床講義》中自述「原籍中華民國福建省臺灣道」，「遺傳有黃帝、周公、孔子、孟子等的血統」等語[22]，蔣渭水的民族情感和堅持，於茲顯露無遺。

因此，今天人們在高度評價蔣渭水為謀求社會平等、政治民主和與殖民壓迫開展政治鬥爭的同時，實不應忘記蔣渭水鮮明的民族主義色彩。一個時期以來，某些台獨史觀論者曾經聲稱：「臺灣的殖民地歷史，以及臺灣特殊的社會經濟發展，形塑出一種獨一無二的臺灣意識，與中國大陸截然不同。」「否認臺灣與中國間存在任何有機聯繫」。[23] 諸如此類的論調，在蔣渭水鮮明的中華民族情懷和反抗日本同化政策的堅韌民族性面前，顯得是多麼的蒼白無力、不值一駁。

三、民眾黨時期的蔣渭水

1927 年 7 月 10 日，臺灣文化協會分裂後，退出文化協會的民族運

---

[20] 同上，第 27-28 頁。
[21] 同上，第 30 頁。
[22] 蔣渭水：《臨床講義——對名叫臺灣的患者的診斷》，《全集》（上），第 3 頁。
[23] 荊子馨：《成為日本人——殖民地臺灣與認同政治》，臺北：麥田出版社 2006 年版，第 101 頁。

動參與者們，在蔣渭水的主導下創建了臺灣民眾黨，這是臺灣歷史上第一個政黨組織，直至 1931 年 2 月 18 日被殖民當局取締，生存了近四年時間。民眾黨的成立，標誌著臺灣民族運動進入了一個新的階段。這一時期，經歷了文化協會分裂風波的蔣渭水，思想路線和政治鬥爭策略發生了很大的轉變，如果說文化協會時期蔣渭水處於民族運動的成長期的話，那麼民眾黨時期蔣渭水已經步入了其政治思想的成熟期。

臺灣民眾黨的宗旨為：一、確立民本政治；二、建立合理的經濟組織；三、改除社會制度之缺陷。[24]在民眾黨的政策主張中，提出了實施普選制，義務教育制，實施男女平等和要求言論、集會、結社自由等。並在鴉片政策、霧社事件等問題上，揭露總督府的惡政和殘暴，引起日本國內乃至國際輿論的廣泛關注，造成了很大的社會影響。在反抗殖民統治的策略上，一方面抨擊日本殖民政策，宣傳民族運動；另一方面積極支持臺灣工農運動，努力「喚起民眾」，強調「現代解放運動的特質，是在喚起民眾，使民眾自身能解放自己的束縛。」[25]民眾黨的創立和發展，深深地打上了蔣渭水的烙印，建黨初期殖民當局百般阻撓蔣渭水本人成為建黨主導者遭到失敗，蔣渭水成為民眾黨的主要領導者；隨後在黨內有關階級鬥爭問題解釋案中蔣渭水案壓倒彭華英案，穩健派的勢力受到了一定的壓制，此外在建黨理念、各階段民眾黨綱領的發展上，都突出體現出蔣渭水政治思想發展變化所帶來的影響。這一發展變化突出體現為祖國大陸舊民主主義革命帶來的影響和社會主義思潮洪流衝擊下蔣渭水政治路線的逐漸左傾。

第一、蔣渭水指導下的民眾黨的建黨方針乃努力仿效孫中山新三民主義思想指導下的中國國民黨模式。蔣渭水對中國革命先行者孫中山先生一貫倍加欽佩，葉榮鐘說他對孫中山的「一舉一動都極為注意」，「是一位三民主義的信徒」。[26]蔣渭水自己的文章中更稱讚孫中山為「自由的

---

[24]《臺灣社會運動史》第二冊政治運動，第 149 頁。

[25]蔣渭水：《臺灣民眾黨的特質》，《臺灣民報》231 號（1928 年 10 月 21 日），《全集》（上），第 243 頁。

[26]葉榮鐘：《臺灣人物群像》，臺北：時報文化出版有限公司 1995 年版，第 229-230 頁。

化身」、「熱血的男兒」、「正義的權化（象徵）」[27]，他對中國國民黨的「聯俄、聯共、扶助農工」的三大政策十分贊同。主張臺灣的民族運動應形成為「以農工階級為基礎的民族運動」，他說：與「中國國民黨的『扶助農工』、『農工商學聯合起來』的口號」一樣，臺灣民族運動也應是「立在臺灣民眾利益上的團體皆引為戰線上的唯一戰友」。[28]對此，日本殖民當局在《民眾黨禁止理由書》中曾披露：「（民眾黨）製作類似中華民國國旗之青天白日旗為其黨旗，一度被禁止後又再製作類似的黨旗，以便滿足思慕中華民國之念等。逐漸呈現出露骨的民族主義運動來反抗我（日本）民族。」[29]由此可見民眾黨時期蔣渭水思想受孫中山新三民主義思想影響十分明顯，而這又顯然與其思想深處濃厚的民族主義色彩相關聯。

　　第二、民眾黨時期蔣渭水在民族運動中的政治思想路線發生了微妙的變化。如所周知，1920 年代臺灣民族運動中一個繞之不過的重大課題就是民族運動與階級鬥爭的關係問題，尤其是在 1925 年後臺灣無產青年的崛起帶來了這一問題的尖銳化。文化協會的分裂根源就在於文協內部兩條路線鬥爭激化。對於民族運動與階級鬥爭的關係，蔣渭水的思想有其發展變化的過程。最初，他是反對在民族運動中開展階級鬥爭的，他說：「帝國主義國內被壓迫階級的解放運動，應取階級鬥爭；在帝國主義國內殖民地的被壓迫民族的解放運動，應取民族運動——以農工階級為基礎的——這是世界解放運動的原則。現在的中國，就是採用以農工階級為基礎的民族運動。臺灣近來有人主張採用階級鬥爭，這是很錯誤的。」[30]他還說：臺灣人無論是無產者或是有產階級「從政治上而言，我們臺灣民族都是被壓迫者，在經濟上同是站在被搾取階級」[31]，

---

[27]蔣渭水：《哭望天涯弔偉人》，《臺灣民報》第 3 卷第 10 號（1925 年 4 月 1 日），《全集》（上），第 59-60 頁。

[28]《文協的新宣言不談階級爭鬥，提倡民族運動》，《臺灣民報》181 號（1927 年 11 月 6 日），《全集》（上）第 166 頁。

[29]《臺灣社會運動史》第二冊政治運動，第 264 頁。

[30]《以農工階級為基礎的民族運動》，《臺灣民報》155 號（1927 年 5 月 1 日），《全集》（上）第 123 頁。

[31]《須要統一共同戰線》，《臺灣民報》192 號（1928 年 1 月 22 日），《全集》（上）第 169

因此「不應該在自己民族內主張階級鬥爭」。[32]蔣渭水接受孫中山的「民生主義」主張，認為「民生主義能夠防止階級爭鬥」。[33]他在《我的主張》中還寫道：「我們在政治上主張民主主義，經濟上提倡勞資協調。黨的運動規定為，全民運動和階級運動同時並行。尤其不寫為『階級鬥爭』而寫為階級運動，是基於勞資協調的意思。」[34]很顯然，蔣渭水在這裡反對階級鬥爭，主張階級調和。

　　然而，歷史的發展不以個人意志為轉移，相反的，個人思想意志則往往會伴隨社會歷史的發展而產生變化。蔣渭水在階級鬥爭問題上的觀點，隨著臺灣民族運動的深入，特別是工人運動的發展，發生了很大的變化。1928 年以後伴隨民眾黨指導下的臺灣工友總聯盟的成立，淺野水泥會社工人大罷工等等，工人運動蓬勃發展，這大大促進了蔣渭水在工農政策和階級鬥爭問題上的轉變。他認為：「民眾黨今日能被社會肯定、被官憲重視的原因，在於民眾黨背後有工友總聯盟三十三團體及一萬數千名勞動者。」[35]對工人運動的支持和指導成為民眾黨政策的基石，蔣渭水的思想開始逐漸的左傾，對於無產階級和階級鬥爭的理解與前一時期有了大的變化。早期他反對提階級鬥爭，而民眾黨第三次黨代會之後，蔣渭水開始不回避階級鬥爭問題，1930 年 7 月他在《十年後的解放運動》一文指出：無產階級與資產階級之間爭奪民族運動主導權的鬥爭已經開展起來了，臺灣社會中封建買辦資本是投靠帝國主義陣營的，土著資產階級勢力相對無力，會向第一個陣營投靠，而希望則在於「真正強大的群眾大團體」「結成堅固的勞動者和農民的同盟」。[36]換句話說，經過長時期的有關「階級鬥爭」或「階級運動」的糾結後，蔣渭水開始

　　頁。

[32]《文協的新宣言不談階級爭鬥，提倡民族運動》，《臺灣民報》181 號（1927 年 11 月 6 日），
　　《全集》（上）第 166 頁。

[33]《共產主義向左去三民主義對右來》，《臺灣民報》160 號（1927 年 6 月 5 日），《全集》
　　（上）第 140 頁。

[34]《我的主張》，《全集》（上）第 129 頁。

[35]《臺灣社會運動史》第二冊政治運動，第 187 頁。

[36]《十年後的解放運動》，《臺灣新民報》322 號（1930 年 7 月 16 日），《全集（上）》第 199
　　頁。

逐漸的拋棄了早先的階級調和論，承認了日本殖民統治下臺灣社會中除了民族運動之外，還有階級鬥爭的不可回避的現實存在。1931 年民眾黨第四次黨代會時他說：「今天這個時代並非依賴資本家之時代，階級鬥爭的必要性固不必再喋喋不休。」[37]因此，1930 年前後蔣渭水在紛紜複雜的臺灣民族運動各派別中的政治定位，已經偏離了其一貫的中間色彩，發展成為中間偏左派了。而蔣渭水的這些變化，既與當時臺灣島內社會主義思潮蓬勃發展有關，同時也是被臺灣工農運動的潮流推到這個位置的。在民眾黨被日本殖民者強力取締之後不久，1931 年 8 月 5 日蔣渭水不幸辭世，臺灣民族運動失去了一位重要的領導者。

蔣渭水的一生參與組織了文化協會、民眾黨等著名抵抗團體，領導了反抗日本殖民統治的政治鬥爭，在近現代臺灣歷史上佔有無可替代的重要地位。尤其值得我們關注的是，在日本殖民者實施同化政策，企圖「拿臺灣拉開中國而與日本相結合」（矢內原忠雄語），切斷臺灣與祖國的歷史臍帶聯繫而將臺灣人日本人化的背景下。蔣渭水身上凸顯出來的對中華文化的強烈眷戀和身為中華民族的自豪感，一方面昭示著日本殖民同化政策的必然失敗，另一方面則以活生生的實例證明：所謂日據時期臺灣走向「脫中國化」的台獨史觀與歷史事實的差距是多麼的遙遠。

---

[37] 《臺灣社會運動史》第二冊政治運動，第 261 頁。

《臺灣民報》與日據時期臺灣農民運動

——以二林事件為中心

    日據時期，臺灣農民深受日本殖民主義、日本資本及臺灣本地地主資產階級的三重壓迫，生活在社會的最底層。一九二〇年代臺灣農民開始組織起來進行反抗日本殖民者的政治壓迫與地主資產階級的經濟剝削的鬥爭，二林事件即其典型代表。《臺灣民報》作為日據時期臺灣人的唯一喉舌，勇於揭露殖民地暴政，積極支持臺灣農民運動，為農民運動的發展發揮很大的作用。本文擬以二林事件為中心，就《臺灣民報》與日據時期臺灣農民運動的關聯及其對臺灣社會的分析略做探討，以求教於大家。

（一）

    《臺灣民報》創刊於 1923 年，是日據時期臺灣民族運動的機關刊物。二十世紀一〇年代的臺灣，報紙作為受眾最廣、影響最大的輿論傳播工具，其與殖民統治秩序有著莫大的關聯。臺灣最早報紙為創辦於 1896 年日人所謂「始政」一周年的《臺灣新聞報》，翌年《臺灣日報》接著成立，二者均為日本人經營的報紙。1898 年為統一臺灣輿論，殖民當局將其合併為《臺灣日日新報》，成為總督府的機關報。1900 年並頒佈《臺灣新聞紙條例》，規定當局對於報紙除可予以檢閱外，有違反統治方針者甚至可以強令停刊，輿論管制十分嚴厲。[1]在這樣的背景下臺灣人要創辦自己的報紙其困難可想而知。早期的《臺灣民報》及其前身《臺灣青年》及《臺灣》雜誌就是不得不于日本東京發行，然後返銷回島內，它是殖民地時期「臺灣人唯一自主的言論機關」，被「公認為

[1]　末光欣也：《（臺灣歷史）日本統治時代的臺灣》，辛如意、高泉益譯，臺北：致良出版社 2012 年版，第 346-347 頁。

臺灣人唯一的通風窗」。[2]《臺灣民報》還在臺北的總發行處門口高懸「臺
灣人唯一之言論機關」匾額，以明示其特質。[3]

　　《臺灣民報》的宗旨為「代表民意，要求民權，擁護民生，執不屈
不撓之筆，抱任勞任怨之心。這是我們自創刊以來，始終一貫，絲毫都
沒有改變的根本精神。」[4]在言論、集會自由遭到嚴格的限制的大背景
下，《臺灣民報》作為當時臺灣民眾的獨家發聲器，堅持真理與正義，
針對日本殖民者的言論鉗制暴政予以堅決的揭露：「我臺灣漢族，自歸
了日本統治以來，未曾享過自由的人權，自然無所可謂自由的言論。雖
是人人各有懷抱相當的思想，但都得不到互相交換的自由。因此之故，
本報雖生育於海外天涯，形體又尚幼少，但擁有純潔的精神所結晶的熱
血。故不屈威武，不媚權勢，極力爭執言論的自由，絕對排斥思想的妥
協，專以擁護同胞福祉為使命，圖謀鄉土發達為天職，耿耿此心，始終
不變，斷非那些島內寄生的，狂妄的，詐誇的御用報紙所能夢想得到的
天籟人聲。」[5]秉持這一理念的《臺灣民報》無情地抨擊日本殖民者的
專制政治、經濟壓榨和思想禁錮，對於臺灣民眾的反抗鬥爭，予以積極
的支持，其中臺灣農民運動即其傾力關注的焦點之一。

　　日據時期，臺灣農業與農民問題日趨嚴重，農業發展畸形化，農民
利益被侵犯，大量農業人口因生產資料被剝奪而淪為無產者，臺灣農民
與日本殖民當局、日本資本家及臺灣本地土著資本之間的矛盾日趨發
展、激化，終於在一九二〇年代彙聚為農民的反抗洪流。《臺灣民報》
對於臺灣農業、農村與農民的惡化狀況及殖民當局的壓迫、地主資本家
的剝削給予了無情的揭露。它指出：「臺灣是個農業國，所以在於經濟
上，除此農業之外，則就沒有什麼大的東西了。臺灣生產的大宗『米糖
茶』豈不全的農產嗎？而由人口上看來，農業勞動者——據十年度的統
計，差不多占全人口的十分之七，就可見臺灣農民何等的多，在於經濟

---

[2]　《本報的使命》，《臺灣民報》昭和2年1月23日。

[3]　楊翠：《日據時期臺灣婦女解放運動：以《臺灣民報》為分析場域（一九二〇－一九三二）》，
　　臺北：時報文化出版有限公司2004年版，第81頁。

[4]　《民報的轉機》，《臺灣民報》昭和2年8月1日。

[5]　《言論的評價》，《臺灣民報》大正15年8月22日。

上的關係何等的大。我們在於臺灣社會一刻都不可忘記農民問題，而要相當研究了。但是臺灣的農民，現在的狀況和其生活到底如何？而苟有心於這方面的人，就會知道其苦境了，這種的現象雖說各國皆然，但是我敢說臺灣更甚了。『天然寶庫』，『香稻良材』，皆是褒賞臺灣物產的豐富，『披星而出』，『戴月而歸』，皆是形容農家的勤勞，對於如此的富源，出相當的勞力，當然就可享相當的幸福。那麼臺灣農家的現狀，究竟如何呢？盡牛馬之勤勞，粒粒辛苦，所收穫的顆顆都像珍珠一般，然農民所吃的什麼呢？不過一日兩頓黑條條的『番薯簽』，這個就是他們吃的東西，至於他們的衣住和其他一切的生活就不待言了。」[6]

那麼，為什麼臺灣農民終日辛勞卻所得寥寥，種植了雪白的香稻卻不得不以番薯條為食，這樣的「苦境」是誰造成的？答案當然是日本殖民當局和日台地主資本家。《臺灣民報》指出：日本的殖民地政策是臺灣農業、農村、農民問題的根源。「臺灣是富有自然天惠的地方，人口又多，所以（日本）領台後不久就變成本國人的放資地殖民地，利用臺灣人的勞工來做資本家的生產的工具，利潤糖業政策名雖為振興糖業，其實是招本國的資本家來放資，使其經營多數的制糖會社，強制獎勵糖業，而收買甘蔗的價格是要由會社決定的，又不准其賣給其他區域的會社，一面總督府又給會社以種種的補助金，這樣的，督府的眼中只有制糖會社而無種蔗糖的農民，縱資本家在臺灣橫暴任意榨取農民的膏血，這都是盡人皆知的，而且人民雖已知道被榨取之不當，而不平的聲浪也一天高似一天，當局卻裝聾作啞至今還沒有做出甚麼調和的方法來。」「這些大都無非是要壟斷小資本者和生產者的利益，來付給少數的資本家的，是以臺灣為犧牲，來飽內地人的私腹的，這是無容疑問的了。」[7]

上揭《臺灣民報》在對臺灣農業之分析以制糖業為主要對象是有原因的，如同世界殖民地史所展示的，日據時期臺灣經濟發展，同樣是以單一種植經濟與畸形的工業結構為其特色，表現為農作物高度集中於稻

---

[6]　《提倡農民的教育》，《臺灣民報》大正 13 年 4 月 21 日。

[7]　《絕對不採取經濟榨取的方針——要努力使他們的機能發達》，《臺灣民報》大正 14 年 3 月 1 日。

米與甘蔗，工業高度集中於食品加工業——實際上就是制糖業，臺灣制糖、明治制糖、大日本制糖、鹽水港制糖等等日資企業與林本源制糖等日台合作企業，既佔據了臺灣的大片土地，又在總督府的糖業政策保護下，擁有排他性的甘蔗原料採取區，廣大蔗農則被迫依附於日本資本，深受盤剝。陳逢源曾一針見血地指出：「臺灣的糖業政策並不僅僅是糖業政策，而且是典型的日本殖民政策的縮影。因此，不瞭解臺灣糖業的實情，就沒有資格談論日本殖民政策的特質。」[8]為此，《臺灣民報》將批判的矛頭直接針對總督府的糖業政策，並警告日本殖民者一味地偏袒日本資本而壓迫臺灣民眾，必將惹起臺灣農民的反抗怒火：「官廳出強硬的手段，使警官強制農民廢止種稻改換植蔗」，「警官底強制植蔗，對待業口和農民的暴狀，實在目不忍視、耳不堪聞」。「倘若不趕緊改換方法，將來蔗農覺醒起來的時候，一定大不滿意，那時必定對會社生出大反抗了。」[9]

（二）

《臺灣民報》的警告聲猶在耳畔，1925 年 10 月彰化即爆發了轟動一時的二林事件，這一臺灣蔗農反抗日本殖民主義壓迫及糖業資本剝削的鬥爭，被當時日人稱為「是匪亂（按指日據初期臺灣人民反抗日本殖民佔領的武裝鬥爭）平定後第一大事件」[10]。二林事件得到了文化協會的大力支持。相關研究表明，1923—1926 年間爆發的 15 次較大規模的農民反抗鬥爭，大多是由當地民眾自發發起或有地方精英參與領導的，參加者也以地方相關民眾為主，與外界關聯性較低，影響力也較弱。而二林事件則因其領導者李應章醫生的文化協會會員身份使得反抗運動

8　陳逢源：《新臺灣經濟論》，臺北：臺灣新民報社昭和 12 年版，第 230 頁。

9　《改換糖業政策的急務——須撤廢採收區域，買收價格要和農民定協》，《臺灣民報》大正 13 年 4 月 11 日。

10　吳三連、蔡培火、葉榮鐘、陳逢源、林伯壽：《臺灣民族運動史》，臺北：自立報社文化出版公司 1990 年版，第 511 頁。

與文化協會的民族運動得以相結合，其輻射力遍及臺灣全島[11]，且對臺灣社會產生了深遠的影響。史料記載：「二林蔗農組合指導者李應章（開業醫）是和蔣渭水創立文化協會的倡議人之一，本身又是文協的理事，其他的幹部劉崧甫、詹奕候、蔡淵騰亦是文協會員。在組合成立以前的同年四月十九日林獻堂一行訪問該地並舉開講演會，震動了一帶的農村，刺激蔗農的民族意識，同時也提高農民對領導者的向心力則是極明瞭的事實。」[12]除了文化協會成員紛紛親赴二林演講、鼓動外，《臺灣民報》對二林事件的報導與支持不遺餘力。在二林事件的發生、發展過程及隨後對被捕入獄的政治受難者的援助上，人們都可看到了《臺灣民報》秉持正義、呼號支持的身影。尤其值得關注的是《臺灣民報》還專門為二林事件發表了一系列社論，從這些社論中，人們可窺見其對二林事件蔗農反抗鬥爭的堅定輿論支持，同時也提示了該事件給一九二〇年代整個臺灣社會所帶來的震撼與變化。

　　1926 年 9 月 19 日《臺灣民報》發表社論《農民組合與蔗作爭議》，深刻地分析了該事件與臺灣社會深層次矛盾的關係，其文摘要如下：

> 　　臺灣農民組合的成立，以蔗農協會作為濫觴，而農民的爭議，也以蔗作爭議為嚆矢，所以那二林爭議可以看做代表二百餘萬農民的利害。一方面顯明現在社會組織之偏于少數資本家，他方面證明農民已不容其再和從前一樣維持下去！正是「一葉知秋」的了。最缺乏社會教育，而最富於傳統觀念的農民，能共同一致的緣故，不消說是他們的生活條件已經降到饑餓線下，不能維持其口腹，任他們終日勞苦，猶不能改善絲毫。因為這生活不安的共同利害，遂使他們為生存計，摒除一起的阻礙，而毅然崛起一致團結的了。或說是一二社會運動家為之煽動的，未免太不識時勢之推移了。考察這回蔗作爭議的經過，我們確信是林糖當事者的不識時勢，和警官的措置失宜所致的。林糖當事者想要依舊不講價先刈蔗，雖遇有二三社會運動家提倡反對，若藉警官的威勢一

[11] 陳翠蓮：《臺灣人的抵抗與認同（1920-1950）》，臺北：遠流出版事業股份有限公司 2008 年版，第 152-155 頁。

[12] 葉榮鐘《日據下臺灣社會運動史》（下），臺北：晨星出版有限公司 2000 年版，第 576 頁。

喝，那多數的農民便唯唯諾諾了。本來資本家要和勞動者利益相沾才對的，藉警官威嚇農民算是第一層的錯誤哩。警官受林糖的懇請，以為擁護少數資本家，便是為此公共的秩序增進社會一般的幸福，這就是第二層的錯誤哩。所以二林事件的衝突，未必全是農民的責任，而林糖當事者和警官未必全無責任。單單起訴了農民，將其他的責任者而置之不聞，到底是否適當之處置呢？我們尚且對這衝突看做騷擾罪之點，不得不抱著無限的疑問，若是把他做騷擾罪處置，恐怕農民終沒有出脫的日子了。微弱的農民對於有力的資本家，若不以多數團結之力，怎能實現他們正當的權利呢？[13]

這篇社論全方位的解讀了二林事件的緣由、影響並對涉事蔗農民表示強烈的支持。首先，社論開篇高度評價了二林事件之于臺灣農民反抗鬥爭的意義，認為二林蔗農反抗鬥爭事件是臺灣農民組合乃至一九二〇年代臺灣農民運動的源頭，即所謂「濫觴」與「嚆矢」，二林事件中蔗農反抗鬥爭的訴求代表了全臺灣「二百萬農民」的切身利益，而二林事件本身說明，進入一九二〇年代臺灣的農民已趨覺醒，不再任人宰割，其社會意義在於：事件標誌著全臺灣的農民大眾開始勇敢地站起來為自身利益而鬥爭了，社論中提到的「一葉知秋」含義即在於此。其次，社論指出，二林事件儘管得到了文化協會的大力支持，但溯其本源，應是臺灣農民不堪殖民專制統治與資本家剝削的反抗鬥爭，是日據時期處於社會最底層的被壓迫被剝削階級的正義鬥爭，在蔗農們的生活「降到饑餓線下」連生存都受到威脅的情況下，中國社會歷史上「最富於傳統觀念的農民」居然起來抗爭了，因此這次事件絕不是世間輿論所稱「一二社會運動家為之煽動」的結果，農民反壓迫、反剝削、求生存權奮起反抗才是鬥爭爆發的真正原因。再次，日據之後，殖民當局以警察暴力機器支持糖業資本的快速擴張，後者藉此對農民施以敲骨吸髓的剝削。二李事件中林本源制糖會社專橫地試圖「不講價先刈蔗」，以為忠厚的農民只要喚來警察「威勢一喝」便會「唯唯諾諾」。殖民警察則一意維護

---

[13]《農民組合與蔗作爭議》，《臺灣民報》大正 15 年 9 月 19 日。

「少數資本家」，二者沆瀣一氣，使得蔗農成為最「被侮辱與被損害」的一群人。因此從這個意義上說，二林蔗農抗爭是臺灣農民對日據三十年來所遭受的殖民壓迫與剝削而累積怨憤的總爆發。最後，針對二林蔗農遭受司法起訴，社論表達了強烈的不滿，指出事件中殖民當局的政策、林本源制糖無視蔗農利益與警察的橫暴，至少也應該是責任的另一方，對他們「置之不聞」，專要追究蔗農的所謂「違法」，是極不公平的。為此社論號召「微弱」的民眾應團結起來對抗強權。

二林事件爆發後總督府機關報《臺灣日日新報》立刻替制糖會社製造輿論，稱其已照顧到了蔗農的利益，「糖價雖無大變動，然以米價騰貴等關係，在會社地位，亦頗辛苦，然較昨年相當上引價格」，並且大肆指責蔗農為「暴民」，在報導中宣揚「林本源制糖原料系員及警察官，被暴民等加以暴打。」[14]因而檢察官的「徹底調查」是有必要的。[15]針對殖民當局對蔗農反抗鬥爭的歪曲宣傳，《臺灣民報》奮起反擊，除了大量報導二林蔗農鬥爭的真相外，並於 1926 年 9 月 26 日再發社論《須要嚴戒警吏的挑戰的態度》，它指出：

> 在物理學上動與反動是相比例的，在政治學上亦然，治者愈壓迫而人民愈加反抗，這是東西古今不易的原則。現今所謂治者之中，不曉得以德服人，而偏要以力壓制，以致生出難題的不少，就中最甚的莫如臺灣的警察界。在這個平和無事的臺灣社會常常引起風波大都是庸吏自擾的居多，因為臺灣的警吏不但是行壓迫，而且對於容易激奮的民眾反要取挑戰的太多。這好像向很有爆發性的炸彈點火於導火線一樣，炸彈的爆發是必然的結果，那麼責任在誰？豈不是挑發的警吏嗎？如這回的二林蔗農與林糖爭議事件，照公判的事實審理和辯護人的辯論，明白是警官偏題一方而壓迫他方，更加以拔劍的挑戰的態度誘發起來的。幸得民眾還是冷靜，才不致惹起大事。雖是事後警察的責任是難逃脫的，但是我們對這樣的危險的挑戰的態度，是絕對要排斥的。自

---

[14] 《林糖紛糾事件續報》，《臺灣日日新報》大正 14 年 10 月 27 日。
[15] 《林糖暴動續聞》，《臺灣日日新報》大正 14 年 10 月 28 日。

　　二林事件以後，警察界應該是要一大猛醒，但是在固（孤）陋寡聞的鄉村警察，還有很多動不動就要持其挑戰的態度以對待民眾，這實在是極其遺憾而極其危險的事了。[16]

　　哪裡有壓迫哪裡就有反抗，壓迫愈強，反抗愈烈！這就是《臺灣民報》首先要正告日本殖民當局的。社論痛斥殖民警察的橫暴、要求警察改弦更張，勿以「挑戰的態度」來君臨臺灣民眾。它指出，二林事件之所以爆發激烈的警民衝突，完全是警察粗暴執法，甚至拔劍威脅手無寸鐵的普通蔗農而引致。這一情形的發生，與日據時期殖民統治者在臺灣建立萬能警察網絡以鎮壓人民有著直接的關聯。

　　日本侵佔臺灣伊始，為了鎮壓臺灣人民的反抗鬥爭，殖民者建立了嚴密的警察網絡，早期許多基層殖民行政機關是由警察把控的，警察不僅人數眾多，而且權利廣泛，「法令之下達、日常生活、道路警衛、堡莊交通以及水利土工至企業生產，無一不需借助於警察之力。」以至於臺灣行政系統「雖是總督府——各廳各課——人民，而事實上，總督透過警察與人民相接，以巡查充任稅務、衛生、農政等諸般事務，人民耳目所見之官吏，惟有警察而已。」[17]在農村，殖民當局對於糖業資本除了政策扶持、資金補助、土地拂下等等支持之外，動用警察力量直接維護其利益的情形十分普遍，且無所不用其極。二林事件的主角林本源制糖會社早先就有依靠警察強制收買農民土地的惡劣先例，據臺灣民族運動領導骨幹蔡培火揭露：「官僚與會社想出來的名案，是廉價收買耕地，自己經營農場。不過，耕地的所有主不肯廉價出賣，那是一定的。在此情形之下，發生作用的，都是警察官吏。警察時常利用傳票，召集耕地的所有主，對於不肯出賣者，不惜以體罰或者拘留。這種悲劇之尤著者，是一九〇九年中部臺灣溪州林本源制糖會社的土地收購事件（中略）。這一收購事件發生的時候，據說恐怕有些地主藉口未帶圖章，乃在現場臨時設刻印鋪，甚而至於登記所都設臨時辦事處，處理事務。」[18]由此

---

[16]《須要嚴戒警吏的挑戰的態度》，《臺灣民報》大正15年9月26日．

[17]竹越與三郎：《臺灣統治志》，東京：博文館1905年版，第248頁。

[18]蔡培火：《給日本國民》，見矢內原忠雄：《日本帝國主義下之臺灣》，周憲文譯，臺北：

可見，殖民地暴力機關與糖業資本合力壓迫榨取臺灣蔗農的情形，已經是日據時期臺灣農村的常態，而二林地區所屬的林本源製糖會社更是其中的典型，林糖所屬地塊的農民遭受之政治壓迫與經濟剝削已非一日，無怪乎臺灣歷史上規模與影響最大的農民運動會發生在二林這塊土地上，也無怪乎反抗鬥爭中爆發了與警察的暴力衝突事件，更無怪乎《臺灣民報》要針對殖民警察及整個臺灣殖民地司法、執法體系發出猛烈抨擊。

（三）

以往學界對於日據時期臺灣農民運動的評價，一致的認為其矛頭指向是日本殖民當局與日本資本家，是臺灣人民與日本殖民主義的矛盾，這一鬥爭因而具備了鮮明的民族反抗鬥爭色彩。在臺灣淪為日本殖民地的歷史大背景下，這樣的評價自有其合理邏輯。但我們認為它並不全面，至少在對農民運動的評價上，情形要複雜得多。二林事件便既是臺灣社會民族矛盾發展的產物，同時也是階級矛盾激化的產物。《臺灣民報》為此發表的《「林糖」之遺訓》一文即為人們提示了臺灣社會民族矛盾之外的另一面，即本地地主資產階級與本地農民之間的矛盾，在當時的社會狀況下，後者又往往被前者所掩蓋：

> 原來，林本源製糖會社設立的動機，聽說第一是領臺當時日本政府受了李鴻章的拜託，要特別保護林本源一家，因彼時林家是臺灣的大地主，名聲很大，欲統治臺灣，實在有不能蔑視林家的勢力。故到了大島長官時代，就慫恿他們出來做事業，使他們由香港銀行領出存款二百數十萬元來設立林糖會社。此由表面上看來，似乎要遵前約而保護林家，然而探究其裡面，一來要利用其財力來掘取臺灣的資源，二來要籠絡林家的勢力以鎮靜臺灣的民心，所以擁護林家強買土地，侵害農民。而惹出了幾層的慘劇。為此而農村細民受其剝削的已不計其數了。因有此歷史的關係，

故這回台日紙也大為林糖哀悼而發了歎息之聲，可謂合於弔詞的
形式。我們對於林糖的回顧，只有記得他是個剝削同胞膏血為生
命的怪物，因此而亦感激著他惹起蔗作爭議而促進臺灣（農）民
快覺醒的功勞。至於此後一林糖的存亡，於我們一般臺灣同胞無
關痛癢。故這回林糖的枉死，何足歎息呢！雖然，一林糖之亡，
不足為弔，我們若再進一層想到臺灣人的資本合內地人的智識所
經營的事業，無論其大小，似早晚在必滅的運命，這豈不是值人
驚歎的現象嗎？前年新高銀行被商工銀行併吞，失了臺灣智識階
級活動的地盤，那時已可以發見「內台人合作敗必在台人」的定
則。這回林糖的內情，卻不是事業的挫折，又不是可使智識階級
的失望，只是資產階級的威脅而已，但也無妨適用此定則以警戒
後人。[19]

　　在殖民地臺灣，日本資本是跟隨著刺刀來到的，早期的日本糖業資
本就是在殖民當局的招徠及資金支援下，由軍隊保護在臺灣民眾抗日烽
火硝煙中成立的。緊接著以新渡戶稻造糖業改良計畫為藍本，總督府出
臺了一系列的對糖業資本的保護政策，包括資金支援、蔗苗改良、土地
優惠等等，尤其是推行甘蔗原料採取區制及嘉南大圳灌溉區域三年輪作
制，使得糖業資本得以輕易地獲取制糖原料甘蔗，而大批蔗農則被束縛
在土地上，既沒有耕種物的選擇權，也喪失了甘蔗的定價權，成為糖業
資本的附庸，深受剝削和壓迫。[20]二林事件的導火索即因制糖會社與蔗
農間對於甘蔗原料究竟由前者單方面定價抑或由雙方協商定價問題而
發生衝突。另一方面，臺灣本地民族資本和本地地主階級則是壓在臺灣
農民頭上的另一座大山，清代延續下來的地主士紳階層雖然失去了政治
權力，但他們依舊是臺灣大片土地的所有者；日據之後殖民當局的大租
改正政策，也使得不少本地大地主將大租權出售資金投資於近代工商
業，轉型為民族資本家。因此，與大多數殖民地社會類似，日據時期臺
灣殖民母國資本與本地民族資本及殖民地新地主（在台日本人地主）與

---

[19]《「林糖」之遺訓》，《臺灣民報》昭和 2 年 3 月 13 日。
[20]黃紹恒：《試論初期原料採取區域制》，《第三屆臺灣總督府公文類纂學術研討會論文集》，
　　台中：臺灣省文獻委員會 2001 年。

本地土著地主階級並存。由此而來，殖民地臺灣社會除了臺灣民眾與日本殖民主義這一主要矛盾之外，臺灣民眾與本地地主資產階級的矛盾儘管處於次要地位，但其客觀存在亦為不爭之事實。對此矢內原忠雄便曾一針見血的指出：「資本家階級也包括日本人與臺灣人」，「在臺灣，階級的對立乃與民族的對立綜錯交合」。[21]

　　回歸到二林事件對抗的雙方，一是二林的廣大蔗農，一是林本源制糖會社；前者是受剝削與壓迫的殖民地農民，後者是殖民當局保護下盤剝蔗農的糖業資本，二者之間爆發的衝突無疑就是剝削階級與被剝削階級矛盾激化的產物。林本源制糖會社早先屬於臺灣本地資本，但後來被臺灣銀行控制，經營權落入了日本資本的手中，因而二林事件時期的林本源制糖會社實際上是臺灣本地資本與日本資本的混合體，依其實質稱為「台皮日骨」或許更為恰當。但在外界看來，林本源制糖會社還是以臺灣人企業的面貌出現在世人面前的，難怪《臺灣民報》社論稱之為「是個剝削同胞膏血為生命的怪物」。因此，一方面蔗農反抗殖民總督府糖業政策和警察暴力鎮壓，使得二林事件有著濃烈的民族反抗色彩和政治反抗意涵；另一方面蔗農與本地制糖會社的定價權爭奪與經濟鬥爭，又凸顯了其階級鬥爭的性質，民族矛盾與階級矛盾糾纏在一起，正是二林事件的特色。因此，我們在評價二林事件的時候，實不應忽視其中的階級鬥爭內涵。而階級鬥爭的洗禮，或許正為二林事件領導人李應章日後加入無產階級先鋒隊——中國共產黨做了鋪墊。

　　以二林事件為開端，隨著農民運動的開展及隨後工人階級的踴躍參與，原先以非暴力政治抗爭及文化啟蒙為主要內容的民族運動出現了新的重大變化，階級鬥爭問題逐漸成為日據時期臺灣民族運動面臨的重大問題之一，民族運動隊伍的內部兩條路線的鬥爭漸次展開，他們或主張不分階級、黨派、種族，以全民運動團結達成目標，或主張在民族運動的同時開展階級鬥爭。兩條路線鬥爭的激化，導致民族運動內部出現嚴重對立，1927 年文化協會的分裂，1931 年林獻堂一派退出臺灣民眾黨，

---

[21] 矢內原忠雄：《日本帝國主義下之臺灣》，周憲文譯，臺北：海峽學術出版社 2003 年版，第99 頁。

起因皆源於對階級鬥爭問題的重大分歧。[22]從這個意義上說，二林事件在臺灣民族運動史上，同時具有時代分水嶺的地位。

最後，《臺灣民報》社論《法庭與社會》則更為人們揭示了二林事件後一九二〇年代臺灣社會的大變局：

> 自二林的蔗農爭議發生以後，農民的運動日見昌盛，設立組合的地方已經有了七八之處，或為土地的事，或為瞨耕的事，或為甘蔗和肥料的價格等等，亂紛紛地較鬧起來，這是臺灣社會的新現象，也是農民自覺的一大實證了。前番檢舉鳳山農民組合的幹部的時候，我們看那組合員的行動，真是令人可怕，他們一天集齊五六百個人，三三五五地不作什麼聲兒到了郡役所，用文明的方法派遣代表，入去衙門要求當局釋放他們的幹部，不像往時的樣子，見著大人就要跑避三舍。又有一班的個人，和林某等數個大業戶，因為瞨耕的事大鬧一場，在一審和二審的公判都是有罪，個人們，泰然自若，甘心為著自家的主張受了犧牲困苦，不像從前那樣爛土似的頭面了。哎呀！臺灣社會裡頭的構成分子變了，真是變得多了。[23]

在這裡，《臺灣民報》的視野不僅限於二林事件本身，而是擴大到整個臺灣社會，討論的是事件對於臺灣農村、農民乃至更深層次的社會影響。它用一個「變」字來形容二林事件後的臺灣，其中的核心就是臺灣農民「變」了。如所周知，臺灣農民是中國傳統農民的一個縮影，他們的祖先來自歷史上艱辛渡台墾拓的閩粵移民，他們的思想信仰、風俗習慣一如傳統中國農民般，以忠厚淳樸、勤勞堅忍為其性格特色，以禮義廉恥、敬神畏鬼為其教化基礎，在與官府的關係上，社論中所形容的見了官家及警察大人便「跑避三舍」的情形更是農村的常態，他們深知「衙門朝南開，有理沒錢莫進來」的潛規則，因此在幾千年的歷史上除了個別的被稱作「刁民訟棍」者之外，人們大多抱持多一事不如少一事

---

[22] 參閱陳小沖：《日本殖民統治臺灣五十年史》，北京：社會科學文獻出版社 2005 年版，第 188-200 頁。

[23]《法庭與社會》，《臺灣民報》昭和 2 年 4 月 17 日。

的「忍」的態度儘量不與官府打交道，更何況是民告官了。但是，這樣的傳統在二林事件後被打破了，一是農民紛紛組織起來（從二林的蔗農組合到遍及全臺灣的農民組合），為自身的利益而鬥爭；二是不再強忍官府與警察的壓迫，勇於起而抗爭；三是一改傳統思想，「泰然自若」地直面法庭審判。糖業資本敲骨吸髓般的剝削觸及了農民生存底線，殖民警察的壓迫升級到「拔劍」威脅，正所謂忍無可忍、何須再忍，加上在文化協會的民族意識啟蒙和以李應章為首的地方精英的領導，憤怒的農民終於起來鬥爭了，民族運動開始湧入了農民階級的生力軍，階級鬥爭的「幽靈」開始在臺灣上空遊蕩。概而言之，二林事件後「臺灣社會裡頭的構成分子變了，真是變得多了。」這種「變」即是沉默大多數的農民的覺醒並為自身權益開展堅決的鬥爭。因此從這個意義上說，《臺灣民報》極其敏銳地嗅到了一九二○年代臺灣社會空氣中出現的轉折性變化的氣味。

　　如所周知，《臺灣民報》自創刊以來，即獲得日本與臺灣島內的廣泛關注，尤其是得到總督府臺北醫學校、師範學校、各中等學校青年學生的支持。隨著臺灣民族運動的深入，《臺灣民報》十分重視對廣大普羅大眾的文化啟蒙，先後在台中州下苑裡、草屯、彰化、北斗、員林、社頭、台南州嘉義、高雄州屏東、新竹州下湖及臺北等城市與鄉村設立讀報社，啟迪民族意識、宣傳反抗理念，影響逐步擴大。史稱「各地創設『讀報』成為風氣，大見流行」，一般民眾得在讀報社自由閱讀《臺灣民報》。[24]《臺灣民報》原為半月刊，後改為旬刊，1925 年 5 月升級為週刊，時效性、影響力大為增強。二林事件正是改版後的週刊《臺灣民報》對島內政治生活的第一次廣泛介入，加上身為文化協會會員的二林事件領導者李應章作為仲介，輿論的力量與農民反抗鬥爭達成了前所未有的呼應。二林事件發生後，林糖方面曾第一時間進行危機公關，派專人專赴台中招待各報記者，要求「各報莫論如何要作於會社有利的報導」。[25]正是《臺灣民報》的大力支持打破了日系報紙獨霸社會輿論導向

---

[24] 葉榮鐘《日據下臺灣社會運動史》（下），臺北：晨星出版有限公司 2000 年版，第 613 頁。
[25] 同上，第 575 頁。

的局面，這在之前的民族運動發展歷程上是沒有先例的。可以說，二林事件之所以能夠形成遠高於當時島內其他區域農民運動的強大影響力，《臺灣民報》的支持可謂功不可沒。[26]

[26]臺灣學者黃秀政指出：「在農民方面。《臺灣民報》確已充分發揮其作為台民喉舌的功能，為保障廣大的農民，不惜干犯臺灣總督府的禁忌，呼籲總督府顧及臺灣農民的生計，以免造成重大的社會問題。」轉引自楊翠：《日據時期臺灣婦女解放運動：以《臺灣民報》為分析場域（一九二〇一一九三二）》，臺北：時報文化出版有限公司 2004 年版，第 83 頁。

日據時期臺灣移民問題初探

　　數百年來，臺灣歷史與移民問題始終有著密不可分的聯繫。早期臺灣自不必說，這個美麗的島嶼就是依靠來自大陸閩粵地區的移民與原住民一同開發起來的。日據時期，臺灣的殖民地地位及殖民當局實施「將臺灣拉開中國而與日本相結合」的兩岸隔離政策，使得臺灣的移民問題出現了新的時代特徵：即從歷史上自西往東的單向度移民，朝著多維方向移民的態勢發展，且隨著日本在台殖民統治的終結，移民群體又各歸原位，終點重回起點。本文擬就此臺灣移民史上的特殊一頁略作述論，以求教與於方家。

一、從北向南：日本對台移民

　　臺灣是近代日本的第一塊殖民地，殖民地性質決定了臺灣將成為宗主國日本的投資場所、原料來源地和商品傾銷地。與此同時，日本帝國主義的對外擴張及解決國內人口問題的需要，也使得臺灣成為其對外移民的重要目標。1895 年福澤諭吉在《臺灣永遠之方針》中呼籲：「（臺灣）現在既然歸入我國版圖，便不容許照舊交付蠻民手中，應自內地大舉移民開發富源，……自蠻民手中褫奪開闢以來的野蠻事業，加以文明方式的新創意，無疑可獲取驚人的發展。」[1]在實際的執行層面，臺灣總督府也將向臺灣移民作為在台施政的重要內容之一。民政局長水野遵在其提交總督的行政計畫書中提出：從日本內地向臺灣移民，有利於開發臺灣的資源，大量日本人的進入勢將改變臺灣的人口結構，有利於強化日本在臺灣的統治基礎，且藉由日本人的統治優勢逐步消彌日台間之種族隔閡，達成同化臺灣人的目標。[2]在具體地點的選擇上，人口相對稀少、早期歷史上被稱為後山的東臺灣若干河谷沖積平地成為移民的首選安置地點。

---

[1]　陳逸雄譯：《福澤諭吉的臺灣論說》，臺灣《臺灣風物》第 41 卷第 1 期，1991 年 3 月
[2]　陳錦棠編譯：《日本據台初期重要檔案》，臺灣省文獻會 1968 年版，第 143 頁。

　　1942 年日人吉武昌男曾將日據時期日本向臺灣移民歷史劃分為以
下四個時期：1）1906-1908 年為初期私營移民時期；2）1909-1917 年為
花蓮廳內官營移民時期；3）1917 年的台東廳內私營移民時期；4）1933
年後的現期官營移民時期。[3]這一劃分基本上能夠概括性區分出各個時
期的不同特點。早期的私營移民零散而無秩序，遷徙者或離散或旋即返
回日本國內，很快就失敗了。官方接手移民事項後，於花蓮廳先後設置
三個日本人移民村——吉野村、豐田村和林田村，建設了移民指導所、
醫療所、神社、小學校、警察派出所、道路、水圳水道、輕便鐵路、防
獸柵欄等等設施。據 1923 年的統計，吉野村有移民 330 戶，1752 人，
耕地 1149 甲；豐田村有移民 179 戶，879 人，耕地 708 甲；林田村有
移民 164 戶，687 人，耕地面積 645 甲。主要生產品為米、甘薯、煙葉、
花生、蔬菜等，吉野村依靠接近花蓮港街提供蔬菜產品而優於其他二
村。[4]移民的來源地主要為日本福岡、德島、熊本、香川、山口及佐賀
等縣。[5]

　　1915 年，臺灣總督府又將日本內地人移民事業交付私營，由台東
制糖株式會社負責。該移民事業獲得了官方的援助。[6]設置的移民村有
鹿野、旭、鹿寮和池上。農業移民的遷入，一方面有利於制糖會社更方
便地自官府獲取大片土地，另一方面也有利於會社本身對甘蔗原料的需
求。如旭村就主要種植甘蔗，輔之以陸稻、甘薯和蔬菜。1931 年，官
營移民再度興起，此次官營移民的重點轉移至臺灣西部，台中、台南、
高雄等地均先後設置了秋津村、榮村、日出村、豐裡村等等官營移民村，
此外還有若干私營移民村和自由移民村。東臺灣地區仍有官營移民村的
新設，典型的代表是 1937 年位於台東街的敷島村。移民主要來自日本
滋賀、長野等縣，農作物以稻作、蔬菜、甘薯、花生為主。

　　後期日本人對台移民史上較具意義的是 1936 年所謂「國策會社」

3　吉武昌男：《臺灣的農業移民》，《臺灣經濟年報》昭和 17 年版，第 547 頁。

4　花蓮港廳編：《花蓮港廳勢》，花蓮港廳大正 12 年版，第 24-25 頁。

5　花蓮港廳編：《花蓮港廳勢》，花蓮港廳昭和 4 年版，第 17 頁。

6　鄭全玄：《台東平原的移民墾拓與聚落》（東臺灣叢刊之三），臺灣東臺灣研究會 2002 年
　　版，第 58 頁。

——臺灣拓殖株式會社（簡稱台拓）的建立。該會社除了遂行日本國策，向華南及南洋擴張日本勢力之外，移民事業也是其自創設就肩負的使命之一。《臺灣拓殖株式會社之事業概要》規劃：「為使健全之內地人定居於島（臺灣島）內農村，本會社根據臺灣總督府之計畫，於今後十年期間，得國庫之補助，將在官有未墾集團地十八個地點上建設二十個移民村（面積為一萬七千餘甲；戶數約三千五百戶，人口約一萬七千人），以有助於內地—臺灣之融洽和睦。」「本會社針對移民將提供移住費及其他必要的資金」。[7]由於台拓為官民合資株式會社，其所經營的移民嚴格地說不能直接視為「官營移民」，但台拓的國策會社性質決定了其移民事業仍屬於「准官營移民」的範疇。[8]1945 年日本戰敗投降後，在台日本人移民隨之被悉數遣返回國，終點復歸起點。概括來看，日據時期臺灣日本人移民的大致情形有如下表：

表一、日據時期臺灣的日本人移民村

（單位：甲、戶、人）

村名	位置	設立年度	總面積	戶均面積	戶數	人口	部落別
台中州							
秋津村	北斗郡沙山莊草湖	1932/36	881。400	5。65	156	882	東口、中ノ平、南ケ原、山北、川邊、川和
豐裡村	北斗郡北斗街西北斗	1936/37	494。000	4。15	119	634	大橋、福住、川上、七星、豐平、宮北
鹿島村	北斗郡北斗街田尾莊、埤頭莊	1937/38	531。200	4。15	128	669	八、九、十、十一號
香取村	北斗郡北斗街埤頭莊	1940	368。180	4。15	89	425	
八州村	北斗郡沙山莊漢寶園	1941	587。000	5。30	55	279	
新高村*	南投郡名間莊	1938	115。000		16	54	
昭和村*	大甲郡清水街	1938	94。000		15	50	

---

[7] 《日據時期臺灣拓殖株式會社文書中譯本》（第一輯），臺灣省文獻委員會 1997 年版，第 44 頁。

[8] 林玉茹：《軍需產業與邊區政策：台拓在東臺灣移民事業的轉向》，臺灣《臺灣史研究》第 15 卷第 1 期，2008 年 3 月。

台南州

榮村	斗六郡莿桐莊 虎尾郡虎尾街	1935	471。550	5。15	88	372 東園、西園、中園、 尾園
春日村	虎尾郡虎尾街	1937/38	322。630	5。15	53	193 松園、竹園、梅園

高雄州

日出村	屏東郡九塊莊	1935	125。000	5。0	24	123 日出
千葉村	屏東郡裡港莊	1936	325。000	5。0	100	564 上裡、中園、川北、 下平
常盤村	屏東郡九塊莊 鹽埔莊	1936	500。000	5。0	65	384 青原、中富、豐平

花蓮港廳

吉野村	花蓮港街	1910	1270。000	4。72	268	1523 宮前、清水、草分
豐田村	花蓮港郡壽莊	1913	724。000	4。04	176	916 太平、山本、山下
林田村	鳳林郡鳳林街	1914	766。000	4。43	173	787 南崗、中野、北林
瑞穗村 **	鳳林郡瑞穗莊	1933/38	207。000		41	184 玉苑、瑞原、宮の裡
上大和村**	鳳林郡鳳林街	1937				
山岔村**	玉裡郡玉裡街	1935				

台東廳

敷島村	台東郡台東街	1937	246。000	4。15	57	289 1、2、3、4號
旭村	台東郡台東街	1916	331。038	1。6	23	170 豐裡、宮濱
鹿野村	關山郡鹿野莊	1915	1067。872	1。6	37	234 上坪、宮前、中坪、 下坪
鹿寮	關山郡鹿野莊	1917	694。076		6	40

資料來源：鄭全玄：《台東平原的移民墾拓與聚落》（東臺灣叢刊之三），東臺灣研究會出版，臺北，2002 年版，第 114 頁。*為私營移民**為自由移民

二、自西往東：大陸對台移民

臺灣歷史上數百年來都一直是大陸閩粵移民的遷徙目的地，早自荷蘭殖民統治時期開始閩粵移民就不顧海洋兇險，一波又一波橫渡黑水溝來到臺灣，艱辛墾拓、建設美麗新家園。臺灣人口從早期的數萬人，增

長到 1811 年的 190 餘萬人，[9]尤其是近代「開山撫番」政策實施後，兩岸往來人為藩籬被打破，臺灣人口到了光緒末雖已漸達飽和狀態，但直到清末不論是閩粵移民或是季節性勞工，仍源源不絕地來到臺灣。

然而，1895 年日本對臺灣的殖民統治，打亂了臺灣社會正常的歷史發展進程。根據《馬關條約》的規定，臺灣居民在兩年的國籍選擇期過後仍舊留下者，除了總督府認定的少數人外，都成為了所謂的「日本國民」。另一方面，日本殖民者還頒佈了《清國人入境臺灣條例》，嚴厲限制大陸民眾、特別是勞苦大眾渡台，歷史上延續下來的閩粵人民傳統移模式基本破局。[10]日據之後來自大陸的民眾也從歷史上正常的移民變成為所謂「外國人」，居留臺灣的大陸民眾被定位為所謂的「華僑」，即僑居者。如所周知，臺灣是日本殖民者憑藉侵略戰爭和不平等的《馬關條約》佔據的，其對臺灣的統治和臺灣的殖民地地位，昭示的是一種非正常的隸屬關係。撇開這一特殊背景，我們認為日據時期臺灣的「華僑」其實就是歷史上閩粵移民的變相存續。

表二、日據時期赴台大陸移民（華僑）狀況（1905－1942 年）

（單位：人）

項目 年份	入台數	返回數	滯台數	項目 年份	入台數	返回數	滯台數
1905	4482	3910	572	1906	4771	3495	1276
1907	4700	4170	530	1908	4956	4276	689
1909	5878	4168	1710	1910	6539	4846	1694
1911	6078	4622	1456	1912	6972	5290	1682
1913	6837	6050	787	1914	6080	5736	344
1915	6718	6323	395	1916	6092	5876	216
1917	6657	5056	1601	1918	7636	6339	1297
1919	8745	6466	2279	1920	10625	7061	3564
1921	15566	10549	5017	1922	11207	9528	1679
1923	10500	8778	1722	1924	10359	9260	1099

---

[9]　陳孔立主編：《臺灣歷史綱要》，九州出版社 1996 年版，第 140 頁。

[10]陳小沖：《試論日本據台與閩粵移民之中挫——以清國人入境臺灣條例為中心》，《臺灣研究集刊》2009 年第 3 期。

1925	10943	8072	2871	1926	13847	9766	4081
1927	15227	12121	3106	1928	15569	12915	3653
1929	18165	15075	3090	1930	20290	16126	4164
1931	14266	18751	-4485	1932	12777	14537	-1760
1933	15278	12625	2653	1934	18997	12805	6192
1935	23849	18240	5569	1936	17416	14435	2981
1937	9409	27878	-18469	1938	75	527	-452
1939	541	265	276	1940	500	551	-51
1941	474	329	145	1942	591	550	41

資料來源：澀谷長紀、松尾弘：《臺灣之華僑》,《臺灣經濟年報》,昭和18年版,第428-429頁；吳文星：《日據時期在台華僑之研究》,學生書局,臺北,1991年版,第148-149頁。

　　上引表格基本上反映了日據時期大陸民眾的赴台狀況,從中我們可大致得出以下幾個特點：第一、長期以來大陸民眾赴台之往返數目並不相匹配,絕大部分年份赴台者多於返回者。也就是說,每年幾乎都有一定數目的大陸民眾滯留臺灣。這當中有部分人是在其他年份返回,不過應該也有一些人是滯台不歸、沉澱下來的,這些人即便其身份上為僑居者的「華僑」,但實際意義上仍等同於早期的閩粵移民。第二、日據時期大陸民眾赴台明顯劃分為幾個階段,1919年前屬於緩慢增長期,1920年後赴台人員攀上五位數,1935年達到最高峰的23849人；而返回的人數則在1937年奇峰突起般地直線上升,達到27878人,淨回流18469人,這與盧溝橋事變爆發中日進入全面戰爭狀態密切相關。1938年之後,兩岸人員往來在臺灣人口移動中的地位幾可忽略不計,特別是大陸赴台人員更是如此,如1938年赴台者為75人,其中勞工僅為2人,1942年赴台者為591人,其中勞工僅為5人。因此1920、1937為日據時期大陸移民赴台歷史上的兩個最重要的時間節點。第三、赴台大陸民眾中以勞苦大眾占絕大多數。1919年赴台8745人,其中勞工為6597人,1929年赴台18165人,其中勞工則為10895人,1936年赴台17416人,勞工人數就達12065人。統計數字顯示,勞工平均占大陸赴台人數的60%以上,有的年份則高達近80%,如1921年赴台者15566人,勞工為11954人,其比例占了77%。至於大陸移民的原籍地方面,來自福建

的勞工佔據了赴台人員的絕大多數，這與歷史上臺灣移民本來就是以閩人為主有著一脈相承的關係。再予細分則福建省內以漳泉、閩侯、惠安為主，廣東省以潮陽為主，浙江省以里安、平陽為主。到台之後的職業分佈上，制茶工幾全為泉州人，人力車夫原為漳州、泉州人，後被興化人取代，鞋匠以漳泉人居多，福州人佔據了大部分的廚師、理髮師和豆腐販子的職位。此外來自福州地區的木材工人也為數不少，後來溫州人也占了一部分。裁縫工多福建人，雜役分屬福州、溫州、江西人，漁夫為汕頭、泉州人，等等。在前往臺灣的航線方面，出口港為廈門、福州、汕頭，而以廈門為主；登陸口岸為淡水、基隆、台南、高雄。不過，1930年後福州出港者超越了廈門占首位，而基隆登岸者則占了 80%左右，與早期大陸移民登陸臺灣路徑均有所不同。[11]

　　1945 年臺灣光復後，滯留臺灣的原所謂「華僑」恢復了作為中國國民自然移民臺灣的身份，在之後的歷史發展進程中，該等移民的歸宿如何？在戰後究竟是作為本省人抑或是外省人而存在？這是一個頗具趣味的問題，有待日後資料齊備的基礎上作進一步探討。

三、由東朝西：臺灣對外移民

　　一直以來，談到臺灣移民問題的時候，映入人們眼簾的都是歷史上一批批閩粵民眾東渡臺灣海峽的情景。這種自西往東的人流，是臺灣移民的主要方向。然而，日據時期的另一股人流卻常常被人們忽視，這就是由東朝西的臺灣對外移民，這是近現代臺灣移民史上發生的一個特殊現象。

　　其實，較大規模的臺灣人口來到大陸在早期臺灣歷史上就曾出現過。如三國吳國黃龍二年（西元 230 年），衛溫、諸葛直率軍「浮海」到達「夷洲」，得數千夷洲人而還。但這只是戰利品或者說是人口掠奪活動，與移民無關。[12]荷據、鄭氏、清代各個時代也有不少民眾在海峽

---

[11]陳小沖：《日本殖民統治臺灣五十年史》，社會科學文獻出版社 2005 年版，第 387-388 頁。
[12]《三國志》卷 47 孫權傳。後之《隋書》亦有類似記載。

兩岸來來往往，此時由臺灣前來大陸的民眾，也只是正常的返鄉之旅，而非臺灣居民遷徙大陸地區。到了日據時期，情形發生了重大變化，臺灣被從中國分割出去成為日本的殖民地，臺灣人成了所謂的「日本國民」和「本島人」。在此情形下他們來到大陸，身份為擁有「日本籍」的臺灣人，從與大陸民眾區分開了，其中之長期居留者即為臺灣籍民。但是，剝離日本殖民地屬民這一名份上的外殼，從臺灣移民史的大範疇而言，我們認為這實際上也只是臺灣對大陸的移民而已。

表三、日據時期臺灣人赴大陸華南地區人數統計（1910-1942）

（單位：人）

年份	總數	廈門	福州	汕頭	廣東	香港	上海
1910	2041	1906	100	20	---	15	---
1911	1888	1591	169	44	---	84	---
1912	1937	1581	226	37	---	71	22
1913	1863	770	941	121	---	27	4
1914	1718	717	829	123	---	24	25
1915	1752	1412	302	23	---	8	7
1916	1913	1407	443	32	---	22	9
1917	2722	2244	337	107	1	43	23
1918	2836	1987	516	188	---	122	23
1919	2643	1598	658	211	2	174	---
1920	2021	1233	371	118	15	239	45
1921	3063	2129	642	78	---	111	103
1922	3766	2482	840	87	2	129	226
1923	3482	2513	574	64	35	84	212
1924	3622	2330	702	67	79	215	229
1925	3886	2681	580	142	72	123	288
1926	4453	3164	760	167	7	139	216
1927	4561	4210	192	74	85	---	---
1928	4679	4058	236	126	259	---	---
1929	6417	3847	1187	227	833	290	---
1930	6994	4992	838	366	603	195	---
1931	8480	6630	834	431	483	102	---
1932	7704	5840	841	427	488	108	---
1933	10477	7491	1597	451	578	105	255
1934	11864	8757	1675	135	700	151	446

1935	21275	15700	3276	338	1255	185	471
1936	8198	5411	1400	111	892	---	384
1937	12414	8456	1318	225	1644	---	708
1938	7756	5192	51	202	1715	---	596
1939	1987*	10211	5206	80	3362	---	1011
1940	7629	1379	3466	5	2040	---	730
1941	5326	1985	3114	2	---	---	935
1942	4391	1360	2369	---	542	---	---

　　資料來源：卞鳳奎：《日據時期臺灣籍民在海外活動之研究
　　（1895-1945）》，樂學書局，臺北，2006 年版，第 117-119 頁。*
　　該年廈門等地數字合計大超總數，疑誤，或為 18960？

　　一如上表標題所示此乃華南地區的統計數字，但我們認為它基本上
還是能夠反映出當時臺灣民眾前赴大陸的大致情況。因為華南地區是臺
灣籍民的集中地，其他地方雖然也有臺灣籍民的存在，譬如北京、南京、
東北（偽滿州國）等地，但人數與華南地區不可同日而語，故上表數字
在覆蓋面上雖有缺憾，亦無甚大礙。就中我們看出，廈門乃是臺灣籍民
的集中居留地，只是在日據時代末期略有改變，福州的人數有所超過，
而臺灣籍民前來大陸的高潮則是在 1930 年代。

　　在大陸的臺灣籍民有著曲折複雜的發展歷程，早期的臺灣籍民中據
信不良籍民占了不少的數量，早在 1897 年總督府派駐廈門收集情報的澤
村繁太郎即報稱：「（廈門之籍民）多半包藏野心，當涉及金錢借貸、房
屋買賣、盜難訴訟等案件時，時常向領事館提出些虛構詐偽之案件，企
圖借著日商之威勢，向中國人牟取暴利，造成領事館的極大麻煩。」[13]在
廈門，還出現了黑社會的籍民團體，發生了諸如台紀事件、台探事件等
等轟動一時的涉黑刑事案件，憑藉的則是作為「日本籍民」所享受的治
外法權和領事保護，廈門著名的「十八大哥」便是其典型代表。[14]廈門
旭瀛書院教諭岡本要八郎也說：「臺灣人來廈門者多以『日商』之名義

---

[13] 總督府公文類纂，轉引自王學新：《廈門黑幫籍民的形成與發展（1895-1937）》，收入氏編
　　《日據時期籍民與南進史料彙編與研究》，臺灣「國史館」臺灣文獻館 2008 年版，第 606
　　頁。
[14] 卞鳳奎：《日據時期臺灣籍民在海外活動之研究（1895-1945）》，臺灣樂學書局 2006 年版，
　　第 152 頁。

從事鴉片、賭博等事業。」[15]資料顯示，日本人還有意利用不良籍民來挑撥兩岸人民的感情。[16]不過，1920 年代後情形有了較大的改觀，學生、醫生、會社職員等正當職業者人數占了大多數，大陸民眾對臺灣籍民的觀感也發生了微妙的轉變，如《臺灣民報》報導：「近年來在廈門幸得有一部分醫師銀行員及商人等，和其他有相當職業的人出面和中國人交際，頗使中國的有識者得理解臺灣人真相，⋯⋯中國人的態度，和以前便大不相同，從前罵台人為壞痞，現在卻不罵了，這真是可喜的現象。」[17]抗戰時期，愛國將領李友邦領導的臺灣義勇隊也針對部分為非作歹的臺灣籍民進行了批判，獲得了廣大祖國民眾的理解。

　　除了對大陸的移民，臺灣籍民也零星擴散到了南洋各國。此外，亦有為數不少的臺灣人到日本內地學習、工作和生活，他們在當時的臺灣對外移民中也應佔有一席之地。1945 年日本帝國主義戰敗投降，中國政府將各地臺灣人送返臺灣，這一特殊移民形態始告結束。[18]

　　按照社會學的定義，移民依其涵蓋的範圍不同而分為國際移民和國內移民兩大類型，廣意上泛指遷往國際或國內某一地區長期或永久居住的人，或是較大數量的、有組織的人口遷移。日據時期的臺灣移民乃是特殊時代的特殊移民，在日本的殖民統治下，海峽兩岸關係及臺灣與日本的關係發生了 180 度的移位，前者轉換為中國與日本殖民地之間的關係，即「特殊的國與國」之間的關係；相反地，後者卻被定位為日本內地與臺灣島之間的關係，屬於「國內」關係。這使得日據時期臺灣移民問題變得複雜化，日本向臺灣的移民成為國內移民，大陸對台移民及臺灣對外移民卻成了國際移民，這是特殊時代造成的事實扭曲，所幸隨著日本殖民統治的終結而復歸正常軌道。

---

[15]王學新編譯：《日據時期籍民與南進史料彙編與研究》，臺灣「國史館」臺灣文獻館 2008 年版，第 146 頁。

[16]戴國輝：《日本殖民地支配與臺灣籍民》，收入王曉波編：《臺灣的殖民地傷痕》，臺灣帕米爾書店 1985 年版，第 257 頁。

[17]《臺灣民報》昭和 3 年 12 月 9 日。

[18]湯熙勇：《脫離困境──戰後初期海南島之臺灣人的返台》，臺灣《臺灣史研究》第 12 卷第 2 期，2005 年 12 月。

1937—1945 年臺灣皇民化運動再論

——以總督府臨時情報部《部報》資料為中心

二十年前，筆者曾經發表過有關 1937—1945 年臺灣皇民化運動的論文，較全面地分析了皇民化運動的發展階段、主要內容及其對臺灣社會的負面影響。[1]近年來，隨著相關歷史資料的不斷發掘、公佈，皇民化運動更為詳盡的畫面逐漸展現在人們眼前，並使得進一步分析皇民化運動細節及其深層內涵成為可能。本文即擬以新近公佈的皇民化運動的主要官方宣傳刊物——臺灣總督府臨時情報部《部報》[2]及其他相關資料為中心，就該運動的若干重點內容再作探討，以求教於方家。

一、皇民化面紗下的利益糾葛

1937—1945 年的皇民化運動，核心內容就是要消除臺灣地區的中華文化，以大日本帝國的法西斯「大和文化」來取而代之，換句話說就是企圖根除臺灣人民的中華民族民族特性，將臺灣人改造成為日本天皇的「忠良臣民」。1937 年十月，臺灣總督府總務長官森岡二郎在對日本全國的廣播直播節目中以《時局下之臺灣》為題全面闡述了臺灣皇民化運動出臺的背景及其核心內涵，這份廣播稿刊登在總督府臨時情報部的《部報》中，頗值得關注，以下擇其要者予以分析。

皇民化運動的發生，正是「七·七事變」後日本帝國主義發動全面侵華戰爭的年代，身為中華民族一份子的臺灣人民究竟會在這場戰爭中站在哪一邊，不能不引起日本國內及臺灣總督府當局的極大憂慮。事實

---

[1] 陳小沖：《1937-1945 年皇民化運動述論》，《臺灣研究集刊》1987 年第 4 期。

[2] 台灣總督府臨時情報部《部報》，由日本東京人間文化機构國文學研究資料館加藤圣文及谷城秀吉等收集編輯，ゆまに出版社 2005 至 2006 年間陸續出版發行，該資料集分別卷一冊（含總目次、解題），第一卷——第十三卷共十三冊，時間跨度為昭和十二年（1937）七月至昭和十七年（1942）七月。

表明，當時臺灣島內的確出現了很大的騷動，散發反日標語、投寄匿名信、傳播有利於祖國大陸傳言等等事件在各地接連出現。臺灣軍在其秘密報告中稱：「事變爆發當時，一部分本島人中間由於民族的偏見，依然視支那為祖國，過分的相信支那的實力，受宣傳的迷惑，反國家的或反軍隊的言論和行動在各地流傳，民心動搖。」[3]森岡總務長官在此次演講中也提到了這一點，他說：「對於與對岸有著深厚關係的本島來說，這次事變是領台後前所未有的事件。即滿洲事變或上海事件等均為與支那一地方的爭端，與全支那的全面抗爭，實自此次開始。因此，事變爆發初期內地對本島人之於事變的想法和態度，抱持著種種憂慮和恐懼的念頭。」「此次事變後，內地及其他方面流傳著有關臺灣的形形色色的流言蜚語。更有甚者，或者說眼下臺灣發生了暴動正在鎮壓中，或者說臺灣遭到了支那飛機的空襲等等聳人聽聞的傳言。」[4]由此之故，森岡總務長官的這篇廣播談話，就是主要針對日本人進行的臺灣皇民化運動政策宣講，主旨即在於向日本國民介紹臺灣的狀況，消除其心中的疑慮，並謀求宗主國對殖民地同化政策的支持。

但是，要求臺灣人同化為日本帝國「大和民族」的一份子，至少在表面上是必須以給予臺灣人更多的社會政治地位為代價的，殖民當局逐漸抬高的臺灣人政治待遇改善趨向，不能不觸及日本人的切身利益，從而帶來後者的反彈。親身經歷過皇民化運動的一些臺灣人就曾這麼回憶道：「如果說日本推行皇民化運動，是採取強硬的方式，但也可以說不是用強迫的。因為並非所有的家庭他們都強迫，他們也看這個家庭的環境及程度。以我的看法並不是所有的日本人，都贊同皇民化運動。他們日本人有優越感與榮譽心，不願臺灣人跟他們一樣，所以他們對皇民話運動並不熱衷。」[5]有人在談到改姓名運動時還說：「並不是每個人都勸

[3] 十五年戰爭極秘資料（第 19 集）：《臺灣島內情報、本島人的動向》，不二出版社，1990年。參閱陳小沖：《七·七事變與臺灣人》，《臺灣研究》1996 年第 2 期。

[4] 臨時情報部：《時局下的臺灣》，《部報》第 4 號，昭和 12 年 10 月（以下森岡二郎講話不另加注）。

[5] 《宜蘭耆老談日治下的軍事與教育》（宜蘭文獻叢刊 9），宜蘭縣立文化中心，1996 年版，第 72 頁。

導改姓名，不三不四的人，日本人也不希望你改他的姓名。」[6]這些口述史料可能受個體經驗的局限，不能代表普遍現象，但至少揭示了皇民化運動時期臺灣社會的一個現象，即以往人們認定的所有日本人都瘋狂推進皇民化運動的印象，似乎有必要加以再檢討。矢內原忠雄在評論日本在台同化政策的時候曾經提出：「蓋在經濟及教育，同化是日本及日本人的利益，擁護這種利益的武器，則在政治的不同化，即專制制度的維持。」[7]因此，所謂的同化政策，其實隱藏著相當的利害關係，日本殖民者要求的是臺灣人單向度的向日本靠攏，在社會文化上摒棄自身的民族性，成為大日本帝國的臣民，這種畸形的「日本人」，是沒有政治權力的奴僕。到了皇民化運動時期，日本殖民者的如意算盤還是一樣，儘管迫於形勢而逐漸地釋放出一些善意來改善臺灣人的政治待遇，但直至日本在台殖民統治終結的那一天，也只不過是給了區區幾個貴族院、眾議院的席位而已[8]，極端歧視臺灣人的封建的保甲制度還是在最後一年的 1945 年才勉強廢止的。總之，一切以日本和日本人的利益為依歸。

　　為了說服日本人接受在皇民化運動中附帶給予臺灣人有限的政治利益，殖民當局不能不開始其政策宣講動員工作，森岡二郎總務長官這份面向日本人直播講話的中心內容即在於此。首先，森岡二郎為人們展示了臺灣作為帝國殖民地的重要價值。「臺灣成為我帝國之領土已經歷四十二年的歲月，臺灣在我國領土中唯一位於熱帶，擁有豐富的熱帶資源，無論在產業上還是地理上，都占著最為重要的地位，是我南方開發的根據地。與此同時，在國防上、軍事上也是維護帝國南方的最重要的據點，這是歷來所公認的。此次支那事變爆發更將其重要性如實展示了出來。」其次，臺灣在戰時後方支援方面，也發揮著重要的作用，這就是所謂的「銃後（後方）報國運動」。譬如，森岡鼓吹說：臺灣農民正擴大蓖麻種植面積以提供軍用飛機潤滑油原料；蔬菜也是日軍迫切需要

6　同上書，第 74 頁。
7　矢內原忠雄：《日本帝國主義下的臺灣》，臺灣銀行，1964 年，第 84 頁。
8　近藤正己：《總力戰與臺灣——日本殖民地崩壞之研究》，刀水書房，1996 年，第 411-412 頁。

的物質，臺灣以其南方地理環境優勢十分適合種植，各州已規劃蔬菜的種植方案；原住民高砂族也參與了「國防獻金」等活動，本島人女子參加了護士、雜役工作，島民捐獻飛機、製作出征軍人慰問品、參與勞動奉仕等等。再次，臺灣的特殊歷史背景造就了皇民化運動的極端重要性：「（臺灣）不僅在地理上與大陸距離近，且本島住民五百四十萬人中約五百萬為所謂本島人，其風俗、習慣或語言等與對岸福建、廣東住民十分相似。相對此五百萬本島人，內地人約不足三十萬人，其餘為素稱蕃人或生蕃的所謂高砂族約十五萬人。」森岡聲稱：在經歷了四十二年的統治，在天皇的「浩蕩皇恩」及「一視同仁」聖意下，臺灣人的「日本精神」應大為提升。然而「支那事變」後，「本島人當中當初無智、無教育者，被形形色色的流言所迷惑，錯誤認識時局者不可謂沒有。」為此，同為全日本帝國的國民精神總動員運動，臺灣與日本內地有著截然不同的重要意義。

通過這一系列的宣講，森岡二郎以一個殖民地現地官僚的身份，力圖勸戒日本人體認到臺灣對於日本帝國的重要價值，體認到在臺灣開展皇民化運動能為母國帶來的現實利益。他強調指出：在臺灣，「本運動是使本島人成為真正的日本人的所謂皇民化運動」，皇民化運動將使得臺灣人「進一步體會到對皇國的感恩、對作為日本臣民的感恩」，因此而付出適當的政治糖飴是值得的。用森岡的話說就是，以這次「支那事變」為契機，皇民化運動正是全面提振臺灣民眾皇國民精神的好機遇，對日本帝國來說，有益無害。

概而言之，通過森岡的講話我們可以看出，對於臺灣的皇民化運動，日本人內部其實並非鐵板一塊，而是有不同的聲音，其中他們最主要的顧慮就是擔心臺灣人借此得到更多的政治權力，從而對其殖民地統治民族的優勢地位造成威脅，損害日本人的利益。面對這些既得利益集團的憂慮，從在台日本殖民當局的角度來說，當然是必須予以消除的，這也正是森岡總務長官此份廣播講話出台的深刻背景，同時也從一個側面揭示了皇民化運動背後的深層利益糾葛。

二、《地方情報》所見之皇民化運動實態

在以往的論述中，筆者曾經將皇民化運動的主要內容大致分為強制普及日語、大日本皇民思想灌輸、日常生活的日本化及勤勞「奉仕」（日語服務、奉獻之意）等等幾個方面。[9]但具體的實施狀況究竟怎樣？仍缺乏必要的資料予以詳析。臺灣總督府臨時情報部《部報》每期刊登的《地方情報》一欄，為我們提供了這方面的諸多記載，堪為研究臺灣皇民化運動之參考，特略舉數例如下，以窺皇民化運動之實態：

其一，新竹州皇民化運動普及狀況（1938 年 1 月）[10]

實施要項

（一）大麻奉齋與正廳改善

　1，所有家庭均奉祀神宮大麻

　2，斷然施行正廳改善

（二）撤廢舊曆正月、屬行新曆正月

　1，裝飾門松[11]

　2，張掛注連繩[12]

　3，神前供奉鏡餅[13]

　4，新年赴神社進行初次參拜

（三）廢止門聯

（四）屬行服裝改善

　1，正式集會場合禁穿一切臺灣服

　2，努力穿著和服或洋服

　3，臺灣服的襟扣改為紐扣或西式活扣、加速完成改造

　4，女子的上海風格長衣或男子的寬鬆長褲均予廢止

（五）國語普及與常用

　1，不懂國語者進國語講習所或國語講習會學習國語

9　陳小沖：《1937-1945 年皇民化運動述論》，《臺灣研究集刊》1987 年第 4 期。

10　《地方情報》，臨時情報部《部報》第 12 號，昭和 13 年 1 月。

11　門松（かどまつ），日人新年門前裝飾的松枝。

12　注連繩或七五三繩（しめなわ），日人祭神或新年時挂在門前的稻草繩。

13　鏡餅（かがみもち），日人正月或祭祀用大小兩塊擺在一起的圓形粘餅。

2，懂國語者遇到有人使用臺灣語時，不論何人、何時、何地，均應敦促其注意

3，各家庭應謀求國語化

（六）新生嬰兒一律采內地式命名

過往的名字應使用內地讀法

（七）屬行神前結婚

從以上資料我們發現，1938 年日本殖民者在新竹州的皇民化運動主要精力集中在宗教信仰、風俗習慣、服裝服飾、改換姓名及日語普及等方面，基本上歸屬於前面提到的日常生活的日本化及強制普及日語。當然這有可能是新竹州皇民化運動的階段性重點，不過我們從中仍然可以看出皇民化運動中日常生活日本化的實施路經，即在語言上要求臺灣人說日語而不許說臺灣話，漢文漢字不用說是在禁止之列；服飾上要穿和服或者洋服（西裝）、上海風格或中國式的裝束一律「廢止」；習俗上中國傳統的春節不能過了，要改過日本新歷年，門口的門聯也別想掛了，家庭正廳裡的祖宗牌位得取下來改拜天照大神，這就是所謂的正廳改善活動；更帶有根本性變革的是新生兒的姓名必須採用日本式姓名來命名，這樣一來中國人最注重的宗族系譜有被打亂之虞，而從之後的情況來看，這一條似乎並沒有得到有效的施行。總的來說，皇民化運動中日常生活的日本化可說是事無巨細，它試圖將臺灣人從頭到腳、自內而外都改造成為日本人的模樣。前一節我們曾經指出，臺灣人在殖民地臺灣社會是沒有政治權利的，因此這種僅披著日本人外殼的所謂「日本國民」，是不是可稱之為行屍走肉的「畸形日本人」呢？

當然，外表的日本化並不能讓日本殖民者滿意，整個思想和行為模式都不自覺的日本化了，才算得上完滿。高雄的例子為我們提供了另外一個皇民化運動的典型。

其二，高雄州皇民化運動實施案（1938 年 2 月）[14]

（一）有關針對時局徹底進行精神動員之具體實施案

---

[14]《地方情報》，臨時情報部《部報》第 15 號，昭和 13 年 2 月。

1，徹底樹立身為日本國民的自覺信念

（1）參拜神社（2）普及、常用國語（3）國民活動及生活方式內地化（4）國防獻金

2，部落振興團體幹部及青年團員每週定期在街莊役場或學校集中

（1）就第1事項進行實地指導、講解實現國民精神的途徑，同時使之正確理解時局（2）由郡守、庶務課長、視學、街莊長（或助役）、學校長等任直接指導者

3，依靠戲劇、電影、演講等期待國民精神之顯現

（1）在州下各街莊巡演有關時局之電影（2）選擇適當講師在州下各街莊普遍開展認識時局、振興國民精神演講會

4，讓國語講習所（學生）得正確認識時局並傳達至其家庭

（1）依據國語學習的程度每天作有關時局的訓話（2）隨時發行平易假名文字謄寫品

5，青年團製作慰問袋、講究慰問皇軍之方法

（1）費用由男子青年團之共同作業、勤勞作業所得支出（2）慰問袋等之作業由女子青年團為之

6，於各農事實行組合、部落振興會（區、町會）配備收音機及報紙，無此設備處應速配備以不誤情報之接收

（二）少年團應對時局合練及『健勝祈願祭』

本州下各市郡聯合少年團召集全體加盟團員實施合練，同時執行『健勝祈願祭』，以圖促進對時局之正確認識

（三）擴大強化青年團

努力參照青年團之宗旨，謀求逐漸擴大強化州下青年團，以舉國民精神總動員之實

（四）打破舊慣陋習

改善、打破本島傳統舊慣陋習，謀求島民生活的全面內地化，致力於排除、改善有礙於（民眾）體會和獲得皇國精神的舊的習慣，及與之相聯繫的地方祭祀、其他各種娛樂活動和陋習，以符合國民精神運動之主旨

看來，高雄州的皇民化運動顯然更接近於我們所理解的樣式，相對

於新竹州來說，它注重的是意識形態，即將主要精力集中在促進臺灣人的觀念更新，力圖從思想上將後者塑造成為日本帝國的忠良臣民，它為我們展現的正是皇民化運動另一重要內容——皇民化思想灌輸的進程細節，概括而言包括：第一，結合日本帝國主義發動「七・七事變」後的局勢，開展了一系列所謂正確認識時局的宣講會，主要目的就是試圖瓦解臺灣民眾對於祖國的向心力，穩定島內的社會秩序；所依賴的平臺即青年團、少年團、部落振興會等社會團體，並由州、郡、街莊等官僚行政體系及學校教育系統予以監督指導，其中特別強調了青年團的作用。第二，充分利用戲劇、電影、巡迴演講等宣傳工具，以通俗易懂、民眾容易接受的方式，強化對臺灣人尤其是下層民眾的皇民化思想動員；各個偏僻鄉村要求設立收音機接收點，準備接受統一的指示和官方戰事報導，強化思想管制。第三，普及日語仍是重中之重，不僅普遍開設了針對普通民眾的國語講習所，要求學習、常用日語，而且因地制宜地編寫各類教材，在學習日語的同時，大力宣講時局，並要求學生將之傳達到家庭的每個成員，試圖達成以點帶面的效果。第四，日常生活日本化運動在高雄州也如同各地般廣泛開展著，如所謂「打破舊慣陋習」、「參拜神社」、「生活方式內地化（即日本化）」等等，就連地方上的傳統習慣和祭祀活動，亦均在廢止之列，因為這些傳統的帶有中華文化內涵的活動妨礙了臺灣人對大日本皇國精神的習得和體會，不利於「島民生活的全面內地化（日本化）」。總而言之，高雄州的皇民化運動方案，是一份更為全面、更加深入的對臺灣人及臺灣社會的全方位改造方案，由此我們可以窺見臺灣皇民化運動的廣泛性及其不可忽視的影響力。

三、量化指標下的皇民化運動

皇民化運動作為一場社會運動，囊括了思想意識形態、社會生活方式、傳統風俗習慣乃至語言文字等等各個領域，殖民總督府的精心策劃、軍部法西斯力量的高壓加上在台日人右翼團體的推波助瀾，使得皇民化運動深入到臺灣各個社會階層和全島的各個角落。然而，主旨在於

改造臺灣人民族性和文化傳統的皇民化運動，究竟在臺灣島內開展的情形如何？僅憑殖民當局頒佈的政策指令、公告或規則等等，仍不足以觀其全貌。因此，有限的統計資料便顯得彌足珍貴。以下我們將列舉分析皇民化運動的若干相關數字，雖略顯零碎，然亦可供人們研究臺灣皇民化運動之參考。

1、1938 年臺灣神社統計

1）臺北州　　13 社　　　2）新竹州　　14 社　　　3）台中州　　20 社

4）台南州　　30 社　　　5）高雄州　　14 社　　　6）台東廳　　1 社

7）花蓮廳　　5 社　　　8）澎湖廳　　1 社　　　9）總計　　98 社

2，1945 年臺灣神社統計

1）官幣社　　　　　　　2 社　　2）國幣社　3 社　　3）縣社　11 社

4）建功神社　護國神社　2 社　　5）無格社　30 社　6）總計　68 社

資料來源：《地方情報》，臨時情報部《部報》第 12 號，昭和 13 年 1 月。臺灣總督府編：《臺灣統治概要》，臺北，昭和 20 年版，第 33 頁。

在日本殖民統治下的臺灣，神社參拜是歷屆總督大力宣導的事項，我們看到很多記載鼓勵參拜神社的政策措施，但是臺灣民眾信仰的是中國傳統的媽祖、王爺等等神明，神社參拜活動一直都未能得到臺灣民眾的回應。因此，有關神社的建立和民眾參拜狀況，很可作為同化運動成效的指標之一。上引統計數字裡，前者為各地神社數目，後者為神社的分類狀況，性質有所不同。但就其中共同涉及的神社總數考察，我們仍可發現一個現象，這就是經過了八年之久的皇民化運動，主要的都市地區神社在不僅沒有迅猛發展，反倒呈現出較大的萎縮，1938 登記在冊的神社年全台計有 98 社，1945 年則僅有 68 社，差距達 30 社。這說明至少在神社參拜方面，日本殖民者的皇民化運動尚遠未能達成其預期目標。日本人自己早就意識到了這一點，1938 年殖民當局便曾發出歎息：

「（臺灣神社的發展）從一莊一社的遠景來看，差距還相當的遙遠。」[15]
直到其統治的終結，日本殖民者還是不得不接受這一令其難堪的事實。
不過，我們也看了了另一方面的進展。據調查，1945 年另有簡單而未
具備條件的准神社 128 處，遙拜所 4 處。[16]換句話說，皇民化運動時期
日本殖民者將參拜神社活動的著重點放到了農村，這是我們在研究臺灣
神社發展軌跡時應予注意的一點。

3，高雄州皇民化運動「打破舊慣」實施狀況表（1938 年）[17]

改善事項	實施市郡					
正廳改善	高雄市 潮州郡	屏東市 東港郡	岡山郡 恆春郡	鳳山郡	旗山郡	屏東郡
廢止舊曆 （實施新正月）	高雄市 潮州郡	屏東市 東港郡	岡山郡 恆春郡	鳳山郡	旗山郡	屏東郡
廢止門聯 （改門松七五三繩）	高雄市 潮州郡	屏東市 東港郡	岡山郡 恆春郡	鳳山郡	旗山郡	屏東郡
廢止年末年初虛禮	高雄市	鳳山郡	旗山郡	屏東郡	恆春郡	
統一祭祀	屏東市	旗山郡	屏東郡			
寺廟整理	岡山郡	恆春郡				
改善禮儀廢止聘金	屏東市 東港郡	岡山郡 恆春郡	鳳山郡	旗山郡	屏東郡	潮州郡
葬儀改善	屏東市 潮州郡	岡山郡 東港郡	高雄市 恆春郡	鳳山郡	旗山郡	屏東郡
廢止燒棄金銀紙	屏東市 東港郡	岡山郡	鳳山郡	旗山郡	屏東郡	潮州郡
廢止使用爆竹	岡山郡	鳳山郡	旗山郡	屏東郡	潮州郡	東港郡
獎勵改善住宅	屏東市	鳳山郡	屏東郡	潮州郡	東港郡	
獎勵設置風呂場(澡房)	屏東市	鳳山郡	屏東郡	恆春郡		
獎勵設置便所	屏東市	岡山郡	屏東郡	東港郡	恆春郡	
廢止本島戲劇	鳳山郡	旗山郡	恆春郡			
服裝改善	鳳山郡	旗山郡	屏東郡	潮州郡	東港郡	恆春郡
改善新生兒命名	岡山郡	屏東郡	潮州郡			

資料來源：《地方情報》，臨時情報部《部報》第 15 號，昭和 13

---

[15]《地方情報》，臨時情報部《部報》第 12 號，昭和 13 年 1 月。
[16]臺灣總督府編：《臺灣統治概要》，昭和 20 年版，第 31 頁。
[17]《地方情報》，臨時情報部《部報》第 15 號，昭和 13 年 2 月。

年 2 月。

　　這是一份較具研究價值的表格，其中透露的資訊頗值得玩味。首先，它羅列了皇民化運動在社會生活領域諸多活動的詳細內容，這些活動幾乎囊括了人生從生老病死到居住、衣著、喪葬、信仰、儀式、娛樂等等所有方面，範圍不可謂不廣，它在一定程度上補足了上節談及的新竹州、高雄州皇民化運動在細節上的不足。其次，不同地區皇民化運動的進展程度有所不同，而同一地區不同內容的活動進展狀況亦有所差別。總的看來，正廳改善、廢止舊曆新年、廢止門聯、葬儀改善、廢止聘金、禁燒金銀紙及服裝改革等項，在較大的範圍內得到了實施。令人感興趣的是，寺廟整理、統一祭祀、廢止本島戲劇和新生兒命名方式變更等，則是施行最不徹底且波及範圍最窄的，而從日據末期臺灣歷史發展來看，到了長谷川清總督時代還不得不對這幾項禁令進行修改，做了較大的讓步，被日本殖民者自詡為「仁政」。[18]由此我們或可看出臺灣民間信仰的深厚社會根基。新生兒以日式姓名命名被冷遇，也表明了民眾對於家族系譜和姓氏香火傳承的重視，1940 年後的改姓名運動之所以在臺灣績效不彰，在此已可見端倪。此外該表也顯示，改姓名活動早在1938 年就開始實行了，雖然只是針對新生兒，但亦可作為 1940 年後正式執行的改姓名運動之先聲。最後，平心而論，倘若暫時拋開皇民化運動強制同化政策，就其中某些內容來說，對於臺灣社會、特別是農村社會面貌的改觀，或許有一些客觀的改良效果，譬如廢止聘金、禁燒金銀紙、改善住宅、講究衛生等等。只不過，事情恐怕並不如人們想像的那麼單純，皇民化運動中一切的一切，都處於殖民主義同化政策的操弄下，是以將臺灣人改造成為大日本帝國臣民作為其終極目標的，即便是講究衛生等等行為，也不能不染上殖民同化的濃厚色彩，因為在日本殖民者的眼中，這就是臺灣人在向日本靠攏，是臺灣人日本化的具體體現。

---

[18]黃昭堂：《臺灣總督府》，教育社，1981 年，第 168 頁。

4，社會教育日語普及設施統計表（1944 年）

類別	所數	學生數		
		男	女	計
國語講習所	5011	80879	204674	285553
特設國語講習所	778	24721	27893	52614
簡易國語講習所	10509	106312	139880	246192*
幼兒國語講習所	1797	37409	33026	70435

資料來源：臺灣總督府編：《臺灣事情》，昭和 19 年版，第 113 頁。＊原表錯誤，據數位合計及《臺灣總督府事務成績提要》第 48 編（上）第 201 頁數據更正。

日據時期臺灣的日語普及運動，早自據台初期的芝山岩時代便已展開。大致而言，1937 年之前屬於漸進式的普及運動時期，漢文漢字的教學也是以逐步的方式退出學校教學舞臺的；1937 年之後即皇民化運動時期，漢文漢字被全面禁止，日語普及運動進入了以政權機器強力推進的激進普及時代，這一時期的日語普及率也呈現直線上升的態勢，官方公佈的日語普及率從 1937 年的 37.8% 迅速上升到 1944 年的 71%[19]，而此一迅猛發展背後的真實原因便來自於我們揭示的這張統計表格，即社會教育發揮了特別的作用。

我們知道，日據時期的臺灣教育乃以學校教育為主幹，總體來說學齡兒童入學率得到了提高，公學校、小學校等初等教育有了一定的普及，日語教學則是初等教育的重中之重，統計表明日語及日式教學課程占總課時的 70% 以上。[20]但是，在校生占臺灣人口的比例畢竟有限，而離校後的臺灣人在日常生活中常用日語者也屬少數，這在當時被部分日人稱為「徒具其表的廣播電臺的日語」、「學校的日語」。[21]因此，皇民化運動期間臺灣的日語普及運動，除了繼續鞏固學校教育外，日本殖民者

---

[19]陳小沖：《1937-1945 年皇民化運動述論》，《臺灣研究集刊》1987 年第 4 期。

[20]陳小沖：《日本殖民統治臺灣五十年史》，社會科學文獻出版社，2005 年，第 304 頁。

[21]參閱周婉窈：《臺灣人的第一次國語經驗》，《海行兮的年代——日本殖民統治末期臺灣史論集》，允晨文化事業股份有限公司，2003 年，第 87 頁。

將著重點放到了社會教育上，先後開辦了諸如「國語講習所」、「特設國語講習所」、「簡易國語講習所」甚至「幼兒國語講習所」等等面向社會大眾的日語普及設施。上表顯示，1944 年有各類日語講習所 18095 間，學生總數 654794 人，大大充實了學校教育的不足。此類情形我們在口述史料中也可得到印證，如宜蘭的林英俊回憶說：「小時候我外婆住在廊後，放假時我常常到那裡玩。那裡的人大部分都在種田或捕魚，很多人都沒有到學校讀過書。晚上他們必須到國語講習所學日語，我也經常跟著去。」藍金興也說：「當時為了推行日語，設有國語講習所。老年人要去讀，不識字的年輕人也要去讀。有專任的講師去上課，白天晚上都有排課。」[22]社會教育設施的擴張，一方面盡可能地網羅了社會各階層人群加入學習日語的行列，另一方面也部分地彌補了不同性別民眾日語能力參差不齊的狀況，例如所謂的「國語講習所」學生 285553 人中，男學生為 80879 人，女學生卻有 204674 人，後者為前者的 2.5 倍。其他如「特設國語講習所」、「簡易國語講習所」等，均有女生人數略多於男生的現象。男女生比例失調的原因，深究起來恐怕還有臺灣社會男女受教育機會不均等及民眾傳統觀念中重男輕女所帶來問題，從而帶來不懂日語而需要到講習所接受日語教育者由女性占多數的現象。經由這種日語講習所訓練出來的人，日語水準能有多大的實質性提高雖很值得懷疑，但它畢竟造成了一個全民熱學日語的「虛假繁榮」現象，其給臺灣人的社會生活、語言實踐和思想觀念帶來的衝擊，還是不容小視的。

　　總括而言，以往的論著主要還是對皇民化運動的概念解讀，而透過對臺灣總督府臨時情報部《部報》等新刊史料的分析，1937—1945 年的臺灣皇民化運動便不再只是空洞的口號和冷冰冰的官方規則，其真實面貌和實施細節進一步活生生地展現在了人們的面前，並在一定程度上為我們重構那個被稱作「暴風雨時代」的臺灣社會歷史真實提供了可能。顯然，更多的與皇民化運動相關資料公之於世對於史家來說是一件值得期待的事情。

---

[22]《宜蘭耆老談日治下的軍事與教育》（宜蘭文獻叢刊 9），第 76、87 頁。

臺灣 1937：皇民化運動與林獻堂

——以《灌園先生日記》資料為中心

　　1937 年在中國現代史乃至臺灣地方歷史上都是個特殊的年份。在大陸，「七七事變」標誌著中國全面抗戰的爆發，中華民族與日本帝國主義的矛盾成為中國社會的主要矛盾，中華民族面臨生死存亡的危急關頭。在臺灣，隨著漢文漢字的全面禁止，日本殖民者掀起了旨在將臺灣人改造成為「畸形日本人」的皇民化運動狂潮。在此歷史背景下，一直為民族運動努力奮鬥的林獻堂，於該年離開故土臺灣踏上遠走他鄉的路途，其言行也出現了某些微妙的變化。如何分析和理解處於轉折時代的林獻堂？林獻堂本人的《灌園先生日記》為我們解讀其心路歷程提供了珍貴的第一手資料，本文即擬以此為基礎對上述問題略作探討，不妥之處，敬祈指正。

一、皇民化運動與 1937 年的林獻堂

　　1937 年在臺灣現代歷史上註定是不平常的。1936 年底預備役海軍大將小林躋造被任命為臺灣總督，因應臺灣在日本帝國主義南進政策中戰略地位的提高，總督職位在經歷了文官總督之後再度回到武官總督時代。小林也不失時機地提出了「皇民化、工業化、南進基地化」的三大政策目標，並于 1937 年伊始憑藉政權機器在全臺灣強力推行。與此同時，作為軍部法西斯勢力在臺灣的代表，臺灣軍在臺灣政壇的影響力與日俱增，尤其是荻洲立兵就任臺灣軍參謀長之後，進一步強化了對臺灣人民的高壓統治，並與在台日本人極右團體相配合，一面鎮壓臺灣的社會運動、鉗制臺灣人民的言論；另一面甚至干預臺灣的殖民地行政權力，為皇民化運動推波助瀾。禁止漢文漢字，合併島內各報紙雜誌，實施新聞管制和思想控制，就是臺灣軍幕後操作的結果。

　　「七七事變」爆發後，臺灣島內曾經出現諸多反對日本侵華戰爭、暗中支持祖國抗戰的聲音，一些臺灣人暗地裡傳播大陸消息，向警察派出所投遞反日匿名信，乃至有人回到祖國參加抗日戰爭。臺灣軍的秘密情報揭示：「事變爆發當時，一部分本島人中間由於民族的偏見，依然視支那為祖國，過分的相信支那的實力，受宣傳的迷惑，反國家的或反軍隊的言論和行動在各地流傳，民心動搖。」[1]為此，臺灣軍在「七七事變」後第五天就此「向島民發出重大警告」，7 月 14 日參謀長荻洲對臺灣人「非國民的言行再次發出警告」。[2]為了消弭臺灣人民對祖國的向心力，日本殖民者進一步強化了皇民化運動，其標誌性事件即是 9 月 10 日設立的國民精神動員本部，殖民當局於總督府設本部、下設州廳支部、市郡支會、街莊分會，在臺灣全島掀起所謂「精神總動員」的浪潮，著重點即在於「確立對時局的認識，強化國民意識」[3]，「進一步涵養堅忍不拔之精神，培養盡忠報國之意念」[4]。具體的實施措施則包括日語的強制普及、皇民思想的灌輸、日常生活的日本化和「奉仕」貢獻等等。[5]

　　在這樣一個被葉榮鐘稱為「暴風雨時代」的臺灣，作為島內本地資本富豪和民族運動指導者的林獻堂，此刻的情形又是怎樣的呢？《灌園先生日記》為我們留下了其每日生活的點點滴滴，由於日記是私人隱密物件，其中透露的言論，能夠較真實地反映出林獻堂在皇民化運動中的心路歷程和真實情感。以下略舉數例來看 1937 年的林獻堂：

　　1）昭和十二年（1937）新一月一日舊十一月十九日金曜日雨六十四度
　　……陸軍病院台中分院長窪田精四郎，穿其大尉正式服裝四時來訪。他甚同情餘受人誤解（按即指祖國事件—引者），注意三事：

[1]　十五年戰爭極密資料（第 19 集）：《臺灣島內情報、本島人的動向》，不二出版社，東京，1990 年版。參閱陳小沖：《「七七事變」與臺灣人》，《臺灣研究》1997 年第 4 期。
[2]　《臺灣年鑒》昭和 12 年版，第 132 頁。
[3]　島田昌勢：《臺灣國精運動的新開展》，《臺灣時報》昭和 14 年 9 月號。
[4]　《臺灣總督府事務成績提要》第四十三篇（昭和 12 年）第 186 頁。
[5]　參閱陳小沖：《1937—1945 年臺灣皇民化運動述論》，《臺灣研究集刊》1987 年第 4 期。

第一、要樹門松；第二、一新義塾當以國語為主，不宜與漢文並行；第三、莊役場書記當採用內地人。余備晚餐，以猶龍、戊己、成龍、金荃為陪，談論至八時廿分乃往五弟處。……[6]

1937 年的頭一天，也是日人的正月新年，皇民化的陰霾就籠罩到了林獻堂的府上。穿著日本陸軍軍服的窪田劈頭帶給林獻堂的就是約法三章：所謂樹門松（かどまつ）就是要求林家依照日本新年習俗在門口樹立松枝或松樹的裝飾，這是皇民化運動中日常生活日本化的一項重要內容，我們在新竹、高雄等州的皇民化實施方案均可見到，而據高雄州的調查統計，該事項已被廣泛推展開來[7]，此次林家看來也難以置身其外。一新義塾是林家為本族及霧峰地方子弟設置的書房性質的學校，義塾內既教授日語也教授漢文，是林獻堂為實現其不斷絕臺灣民族文化傳承的一片試驗田[8]，現在也被要求撤廢漢文專注於日語，皇民化運動的核心──強制普及日語在此得到具體的體現。至於莊役場要用內地人（日本人），不過是為在台日本人的利益著想，兼及監督林家在霧峰的勢力。三月十日，此人又一次來到林宅，追問元旦所述三事，且以帶威脅的口吻道：「臺灣人萬事須當日本化，不然若一旦有事則生命不能保。」[9]

2）昭和十二年（1937）　新一月十一日　舊十一月二十九日　日曜日陰六十一度
……三連、肇嘉三時來訪，三連述七八兩日荻洲參謀長喚《新民報》主筆林呈祿、專務羅萬俥逼其漢文廢刊。現時漢文欄減少三分之一，與三日刊相差不遠矣，而複出此壓逼，殊不解其用意何在，詢警務局之意見，據雲漢文廢刊與否，此後當慎重研究。……[10]

---

[6] 林獻堂：《灌園先生日記》（九），一九三七年，許雪姬等注解，中研院臺灣史研究所，臺北，2004 年版，第 1 頁。

[7] 《地方情報》，總督府臨時情報部《部報》第 15 號，昭和 13 年 2 月。

[8] 一新義塾前身為一新會的漢文研究會，後為獲得當局許可，不得不加上國語（日語），1933 年 5 月改名一新義塾而得批准設置。參閱周婉窈：《〈進步由教育幸福公家造〉──林獻堂與一新會》，《臺灣風物》五十六卷四期。

[9] 林獻堂：《灌園先生日記》（九），一九三七年，第 92 頁。

[10] 林獻堂：《灌園先生日記》（九），一九三七年，第 14 頁。

正如我們在上面談到的那樣，臺灣軍在臺灣皇民化運動中走在了最前端，廢止漢文漢字的矛頭直指臺灣本地的唯一報紙、臺灣民族運動的喉舌《臺灣新民報》，且由臺灣軍參謀長親自出馬「壓逼」其廢止漢文。面對軍部法西斯高壓政策，吳三連等人試圖聘用曾任職警察的日人石垣倉治為社長，以毒攻毒，未獲林獻堂同意，只得另覓途徑以圖周旋。此事的後續發展，在日記中有進一步的記載。四月一日日記中林氏記曰，《臺灣日日新報》等三家報紙即日起「漢文廢刊」，《臺灣新民報》先將漢文欄縮減為一面，六月一日起亦必須廢止漢文。[11]這一事件標誌著臺灣皇民化運動正式進入全島範圍廣泛推進的階段。

霧峰林家是台中地方的名門望族，經營諸多工商金融事業，財力雄厚；林獻堂更為一九一零年代中期以來臺灣民族運動的領導者和資金支持者。因此，對於日本殖民當局來說，皇民化運動倘若能夠得到林家的合作，其示範效果不可謂不著。臺灣軍司令官畑俊六在會見林獻堂時便稱：「君之一舉一動世人甚為注意，須加慎重」[12]。事實上，殖民當局的「壓逼」政策，也毫不掩飾的施加到了林家。二月二十三日台中州警務部長中平昌親訪林獻堂，雖對右翼份子勾結軍部壓制台人表示不認同，但也告誡林獻堂：「小林（躋造）總督以本島人為日本帝國之一部分，務使其至誠奉公，成為忠實之國民，此為小林總督統治之方針也。」[13]此外，監視和威脅屢屢降臨林獻堂一族，譬如日本警察以有人告發林氏族人私藏軍火為名將當事人予以拘留[14]，郡稅務機關對早已解散的林氏企業三五實業株式會社重新核查，複以酒後鬧事為由拘留了林松齡、林鶴年二人。[15]台中州台中警察署警部（行政主任）北川清則公然宣稱：「霧峰林家之人皆傲慢，巡查欲往會皆辭不見，此後不論何人，將以處置松、鶴之法而處置之云云。」[16]中平警務部長亦委他人警告林獻堂：「（右翼）

---

[11]林獻堂：《灌園先生日記》（九），一九三七年，第121頁。
[12]林獻堂：《灌園先生日記》（九），一九三七年，第146頁。
[13]林獻堂：《灌園先生日記》（九），一九三七年，第74頁。
[14]林獻堂：《灌園先生日記》（九），一九三七年，第65頁。
[15]林獻堂：《灌園先生日記》（九），一九三七年，第61頁。
[16]林獻堂：《灌園先生日記》（九），一九三七年，第71頁。

生產黨與警察結托，屢欲對霧峰林家生事，望各自重，萬一有事我亦無法節制之也。」[17]甚至有下述事情發生，四月二十七日，《大新京日報》臺灣支局長來訪，警察高等課特務松永竟事先要求林獻堂讓其「潛聽於隔室」[18]，如此舉動可謂聳人聽聞。

面對日本殖民統治者的高壓政策和惡劣的政治環境，林獻堂不得不作出離開臺灣避走日本的決定。然而，殖民當局的監視仍無處不在，1937年5月18日，林獻堂啟程赴日時，「高等特務澤野一策來，問余一行之人數及東京之住所」[19]。即便是在日本內地，「七七事變」爆發後的第五天，就有特務前來登門拜訪，第二天再次前來，其過程在林獻堂日記中有詳細的記載：

> 昭和十二年（1937）新七月十三日舊六月六日火曜日七十五度……阪木特務來，問余北支事變之感想。曰所知者僅由新聞報導而已，想不致起大戰爭。問以武力解決或以協定解決者，兩者何為宜。曰戰爭是出於萬不得已，若能協定當以協定為宜。問若日支開戰，滿洲人之怨恨日本者不知其將起內變乎。曰余未曾到滿洲，不知其情形，設使有怨恨日本者，亦無能為也。他又言北平、天津外國人之關係頗多，戰爭殊不容易。餘不對。繼以雜談數語，然後去。[20]

由此看來，就是躲避到了日本，也避不開警察的監視和政治騷擾。林獻堂作為臺灣士紳領袖和關乎殖民地社會穩定的指標性人物，不得不時刻面臨著殖民當局的「特殊關照」。「七七事變」因是與臺灣人的祖國—中國之間的戰爭，臺灣人的動態引起殖民者的高度重視，林獻堂就是其中的重點。九月二十五日又有特高警察來會，「問此回事變臺灣人怎樣。余（林氏）自五月來此，不知其情形。」[21]在這樣的政治氛圍下，林獻堂不免有如芒在背的感覺，於是當即作出反應，要求家人低調應對：

---

[17]林獻堂：《灌園先生日記》（九），一九三七年，第96頁。
[18]林獻堂：《灌園先生日記》（九），一九三七年，第156頁。
[19]林獻堂：《灌園先生日記》（九），一九三七年，第182頁。
[20]林獻堂：《灌園先生日記》（九），一九三七年，第241頁。
[21]林獻堂：《灌園先生日記》（九），一九三七年，第338頁。

修書與猶龍、雲龍，謂北支事變深望其圓滿解決，於未能解決之
時，集會言論須要十分謹慎。[22]

我們知道，日據時期臺灣的皇民化運動大致分為國民精神總動員
（1937—1940 年）和皇民奉公運動（1941—1945 年）兩個階段。在 1937
年的國民精神總動員運動階段，於廣泛開展普及日語、日常生活的日本
化等等活動的同時，將重點放在對臺灣人的精神動員方面，竭力引導臺
灣民眾樹立對所謂「支那事變」的「正確認識」，試圖扭轉臺灣民眾對
祖國抗戰的向心力。從 1937 年林獻堂在皇民化運動中的遭遇，我們清
楚的看到了皇民化運動在國民精神總動員階段的強制色彩和高壓措
施，以及軍部法西斯勢力在其中所充當的急先鋒角色。這一時期林獻堂
接收到的日人發出的明確資訊為：「島人（臺灣人）陽表忠順，而陰常
有非國民之言動，若一旦聞知，即為剪除。」[23]因而不能不事事小心謹
慎。作為臺灣本地士紳領袖的林獻堂尚且受到軍部和警察如此的監視、
威脅，普通臺灣民眾所遭受的皇民化壓力便更可想而知了。

二、民族主義與改良主義的交錯

日據時期的臺灣民族運動，自 1915 年臺灣同化會至 1936 年臺灣地
方自治聯盟解散，經歷了 20 餘年的歷程。林獻堂在此中發揮著重要的
作用，從與梁啟超討論臺灣前途命運到開展臺灣議會設置請願運動，再
到文化協會乃至民眾黨，林獻堂都是主要的領導者和有力的經濟支柱。
在行動上，無論是民族運動目標的確立，還是赴東京請願、與總督府的
交涉、贊助有為青年留學深造等等諸多方面，林獻堂均扮演著積極且關
鍵的角色。

民族主義是臺灣民族運動的主軸之一，數十年一以貫之的漢文保持
運動、開辦漢文學習班、輸入大陸報刊雜誌、組織讀報社、《臺灣民報》

---

[22]林獻堂：《灌園先生日記》（九），一九三七年，第 241 頁。
[23]林獻堂：《灌園先生日記》（九），一九三七年，第 311 頁。

刊登祖國作家作品、介紹大陸情況及文化協會的中華文化復興運動等等，在在體現了民族主義的精神。日本殖民者亦云：「本來漢民族經常誇耀他們有五千年傳統的民族文化，這種意識可以說是牢不可破的。臺灣人固然是屬於這漢民族的系統，改隸雖然過了四十餘年，但是現在還保持著以往的風俗習慣信仰，這種漢民族的意識似乎不易擺脫。」[24]林獻堂光復後在總結日據時期臺灣民族運動歷史時也明確指出：「臺胞在過去五十年中不斷向日本帝國主義鬥爭，壯烈犧牲，前赴後繼，所為何來？簡言之，為民族主義也，明乎此一切可不辯自明矣。」[25]

　　在皇民化運動狂熱推展的年代，臺灣的政治局勢詭異沉悶，稍有不滿之詞便會被軍部扣上「非國民」的大帽子，再加上右翼勢力的壓迫和威脅，民族主義的言論和行動不消說更是要冒極大的風險，生存空間十分艱難。林獻堂遭遇的「祖國事件」便是其中的一個典型事例。1936年 3 月，林獻堂參加臺灣新民報所組華南考察團，在上海接受華僑團體歡迎會時，發言稱林某「歸還祖國」等語，被臺灣軍部和右翼勢力大加撻伐，尤其是臺灣軍參謀長荻洲立兵更直接插手此事。據林獻堂秘書葉榮鐘回憶：「那時候的臺灣軍參謀長是荻洲少將，他是日本軍部的強硬份子，剛愎自用，傲慢不避，勾結日本浪人，干涉臺灣的政治，『祖國問題』完全由他一手興波作浪，故意找灌園先生的麻煩。」[26]6 月 17 日台中舉辦「始政紀念日」遊園活動時，軍部唆使右翼政黨大日本生產黨員買間善兵衛向林獻堂面遞《勸告文》，內容為：「一、即時辭退總督府評議員及其他一切公職。二、對在上海時自稱『歸回祖國』一事之失言，公開表示謝罪。三、今後不再參加一切有關政治文化社會等運動。」[27]然後揮手毆打林獻堂，此即轟動一時的所謂「祖國事件」。日本殖民者的目的在於借對林獻堂的施壓震懾臺灣士紳知識份子，以達殺一儆百的效

[24]王曉波編：《臺胞的殖民地傷痕》，帕米爾林書店，臺北，1985 年版，第 14 頁。

[25]林獻堂先生紀念集編纂委員會：《林獻堂先生紀念集—年譜追思錄》，海峽學術出版社，臺北，2005 年版，年譜，1946 年 8 月 9 日。

[26]林獻堂先生紀念集編纂委員會：《林獻堂先生紀念集—年譜追思錄》，海峽學術出版社，臺北，2005 年版，第 212 頁。

[27]楊肇嘉：《楊肇嘉回憶錄》，三民書局，臺北，1977 年版，第 313-314 頁。

果。事實也正是如此,「祖國事件」後,臺灣全島「風聲鶴唳,草木皆兵,一般知識份子惶惶不可終日」。[28]但反過來看,在當時惡劣的政治環境下,「祖國事件」中林獻堂「歸還祖國」的發言,絕不是所謂的一時「失言」,而是其潛藏於心中的祖國情懷的自然流露。林獻堂的祖國意識在不同場合均有所體現,如其於 1921 年櫟社創立二十周年創作刊行的詩作:「觀音山上白雲飛,潮打長堤帶夕輝,江海茫茫何處好,神州吾欲禦風歸。」就被黃純青稱為:「對於祖國神州孺慕之熱情,……溢露於字裡行間,足以激起讀者之愛國心。」[29]長期與林獻堂一同從事民族運動的蔡培火在談到林氏的人生觀和精神世界的時候說:「我所瞭解灌園先生之為人,其中心精神,堪稱唯一忠誠之民族主義者,在我眼中,灌園先生乃一標準之中國人,先生酷愛固有民族文化,其生活之方式及平時之嗜好,毫不時髦,不追求洋化與和化……」[30]

儘管處於警察和軍部法西斯的政治壓迫之下,林獻堂民族主義的一面仍維持不墜。首先是對臺灣軍參謀長荻洲立兵為推行皇民化運動強制廢止報紙漢文欄表現出強烈的不滿,他指出:「極力主張漢文廢刊者荻洲參謀長也,其理由謂日本精神之涵養。現在臺灣人大多數不能讀和文,欲涵養精神、灌輸文化非漢文不可,今一旦廢刊,置此輩而不顧,其倒行逆施之鹵莽如此是也。」[31]在法西斯勢力猖獗的 1937 年,即便是在私人日記中,敢於直斥臺灣軍參謀長荻洲「倒行逆施」的,恐怕只有林獻堂一人而已。其次,在日人登門要求禁漢文的時候,林家主辦的一新義塾依舊堅持教授漢文,直到 10 月方才被迫中止漢文教學。[32]他還十分關注祖國,對於日人輕蔑中國和漢民族的言論頗不以為然,10 月 26日的日記中記載:「(田川大吉郎)頗輕視漢民族,謂其與印度、朝鮮、

---

[28] 蔡培火等:《臺灣近代民族運動史》,學海出版社,臺北,1979 年版,第 448 頁。

[29] 林獻堂先生紀念集編纂委員會:《林獻堂先生紀念集—年譜追思錄》,海峽學術出版社,臺北,2005 年版,第 133 頁。

[30] 同上,第 9 頁。

[31] 林獻堂:《灌園先生日記》(九),一九三七年,第 121 頁。

[32] 林獻堂:《灌園先生日記》(九),一九三七年,第 125 頁。《日記》(十)、一九三八年,第 61 頁。

希臘同等，決無復興之日也。他所舉之例，言其不能擊沉出雲軍艦，又不能擊破陸戰隊之本部。余言民族之興衰不全在武力也。」[33]

「七七事變」的爆發對 1937 年的臺灣來說乃是影響波及全島的大事件，林獻堂雖身在日本，「七七事變」對其衝擊亦不言而喻。7 月 8 日林氏首次獲悉事變爆發的消息時，尚未意識到此次事變的嚴重性，所以在他的日記中，8、9、10 連續三天只有簡單扼要的記述。但是 11 日開始，林獻堂對「七七事變」的關注度直線升高，日記中連篇累牘的詳細轉述中國政府的相關應對措施，惟恐有所遺漏，這種對某一事項的強烈關注，在其日記別處記述中是少有的。如 11 日當日詳記了南京政府對日抗議及日本政府聲明內容。8 月 5 日更是將中國軍隊在華北、內蒙地區的部署狀況細細敘述，如若沙盤推演一般。7 月 22 日、8 月 16 日還兩次特意去觀看了「北支事變新聞」電影，試圖瞭解「七七事變」的真相。對於中國人民的抗日戰爭，林獻堂也隱晦的表達了自己的態度，如 7 月 21 日的日記中不惜筆墨抄錄了《東京朝日新聞》報載之洋洋 600 餘字的中國政府宣言，其中有「我等非求戰，惟有應戰之決意，中國之抗戰準備者，為中國生存不可欠之條件也。」等語，他並就此評論道：「若中國不得和平之要求，全國不問南支、北支，亦不問老幼，從政府之指導下一致團結。」[34]其傾向性於此或可見一斑。又如 7 月 23 日還稱：「支那空軍總數約千二百台，由米、佛、意購入之優秀機，配置於各重要之處，其空軍之勢力實為不可侮。」[35]顯然對祖國抗戰實力還是抱有一定信心的。

不過我們發現，同為林獻堂，在表現出民族主義的同時，卻也顯現出改良主義的另一面，席捲臺灣全島的皇民化運動狂潮亦不可避免的滲透到林獻堂的社會政治生活中來。如 1937 年 2 月 10 日為中國傳統的除夕，林家依舊拜祖先、圍爐、分壓歲錢。但是第二天，林家的一新義塾卻又舉行了日式的紀元節祝賀式，林獻堂亦參與其中，「先唱國歌」，「末

---

[33] 林獻堂：《灌園先生日記》（九），一九三七年，第 365 頁。
[34] 林獻堂：《灌園先生日記》（九），一九三七年，第 253-254 頁。
[35] 林獻堂：《灌園先生日記》（九），一九三七年，第 256 頁。

唱紀元節歌」[36]，這裡的國歌當然是日本國歌，紀元節歌是總督府編纂的一年級用《公學校唱歌》，為日式修身內容。中國傳統文化與日本教育模式，在此悄無聲息的融合進了林獻堂的生活方式裡頭。同年 4 月29 日，「一新義塾舉行天長節祝賀式，出席者余（林氏——引者）與猶龍、啟東、月珠及伊若、里安兩教師，女學生五十餘名、男學生二名，一同敬禮，皇居遙拜、國歌合唱。猶龍為塾長代理，致祝辭，伊若說明天長節之意義以表祝賀。九時三十分閉式。」[37]紀元節是紀念古日本大和王朝的建立，天長節是恭賀日本天皇誕辰的節日，二者均居日本祝祭日四大節之列，舉辦紀元節、天長節祭，一定程度上說明即便是林獻堂也部分地默認了日本文化的介入。至於向天皇居住的皇宮方向遙拜致敬及合唱日本國歌，則正是皇民化運動的重要內容之一，一新義塾同樣不得不進行這種皇民化儀式。另外，殖民當局配合日本帝國主義對外侵略戰爭實施的所謂的「國防獻金」活動也是林家被動應付的一個事項。3月 8 日林獻堂在自宅招待日軍第十四飛行聯隊將校時，就不得不虛與委蛇，稱：「本島為日本帝國領土之一部分，本島人民亦是帝國人民之一部分，對於國防當盡其義務以表報答之熱忱，自不待言，然欲盡此義務，其道由，如蒙不棄，時為指導，我霧峰一族幸甚。」[38]3 月 29 日林獻堂赴憲兵隊提出「獻金」方案。這一時期的林獻堂甚至不自覺的將日本作為自己的「國家」來看待，請看其日記的記載：

> 昭和十二年（1937）舊十二月十八日土曜日晴六十二度
> 宇垣大將組閣，因軍部之反對遂致流產，昨日午前拜辭大命，午後十一時大命再降下，林銑十郎大將軍，人素主忠君，此回之反對宇垣，未免有大權侵犯，國家或從此多事矣。[39]

毫無疑問，這裡的「國家」不是別的，就是日本。換句話說，1937年的林獻堂內心世界是不是已經接受了日本這個「國家」對臺灣的統治

---

[36] 林獻堂：《灌園先生日記》（九），一九三七年，第 56-57 頁。
[37] 林獻堂：《灌園先生日記》（九），一九三七年，第 159 頁。
[38] 林獻堂：《灌園先生日記》（九），一九三七年，第 89 頁。
[39] 林獻堂：《灌園先生日記》（九），一九三七年，第 42 頁。

現實？頗值得玩味。乍一看，這樣的事實與前面揭示的作為民族主義者的林獻堂似乎是不相容的，但我們認為二者之間並不衝突。民族主義體現的是林獻堂的民族性，即作為漢民族一份子的林獻堂的祖國意識和民族認同，是對有著數千年文明史的傳統中國的文化眷戀。而後者則是林獻堂面對割台後數十年日本殖民統治這一政治現實的無奈，從而導致其在國家認同問題上出現一定程度的迷茫或異化。在這裡，祖國中國、漢民族或中華民族等等代表的是文化的、民族主義者的林獻堂，日本、「國家（日本）」等等代表的是殖民地屬民和改良主義者的林獻堂。如此看似矛盾的事項並存于林獻堂這一統一體中，所代表的其實正是殖民地下多數臺灣士紳知識份子的生存實態。葉榮鐘在談到當時臺灣人苦悶心情的時候這麼說過：「國人（大陸人民）對於日人，壁壘分明，同仇敵愾，精神上並無苦悶。但臺胞則身心相克，清理矛盾。包羞忍辱，草間偷活的心情，和裝聾作癡，委曲求全的苦衷，若非身歷其境的人，不容易體會得到。」[40]平心而論，林獻堂在社會政治生活中表現出來的改良主義者的一面，既有其身為大地主資本家階級的鬥爭軟弱性的原因，亦有在臺灣皇民化運動大的政治環境下被動作出的忍耐與妥協因素。蔡培火的一段話很能代表世人之所以對林獻堂產生景仰的緣由，他說：「灌園先生是臺灣中部之巨富望族，倘渠能守己安分，順服日政府治台方針，相信比一般御用派更能獲日政府之寵遇，而享其更安樂之生活，先生竟不出此，而在四面楚歌之中，勇往直前，為人所不敢為……」[41]林獻堂畢竟不是一位革命者，即便是有改良主義的因素，似乎也不必苛責於他。

三、學習日語的林獻堂

　　林獻堂作為臺灣近現代史上民族運動的領導者，從組建臺灣同化會

---

[40]葉榮鐘：《一段暴風雨時期的記錄》，收入《臺灣人物群像》，時報文化出版社，臺北，1994年版，第 382 頁。

[41]林獻堂先生紀念集編纂委員會：《林獻堂先生紀念集—年譜追思錄》，海峽學術出版社，臺北，2005 年版，第 6 頁。

開創日據時期非暴力政治抵抗運動新局，到為設立臺灣地方議會而奔波請願，再到文化協會時期登高疾呼保持臺灣人的漢文化傳承，為反抗日本在臺灣的殖民專制統治奉獻了心力。在人們的心目中，林獻堂的形象開始被一定程度的固化，在評價林獻堂的時候，肯定和讚美的言辭較多。然而人物往往是多面和複雜的，身為殖民統治下被壓迫民族的一份子，在殖民者高壓與籠絡兩手政策交互影響、尤其是皇民化運動期間法西斯強制同化狂潮衝擊下，為了自身的生存和權益作出某種改變或因應，恐怕有時也是不自覺或不得已的一個選擇。接下來我們就從語言問題入手來看林獻堂的另一側面。

如所周知，日本殖民者在台五十年的殖民統治中，實施的是以灌輸大日本文化和日語普及為主軸的同化政策，從芝山岩「國語傳習所」開始，到之後的學校教育和社會教育中，日語普及均為殖民當局同化政策的核心內容。總督府民政長官後藤新平稱：「臺灣教育始終不渝之目的為國語（日語）普及」，「以普及國語（日語）作為臺灣教育之根本，理由如下：第一，作為溝通用語；第二，作為發展文化必備之工具；第三，作為同化之必要手段。」[42]日語普及在臺灣殖民統治中既然有著如此重大的意義，總督府自然不遺餘力的予以推行。在初等教育，80%左右的課程與日語或日式修身課相關，在社會教育方面，則以青年團、國語普及會、夜學會等團體為基礎加強日語普及教育。據官方統計，全島的日語普及率 1937 年為 37.8%，1944 年則增至 71%。[43]姑且不論此中日語普及的實際效果怎樣，這些資料至少說明了當時數量不少的臺灣民眾是不能不學習日語的。

那麼，林獻堂的狀況又是如何呢？

有關林獻堂在語言方面的作為和主張，一直以來影響最大、被引用最多的是林忠的一段話，現摘引如下：

在日據時代，日人當局在臺灣曾極力提倡皇民化運動，不但要臺

[42] 井出季和太：《南進臺灣史考》，誠美書閣，東京，昭和 18 年版，第 122 頁。

[43] 陳小沖：《日本殖民統治臺灣五十年史》，社科文獻出版社，2005 年版，第 274 頁。

胞改姓名，且強迫臺胞學日語，但是，在日本統治五十年期間，獻老一直沒有改過姓名，也從來沒有學過日語，無論在任何場合，就是與日人首長講話，也從不講日語，而由人翻譯；直至最近幾年幾乎居住在日本，雖然諸多不便，也照舊不學日語。反過來，臺灣光復後，臺胞到處開會歡迎政府首長及軍隊，因為語言不便，學習國語的風氣非常流行，一般民眾，都利用廣播收音機學習，獻老卻是最熱心的一個。他熱心的程度，實在出乎一般人意料之外，晚上在收音機播送學國語時間，如遇有客人去拜訪獻老時，他一定很客氣的對客人說，請你等候二十分鐘，我聽過國語教學後，再來奉陪。獻老那時年已六十餘歲，就一般人來說，學習語言，已經感到相當困難，但因為獻老勤於學習，不久就學會了；與政府官員談話時，不但不象日據時代，要經過他人翻譯，而且他很樂意地直接用國語來談話。由此可以明白獻老是如何地愛護祖國的文化。[44]

　　從林忠的本意看，大致是試圖通過日據與光復兩個時代的比較，以林獻堂在語言問題上鮮明反差的態度來展示其反日愛國的祖國情懷及對中華文化的堅持。光復後林獻堂積極組織團體迎接祖國接收臺灣、努力學習漢語的事實已為眾所周知，那一時刻以林獻堂為代表的臺灣民眾心底深處迸發出來的愛國熱情迄今猶在眼前。然而，日據時代的林獻堂究竟是如何對待日語的呢？筆者早期的論述中也曾受到上引資料的影響，認為林獻堂終生不學日語。[45]不過隨著近年來新刊史料、特別是《灌園先生日記》的出版發行，使得支持此一論斷的基礎開始發生動搖。以下我們結合本文所涉時代，僅就 1937 年林獻堂在日記中記錄的有關學習日語資料略作摘引：

1）1937 年 1 月 17 日
一月二日起複習宇井英著之《國語教本》，蓋為準備五月往東京

[44] 林獻堂先生紀念集編纂委員會：《林獻堂先生紀念集—年譜追思錄》，海峽學術出版社，臺北，2005 年版，第 161 頁。
[45] 陳小沖：《1937-1945 年臺灣皇民化運動述論》，《臺灣研究集刊》1987 年第 4 期。

也。昨日讀三十七課至四十課，今日讀四十一課至四十四課。[46]

2）1937 年 3 月 25 日

《國語教本》第二篇三十八課，自二月二十日起至本日讀完。[47]

3）1937 年 8 月 24 日

子七月一日起皆有擇譯新聞上重要記事，然餘和文之力量不充分，翻譯頗為費事，於本日起欲用此時間以研究國語。[48]

4）1937 年 8 月 31 日

《國語教本》第一篇第七十四課，由十八日起荒木秋子教餘，每日讀讀，至本日第一篇完了。[49]

5）1937 年 10 月 1 日

《國語教本》第二篇本日讀完，因頭腦不佳，多不能記，頗以為憾。[50]

6）1937 年 10 月 2 日

國語教本第三篇本日讀起。[51]

7）1937 年 10 月 16 日

荒木秋子教余讀《國語教本》至第三篇十八課〈胃ノ腑ノ說諭〉，尚餘七課，預定本月完了。[52]

8）1937 年 10 月 27 日

《國語教本》第三篇本日讀完，余之記憶力不佳，雖多讀亦不能自由談話。[53]

9）1938 年 1 月 21 日

《國語教本》自去年一月二日讀至五月十五日，第一篇、第二篇、第三篇完了，六月起至十月末日複習一遍，並讀書翰文十六課，十一月一日起至昨日第一篇再複習一遍，自本日起至四月末日，語法篇、會話篇、說話篇全數複習。余本善忘，雖有如是之勉強，

[46] 林獻堂：《灌園先生日記》（九），一九三七年，第 20 頁。
[47] 林獻堂：《灌園先生日記》（九），一九三七年，第 113 頁。
[48] 林獻堂：《灌園先生日記》（九），一九三七年，第 310 頁。
[49] 林獻堂：《灌園先生日記》（九），一九三七年，第 316 頁。
[50] 林獻堂：《灌園先生日記》（九），一九三七年，第 343 頁。
[51] 林獻堂：《灌園先生日記》（九），一九三七年，第 344 頁。
[52] 林獻堂：《灌園先生日記》（九），一九三七年，第 358 頁。
[53] 林獻堂：《灌園先生日記》（九），一九三七年，第 366 頁。

　　所得恐亦無多。

　　通過以上摘錄的林獻堂學習日語記錄，我們已經不必再費口舌去討論林獻堂在日據時期是不是有學日語的問題了，林忠所言林氏「從來沒有學過日語」顯然不是事實。對於在日本殖民統治時代學習日語的臺灣人，我們曾經做過這樣的評述：「就絕大多數普通臺灣民眾來說，他們一方面追隨民族主義者研習漢文，自願參加各類講習班、研究會，閱讀漢文報紙書籍；另一方面在日語普及運動的影響下，又不能不參與學習日語，尤其是日據後出生、成長的青少年一代，日語關係到他們的入學、升學、求職、升遷乃至事業經營、人際應酬等等切身利害，且身處殖民統治機器的高壓下，因此要完全排斥日文是不可能的。何況日語還是他們獲取新知識，睜眼看世界的途徑，在民族性不迷失的前提下，于閩南語、漢文之外多一種語言技能，也許並不是什麼壞事。日據時期初等教育的普及，使得接受日語教育的民眾數量逐年上升，儘管在熟練程度上不盡如人意，畢竟日語作為法定的官方語言，是臺灣人生存所必需的基本條件，在殖民統治的特殊歷史環境和統治機器的高壓下，臺灣人被動地掌握了日語，這絲毫不代表他們在思想上也認同了日本，相反，祖國在他們的心目中始終佔據著主要的位置。」[54]林獻堂的例子恰恰從個案的角度證實了這一觀點。學習日語對他來說只不過是一種需要，從上引日記中我們看到：因為要去日本居留一段時間了，所以需要複習日語；「七七事變」爆發後，為了及時瞭解抗戰中的祖國，翻閱「和文」報紙雜誌，所以需要學習日語；他還時常對自己因年事已高，記憶力不佳，不能用日語會話而感到懊惱……。在這裡，我們看不到有什麼政治的壓力或經濟利益的驅動，也與日本殖民當局推動的日語普及政策無關，林獻堂學習日語過程其實很單純的就是為了掌握一門實用的語言技能。學習日語也不可避免地在林獻堂的文字書寫中留下了若干印記，上述日記中就有「雖有如是之勉強」一語，其中「勉強」一詞便是日語「勉強（べんきょう）」，意為學習；又如 1938 年 2 月 6 日記曰：「陳清芬（汾）欲

---

[54]陳小沖：《日本殖民統治臺灣五十年史》，社科文獻出版社，2005 年版，第 315-316 頁。

為介紹須田秘書官，先以電話打合，適其將出，遂作罷。」[55]這裡的「打合」也是日語的「打ち合わせ（うちあわせ）」，意為商議、碰頭；7日再記：「楊紹勳三時來謂大成會社囑其九日往，因是日學校試驗不能住」[56]，句中「試驗」亦為日語「試驗（しけん）」，意為考試。換句話說，日語的影響已經開始潛移默化的滲透到林獻堂的日常生活和文字表達中了。坦率地說，這似乎也沒有什麼可大驚小怪的，學習日語改變不了林獻堂的文中華化傳承脈絡，日語甚至無法超越他對臺灣話（閩南話）的感情和執著，張文環在回憶錄中曾記述了這麼一段親身經歷：

> 先生又時常教我要說流利的臺灣話，那就是不摻雜日本話的臺灣話，當時除私談以外，幾乎不用臺灣話，所以像我的年紀的人，就說不出流利的臺灣話來。
> 一天晚上，先生和我被邀去霧峰戲院演講，演講的時候，照例應由地位較高的辯士依次上臺的，然而一到戲院，先生對我說：「你先講，看你講得怎樣，儘量講，練習練習，你若講得好，多講無妨，你若無興趣，我就多講一點，不過要緊的是用臺灣話，不可摻雜日本話！」但我說：「先生！我先講不好意思吧！」
> 「不是不好意思不好意思，我要聽你講話，要給你練習，若是我先講，才沒有意思呢。」
> 先生誘掖後輩訓練後輩的心情，可謂又深又切。[57]

顯而易見，對於林獻堂來說，漢文、臺灣話、日語，三種語言文字各有不同的地位，漢文是他的母語，臺灣話是他的家鄉話，日語則不過是與日人和在日本殖民統治下社會交往不得不使用的一門語言工具。作為一位有著濃烈民族情懷及對中華文化深度眷戀的民族主義者，同時也面對現實學習實用語言，哪怕這是殖民者帶來的語言，恐怕這才是歷史上真實和多面的林獻堂吧。

[55] 林獻堂：《灌園先生日記》（十），一九三八年，第40頁。
[56] 林獻堂：《灌園先生日記》（十），一九三八年，第41頁。
[57] 林獻堂先生紀念集編纂委員會：《林獻堂先生紀念集—年譜追思錄》，海峽學術出版社，臺北，2005年版，第183-184頁。

　　1937 年是日據時期臺灣地方史上劃時代的年份，而皇民化運動所帶來的政治高壓、同化浪潮和人格扭曲，則更是給臺灣社會肌體烙下深深的傷痕。即便如民族運動指導者的林獻堂，也不得不面對現實作出選擇性因應，譬如學習日語等等，從而為我們展示了其作為那個時代臺灣代表人物的多維立體人生。

試論日據時期的臺籍日本兵——皇民化運動負面影響之再探討

在第二次世界大戰期間，受殖民宗主國日本帝國主義戰爭機器的脅迫，一部分臺灣人作為台籍日本兵被強征進入日本軍隊，充當了侵略戰爭的炮灰。近些年來，隨著中村輝夫事件及賠償訴訟的進行，台籍日本兵問題日益引起人們的關注，其與「二二八事件」的關係更是爭議的焦點。皇民化運動給臺灣社會帶來了什麼樣的影響？臺灣人是怎樣被編入日本軍隊的？名為「志願兵」的臺灣人果真是志願的嗎？台籍日本兵在「二二八事件」中究竟扮演了一個什麼樣的角色？本文試圖就這些問題做一粗略的分析，以就正于方家。

皇民化運動與台籍日本兵的出籠

1936 年，日本帝國主義蓄謀發動全面侵華戰爭，在國內窮兵黷武的同時，對殖民地臺灣也提出了皇民化、工業化和南進基地化三大政策，以圖將臺灣建設成為日本的模範殖民地、對南方侵略擴張的戰略據點。1937 年「七七事變」後，為了防範同為漢民族的臺灣人民同情支持祖國抗戰，日本殖民者強化了皇民化運動，大肆進行皇民思想灌輸和忠君（天皇）愛國（日本）觀念的培養，其中心目標就是消彌臺灣的中華文化，以畸形的日本法西斯文化取而代之，最終將臺灣人改造成為日本天皇的「忠良臣民」。[1]

除了思想文化上的強制同化外，日本殖民開展的皇民化運動，隱含其中的還有更深一層用意，這就是盡一切可能利用殖民地的人力、物力和財力為侵略戰爭服務，譬如物力上充分運用臺灣廉價的電力結合南方圈的資源開展維持臺灣獨立生存和戰力的軍事工業化，財力上，開展所謂的「金報國運動」、「儲蓄報國運動」，開徵名目繁多的各類戰爭稅，

---

[1] 參閱拙作：《日本殖民統治臺灣五十年史》，社會科學文獻出版社，2005 年版，第 269 頁。

發行戰時國債等。而人力上的榨取，主要就是將臺灣人綁架在帝國主義的戰爭機器上充當炮灰，以彌補日本國內日益枯竭的人力資源，其標誌便是台籍日本兵的出現。

台籍日本兵的概念有廣義和狹義之分，狹義上就是指直接從事作戰和戰爭一線的相關人員，廣義上則是指包括後勤部門和其他輔助人員在內的與戰爭相關者，他們均接受軍方的指揮，而狹義與廣義兩者之間實際上亦非不可逾越，因為戰爭中前方與後方常常是交錯混淆的。本文所指的台籍日本兵，就是廣義的概念。[2]

「七七事變」後，為因應侵華戰爭的需要，臺灣總督府開始徵召臺灣人赴大陸，或協助佔領當局維持治安，或從事生產，或展開後勤工作。廣義上的台籍日本兵應該從這時開始出現。當時總督府徵集了所謂「臺灣農業義勇團」派遣到上海、南京等地，後又組織了「臺灣農業指導挺身團」、「臺灣特設農業團」、「臺灣特設勤勞團」等等，前往各個戰地。派遣的地區從大陸逐漸擴展到東南亞各地。從事的工作包羅萬象，軍事工程而外，還有運輸、建設、農業、公用事業，等等。

至於徵募方法，依軍部的要求，由臺灣總督府訂定資格和條件進行選拔。譬如在選擇勞務奉公團的時候，條件是 20—30 歲健康男性，日語基礎較佳，奉公精神良好，適合勞務活動者。在具體動員方面，先分配一定數額給各地，由地方官廳廣為宣傳，招募志願者；若人數不敷所需，再調查年滿 20 的男性，按地址挨門逐戶的去「拜訪」、「鼓勵」，將有意者名單送審後，通過考核，發給一張「紅單」（即召集令），算是正式成為了所謂台籍日本兵的一員。這裡的所謂「拜訪」、「鼓勵」，其實是假借其名進行軟性施壓，這些地方行政官吏和警察大人的「希望」話語，往往有更多的弦外之音，不依從的話，「在殖民威權的統治下，其後果可能不是一般人民所願意見到的。」[3]

台籍日本兵作為正規的作戰人員，始於陸軍特別志願兵的徵召。

2　湯熙勇、陳怡如編著：《臺北市台籍日本兵查訪專輯》，臺北市文獻委員會，2001 年，第 2 頁。

3　同上，第 21 頁。

1938 年 2 月 1 日，陸軍志願兵制度令正式頒佈，同為日本殖民地的朝鮮比臺灣先行一步實施，至於臺灣緩行的原因，日本陸軍省軍務局的官員直截了當的說：「（特別志願兵制）避免對臺灣同胞適用，是因為現在正處在與其舊祖國——中國事變之下」，字裡行間流露出對臺灣人民祖國意識的警惕和極大的不信任感。[4] 但是，這種殖民圈內部的差別對待，顯然不能讓現地的臺灣總督府當局滿意，小林躋造總督早在志願兵制醞釀的時候就對寺內壽一陸軍大臣要求：「余鑒於臺灣的地理位置及其使命，須使島民分擔國防上的重要責任。」謀求將志願兵制導入臺灣。[5]

　　隨著臺灣軍南進侵略緊張準備中，軍部有關在臺灣實施陸軍特別志願兵制的呼聲又開始高漲起來。日本陸軍大臣畑俊六在貴族院預算委員會中表示，正慎重考慮將不適合在中國戰場上使用的臺灣人投放到南方（即東南亞及南太平洋島嶼）戰線，直至 1941 年五、六月間，經過東條英機、杉山元和山田乙三的共同策劃，決定以極秘的方式，暫不對外公佈，在臺灣實施陸軍特別志願兵制。因此，從志願兵制在台施行的曲折過程來看，日本殖民者對佔領並推行同化政策四十餘年的臺灣人民仍然抱持著相當的戒備和疑慮，特別在是對華戰爭陷於泥沼的時候，對於同為漢民族的臺灣人之人心向背，日本殖民者無法把握，更不敢掉以輕心。

　　在陸軍特別志願兵制取得一定經驗的基礎上，1943 年 5 月 11 日，海軍特別志願兵令頒佈，同時在朝鮮和臺灣實施。兵種有水兵、整備兵、機械兵、工作兵、衛生兵、主計兵等。1943 年 9 月，日本陸軍大臣、內務大臣提請內閣審議在臺灣施行徵兵制，理由是臺灣處在日本與南方交通聯繫的中樞，太平洋戰爭爆發後，已經是戰爭的第一線了，就地獲取兵員是最合適的舉措。[6] 1944 年 9 月 1 日，臺灣正式實施徵兵制。從陸軍特別志願兵、海軍特別志願兵直到徵兵，短短的幾年間，日本殖民

---

[4]　近藤正己：《總力戰與臺灣——日本殖民地崩壞之研究》，刀水書房，東京，1996 年版，第 44 頁。

[5]　同上，第 40-41 頁。

[6]　同上，第 54 頁。

便將臺灣人民徵召入伍充當侵略戰爭炮灰的計畫迅速付諸實施。陸軍特別志願兵施行後，臺灣總督府在島內配套設立了陸軍特別志願兵訓練所，當年就有 1000 人進入訓練所訓練，其中半數畢業後即編入現役，半數作為補充兵編入兵籍；1943 年訓練者為 1000 人，1944 年為 2200人。原住民在 1943 年也被納入陸軍特別志願兵內，戰時被以高砂義勇隊等名義徵用者達到 5000 餘人。同樣，總督府也設立了海軍特別志願者訓練所，第一期生為 1000 人，第二期生為 2000 人，至 1944 年 7 月止，被編入海軍特別志願兵的臺灣人計有 11000 餘人之多。徵兵制實施後，1945 年 1 月進行的徵兵檢查，受檢者 45726 人，甲等 4647 人，一乙 18033 人，大部分均編入現役。[7]另據戰後日本厚生省的統計，戰爭時期臺灣出身軍人數為 80433 人，軍屬(含軍夫)126750 人，合計 207183人，其中死亡 30304 人。[8]

　　徵召臺灣人加入日本帝國軍隊的行列，既是榨取臺灣人力資源以為軍國主義侵略戰爭服務的需要，同時也是一場在皇民化運動中進一步強化對臺灣人民的同化或日本化改造的政治運動，因為軍隊作為紀律部隊的特點，決定了身處其間的人們更容易以一種絕對服從的心態來接受來自組織上的思想灌輸，皇民化運動對他們的洗腦作用，相較於社會人而言無疑要顯著得多。日本殖民者十分看重這一點，小林躋造總督就說過：「(臺灣)島民分擔著國防重責，首先需使其徹底實踐日本精神」，「要讓他們在可稱為日本精神熔爐的我軍隊中接受（皇民）之煉成」。[9]日本陸軍省也聲稱：所謂的徵兵制，實際上也就是臺灣「皇民化運動之一環」。[10]殖民當局編寫的所謂臺灣農業義勇團隊歌鼓吹：「鍛煉再鍛煉日本精神，鍛煉玲瓏的日本精神」，軍夫之歌更是呼喊：「紅色彩帶，榮譽軍夫，多麼興奮，日本男兒；獻予天皇，我的生命，為著國家，不會憐

---

[7]　臺灣總督府：《臺灣統治概要》，南天書局，臺北，1997 年複刻本，第 73 頁。

[8]　參閱周婉窈：《海行兮的年代──日本殖民統治末期臺灣史論集》，允晨文化事業股份有限公司，臺北，2003 年版，第 141 頁。

[9]　近藤正己，上揭書，第 41 頁。

[10]同上，第 52 頁。

惜。」[11]換句話說，日本殖民者在徵召臺灣人進入日本軍隊問題上達成了一石二鳥的目標，一方面迫使臺灣人走向前線充當日本軍國主義對外侵略戰爭的炮灰，另一方面，又通過法西斯軍隊的效忠教育和皇民化運動，力圖使臺灣人從心靈深處發生改變，加速將其塑造成為畸形的日本人。

日據時期台籍日本兵的演變軌跡，大致可列表如下：

台籍日本兵名稱	分派地點	內容	募集時間	備註
軍夫	大陸	搬運及運輸彈藥、糧食等	1937 年 9 月起	後被稱為「白欅團」
臺灣農業義勇團 1）軍農夫	大陸	栽培蔬菜供軍隊使用	1938 年 4 月起	軍農夫為軍夫
2）農業指導員	大陸	教導農業栽培等工作	1939 年 2 月起	視為軍屬
臺灣特設勞務奉公團	東南亞等地	從事與軍務有關之建設及糧食生產工作	1941 年 10 月起	視為軍夫
臺灣特設勤勞團	東南亞等地	從事與軍務有關之建設及糧食生產工作	1943 年起	視為軍夫
臺灣特設農業團	東南亞等地	從事與軍務有關之建設及糧食生產工作	1943 年 5 月起	視為軍夫
海軍通辦、陸軍通譯	大陸及東南亞各地	戰地翻譯工作	1937 年 7 月起	視為軍屬
警察隊、巡查補、警部（補）	大陸及東南亞各地	維持佔領區治安、收集情報及宣傳等。	1937 年 11 月起	視為軍屬
護士	大陸及東南亞各地	照顧傷病員	1942 年起	接受簡單培訓，視為軍屬
護士助手	大陸及東南亞各地	協助照顧傷病員	1942 年起	視為軍屬

---

[11]湯熙勇等，上揭書，第 23、24 頁。

台灣少年工	日本	協助生產軍用飛機	1942 年起	視為軍屬
高砂義勇隊	東南亞及太平洋島嶼	擔任斥堠、警戒、特勤、彈藥運輸、軍事爆破等工作	1942 年 3 月起	視為軍屬
陸軍特別志願兵	東南亞地區為主		1942 年 4 月起	
海軍特別志願兵	東南亞地區為主		1943 年 8 月起	
台灣少年兵	日本		1938 年起	分為飛行、坦克、野炮、高射等

資料來源：湯熙勇、陳怡如編著：《臺北市台籍日本兵查訪專輯》，臺北市文獻委員會，2001 年，第 23-24 頁。

台籍日本兵之複雜背景分析

　　戰後一般人的心目中，台籍日本兵被很自然的與皇民化運動聯繫起來思考，認為應該是屬於較受皇民化思想影響的一批人。日據末期臺灣也出現過遍及全島的所謂「志願從軍」浪潮，不少地方還有所謂血書現象的存在。我們認為，在皇民化運動的強大壓力和法西斯主義鼓惑下，確有極小一小部分的臺灣人心理遭受扭曲，迷失在日本軍國主義者所鼓吹的「解放白人殖民地聖戰」和「建立大東亞共榮圈」的喧囂之中，志願參加了日本軍隊，但絕大多數臺灣人還是處於一種非志願的狀態下，被迫或無奈的加入其中。也就是說，他們是被日本殖民當局和軍部法西斯綁架在戰車上的。

　　一個時期以來，有關台籍日本兵的資料逐漸浮現，隨著台籍日本兵向日本政府爭取賠償運動的興起，臺灣島內原台籍日本兵相關歷史資料的整理挖掘工作廣泛開展起來。目前為止，我們接觸到的主要資料有：中研院臺灣史研究所（籌）周婉窈主編的《台籍日本兵座談會記錄並相

關資料》[12]、蔡惠玉編著的《走過兩個時代的人——台籍日本兵》[13];「國史館」臺灣文獻館出版的《烽火歲月——臺灣人的戰時經驗》[14]、《前進婆羅洲——台籍戰俘監視員》[15];以及各地方文獻委員會或文化中心進行的資料採集,譬如臺北市文獻委員會委託湯熙勇、陳怡如編輯的《臺北市台籍日本兵查訪專輯》[16]、宜蘭縣立文化中心組織的耆老座談記錄《日治下的軍事與教育》[17],等等。這些口述史料收集了原台籍日本兵的回憶錄和回顧談話,以當事人的親身經歷,為人們展示了戰時臺灣社會活生生的歷史場面,也使得我們得以借此重建那個年代台籍日本兵的真實歷史,以下就是依據該等史料所進行的初步分析。

在台籍日本兵的入隊動機上,不同地方、不同個體其參加日本兵的動機或原因各有不同,綜合大量史料,我們可將其大致歸納為以下幾個方面:

其一,迫於無奈而參加。花蓮的黃文隨稱,他在擔任教師期間,常受民族歧視,日本人校長還辱罵其為「清國奴」,因此「心裡早就覺得不平」。特高警察也認定他思想有問題,日本人告訴他升遷是別想的了,還不如當兵去。他說:萬般無奈下,「我想,反正遲早得去當兵,不如早點去,『早去早超生』,不會那麼辛苦。」[18]新竹的賴興煬說,皇民化運動時期,成天是無報酬的義務「奉仕」勞動,還要去青年團接受訓練,日本殖民當局發給每個人一張志願兵報名單,要求前去參加,「由於我已屆役齡,早晚都得去當兵,於是便在昭和 19 年(1944)年 3、4 月時再次報名志願兵。」「雖然覺得無奈,但也無法逃避」[19]。台南的何怡涵

[12]周婉窈主編:《台籍日本兵座談會記錄並相關資料》,中研院臺灣史研究所籌備處,臺北,1997 年版。

[13]蔡惠玉編著、吳玲青整理:《走過兩個時代的人——台籍日本兵》,中研院臺灣史研究所籌備處,臺北,1997 年版。

[14]「國史館」臺灣文獻館:《烽火歲月——臺灣人的戰時經驗》,臺北,2005 年版。

[15]「國史館」臺灣文獻館:《前進婆羅洲——台籍戰俘監視員》,臺北,2005 年版。

[16]湯熙勇、陳怡如編著:《臺北市台籍日本兵查訪專輯》,臺北市文獻會,臺北,2001 年版。

[17]宜蘭縣立文化中心:《日治下的軍事與教育》,宜蘭文獻叢刊第九種,宜蘭,1996 年版。

[18]蔡惠玉編著、吳玲青整理:《走過兩個時代的人——台籍日本兵》,中研院臺灣史研究所籌備處,臺北,1997 年版,第 125 頁。

[19]同上,第 155、156 頁。

說：自己在親眼目睹日本戰機被美國空軍擊落的場面後，「想到這和日本人宣傳皇軍百戰百勝的口號不符，心裡不由得產生了危機感」，「我在戰局已至窮途末路時才被徵兵，沒有任何選擇，只能認命，深感自己生不逢時。」[20]

　　其二，殖民當局的威逼強迫。身為原住民的阿美族人鄭王金宗（本名 Pasao）說道：「從昭和 18（1943）年 3 月起我就在家裡幫忙，有一天派出所的日本巡查問我怎麼不去當兵，還說如果不去，就要天天調我去『做公工』。我心想：先前我已經去過菲律賓，若是志願去當陸軍，一定會被錄取，因此便以海軍為志願。由於我並不想當兵，因此考試時十個題目我只寫了五題，其餘的假裝不會，以為考試沒過就不會被選上──沒想到還是上了榜。」「我算是被強制去的，不去不行」。[21]花蓮的吳申安說：「志願兵名義上雖然好聽，但實際上並不是志願的。當時大家都開玩笑地說，一個人的生命只值一張明信片的郵資一分五厘，因為志願兵通知單都是用明信片寄到派出所，再由派出所的巡查將它送到家裡。一聲『恭喜、恭喜！』，被通知者就必須在指定時間到指定部隊報到。有一天彰化郡警察局局長（應是台中州彰化警察局）向我們這些防衛團員們訓示說：『南洋的作戰現在已經打到菲律賓、馬來西亞、印尼、新加坡、緬甸等地，兵力不夠。你們既然受日本教育，讀日本書，吃日本米長大，就應該要盡忠報國。作為一個日本人，當兵是一種義務，也是最光榮的事，所以你們應該要去志願當兵。』說完就把志願兵通知單發下。我那時是防衛團庶務班副班長，分團的下屬既然都填寫了志願單，我當幹部的也不能落人於後，只好填繳志願單。」「我就這樣成為陸軍特別志願兵第二期後期生」。[22]南投的劉坤士也說：「我在昭和 18（1943）年被迫去當第二期陸軍特別志願兵，編入前期兵；其後弟弟也當了第三期陸軍特別志願兵。日本人雖說當兵是志願的，但役齡一到，

---

[20]同上，第 443 頁。
[21]同上，第 145 頁。
[22]同上，第 32 頁。

不去仍然不行。」[23]台東的胡筆勞云:「有一天,我被叫到花蓮港市的警察署去,兵事系的人向我說:『現在戰事很激烈,你要不要去當志願兵?』當時沒有人敢說個『不』字,我便在這種情況下當了志願兵。」[24]

其三,甚至還有的台籍日本兵是被殖民當局以欺騙的方式挾持到軍中的。安平的何亦盛回憶道:軍夫的徵召,「最初透過保正進行人力調查,以查戶口方式挨家挨戶徵詢工作意願,當初放出的風聲是,日本軍部有一些勞務性的工作需要人力,工資每日一塊半,高於平常約一倍多,當時安平的勞動狀況例如捕撈、養殖或鹽務,受到季節影響,在閒暇之時安平人經常兼短期性的勞務工作,消息傳出,大家莫不相邀踴躍登記,隨後不到十天的光景,某夜,保正送來徵調令——,由於被徵調都是彼此熟悉的親朋好友,大家也不覺驚惶,——當天夜晚吃完飯後,軍部就下發要求著裝,並說明:隔日早上將坐火車到基隆,為避免消息走漏,不可向家人辭別,軍部會另行通知家屬。大家一聽面面相覷,心涼了半截,到基隆就是出海,這下不就是要到中國戰場嗎?此時大家騷動不安,也不知如何是好,年紀輕的,躲在大衣袖口,嗯嗯哼哭起來,只能彼此安慰。」[25]上文我們曾提到的阿美族原住民鄭王金忠回憶當時進入所謂「挺身報國隊」的離奇遭遇,更是一個典型的事例:「大約在昭和 17(1942)年 3 月 13 日(或 15 日)那天,我在田裡工作時突然接到派出所的通知,說是要我兩天後帶著番刀到派出所報到。由於我根本不知道要去哪裡,所以也就沒向父母親提起這件事。兩天後,我到派出所報到,該所的主管說我是『挺身報國隊』的一員,帶我到了台東州廳前,送我一個『慰問袋』,裡面裝有許多日本人寫的信、餅乾和千人針,隨後便要我坐車前往高雄。到了高雄後,我被帶到旗後(今旗津)太平國小過了一夜,第二天早上又被帶到州廳前集合,接著是分發軍服,隨後就被帶到高雄港搭船。這時我甚至不知道要去海外打仗,因為

---

[23]同上,第 62 頁。

[24]同上,第 460 頁。

[25]「國史館」臺灣文獻館:《烽火歲月——臺灣人的戰時經驗》,臺北,2005 年版,第 80-82頁。

事前既沒有體檢，也沒有接到徵調通知單或接受任何訓練。上了船，我試著向別人打聽目的地，但他們也不知道，只聽說是要去工作六個月。後來船靠了岸，我才知道已經到了菲律賓。事後我才知道，我到海外後，管區巡查到我家裡通知，愛國婦人會的婦人也來我家慰問，家人才知道我已經去了菲律賓。」[26]

其四，現實環境和實際利益考量下的所謂「志願者」。下面我們看到的記錄便是北港陳碧奎陳述自己成為所謂志願者的心路歷程：「昭和17 年（1942 年）年底，這一年他已 15 歲，老師告訴他們說日本高座海軍工廠在招募工員，若錄取可以半工半讀，五年之後可以獲得工業學校學歷，且經過考試，成績好者可以當技師，成績差者就當技手（技士），面對這樣好的機會，陳碧奎著實是心動了，因為自己實在太想念書了，況且他也不願意一輩子待在那小小的農村，庸庸碌碌地做一個農夫，然而父親曾說：『兩兄弟一起念國民學校，將來只能有一個繼續考試讀下去』，雖然自己念得比弟弟好，將來能念書的人可能是他，但如此一來，弟弟就會被犧牲了，陳碧奎認為念書機會本來不該屬於自己，實在不能剝奪弟弟應有的前途，他想，若他到日本去，雖然可以取得學歷，但終究說起來是去工作，父親應該就沒有什麼理由要弟弟去當農夫，這真是兩全其美的辦法，於是他便背著家人，偷了父親的印章，蓋下了『留學家長同意書』。」[27]南投的蘇清源有著和陳碧奎一樣的經歷，總督府大肆宣傳當了海軍航空機制作工業從業員可以領薪水，可以獲得學歷，「少年蘇清源一心期望能繼續升學深造，卻也擔心增加家庭的負擔。如今招募海軍工員的消息，似乎最能兩全其美。他很快的報名，也如願的獲選了」。[28]臺北的張來發也談到：「在日本統治下，讀書要花錢，不是我父親獨自 1 個人可以承擔的。另外，日本老師也一再宣導，日本內地生活比臺灣來得好，如果參加海軍工員的組織後，讀書不但不用花錢，每個

[26]蔡惠玉編著、吳玲青整理：《走過兩個時代的人——台籍日本兵》，中研院臺灣史研究所籌備處，臺北，1997 年版，第 138-139 頁。

[27]「國史館」臺灣文獻館：《烽火歲月——臺灣人的戰時經驗》，臺北，2005 年版，第 141 頁。

[28]同上，第 155 頁。

月還可以領錢，對一般普通的家庭來說，有很大的吸引力，所以大家都覺得不錯。」[29]類似的例子還有很多，譬如臺北的徐東波說：「1943 年（昭和 18 年）夏天，我 23 歲，那個時候，在報紙上常會看到刊登入伍通知及新聞，在我結束餐廳的工作後 2 天，台南有入伍的考試，當時我想，每個人都得抽籤入伍，若抽到了，去當兵只有 10 元的薪俸，但是志願從軍，卻有 160 元的薪俸，就在這種半勉強、半志願的心情下，我向日本軍隊報到，大約 1 個月之後，即啟程前往菲律賓。」[30]彰化的柯景星說：「（叔公）到越南從事碾米的工作，每個月都寄六十元回臺灣來，令人羨慕，所以我也想到海外。當朋友告訴我有招募『俘虜監視員』的消息後，我便在這種心情下偷偷地報了名。」[31]

　　以上四種類型的台籍日本兵在我們接觸到的資料中，初步統計占到了總數的 80—90% 之多，這說明日本殖民者的戰爭動員和對殖民地人力資源的榨取，是無情和赤裸裸的。警察的威迫利誘，大環境下的無奈和無力，迫使大批的臺灣人不得不走上戰場，成為日本軍國主義對外侵略戰爭的炮灰。更有甚者，標榜近代文明的日本殖民當局，居然還採取了極不光彩的欺騙手段，來使得不明真相的臺灣人踏上了戰火硝煙的征程，上揭資料中何亦盛及鄭王金宗的遭遇，徹底揭穿了日本殖民者和軍部的法西斯虛偽面目，人們不禁要問：這樣的行為與抓壯丁又有什麼區別？並且從滿船臺灣人都對自己的行蹤一頭霧水的情況看來，同樣情形的還遠不止他們幾個人而已。換句話說，絕大部分的臺灣人是被動地成為日本兵的，他們的境遇，值得人們同情和理解。

作為志願者的台籍日本兵

　　那麼，難道就沒有作為真正志願者的台籍日本兵了嗎？答案是否定

[29] 湯熙勇、陳怡如編著：《臺北市台籍日本兵查訪專輯》，臺北市文獻會，臺北，2001 年版，第 126 頁。

[30] 同上，第 170 頁。

[31] 蔡惠玉編著、吳玲青整理：《走過兩個時代的人——台籍日本兵》，中研院臺灣史研究所籌備處，臺北，1997 年版，第 252 頁。

的。一些接受訪問的原台籍日本兵在回憶錄中，並不諱言自己當年是志願加入這一點，對此我們不能視而不見。下面就來看看他們自己是怎麼說的。

宜蘭的簡傳枝說：「日本教育對年輕人的『洗腦』工作做得非常成功。我周遭去當志願兵的人，雖然也有被管區的巡查強迫而去志願的，但真正志願的人應該不少，因為有學科考試和口試依成績而定，不想去的人可以敷衍，自然會被淘汰。因此戰後我們第一期戰友聚會時，咒罵日本，怨恨日本人的，其實不多。」[32]台南的陳春良說：「三哥那時擔任壯丁團長，兼任青年團副團長以及保甲書記（辦戶口），和郡役所有公務上的往來，所以我略知一二。軍夫的徵調是日本人透過郡役所的警察課（管壯丁團）和庶務課，通知壯丁團來訓話或開會，在會上向青年們解說『七七事變』的重要性，並乘機灌輸大家為國家打拼的觀念。許多人便在開會時紛紛舉手，爭相志願到戰場為國效勞。我那時和三哥也不例外，都志願去當軍夫。」[33]南投的劉英輝說：「我的臺灣同學和朋友也有參加志願徵召的，大家都有那種不願輸給日本人的心情，覺得（國家有難就）應該為國家出一己之力。所以我雖然有一份不錯的工作，而且不必一定要去當兵，當年還是憑著一股為國效忠的熱情參加了勤勞團。」[34]宜蘭的方坤邕說：「我知道有好幾個人，志願的很高興很光榮。當時我有二位同窗，許炎柱和林博欽去參加第一期的志願兵。他們特地跑來向我『展』（注：誇耀），叫我和他們一起去當兵。他們說男子漢應該要當兵，連臺灣人都這麼想。」[35]臺北的楊水車說：「1942 年（昭和 17 年），日本時代，在當時的第一劇場，舉辦志願兵的招考，我主動報名，並通過了那次考試，隨即與同期的 300 多位臺灣人，前往嘉義白河接受軍事訓練。」[36]

[32] 同上，第 70 頁。
[33] 同上，第 335 頁。
[34] 同上，第 376 頁。
[35] 宜蘭縣立文化中心：《日治下的軍事與教育》，宜蘭文獻叢刊第九種，宜蘭，1996 年版，第 4 頁。
[36] 湯熙勇、陳怡如編著：《臺北市台籍日本兵查訪專輯》，臺北市文獻會，臺北，2001 年版，

　　不過，志願與否是一種思想層面的東西，外人其實很難深入當事人的內心世界。加上戰後對日賠償問題的糾纏，不排除個別人為求償的目的而誇大其詞，將原先非志願也說成是志願的。另外，口述史料的局限還在於講述者只是就自身的個體經歷來看待當時的社會，不免帶有主觀、片面的色彩。譬如簡傳枝說當兵要看成績，不想去的話考不好就可以避免了。事實顯然沒有這麼簡單。上面我們曾經提到過的鄭王金宗就十道題故意只做了五道，還是被徵召了。宜蘭的藍金興更說出了他這樣一段親身經歷：「考試要考六十分才及格，我記得很清楚，我只考了五十八分。警察課負責兵役的單位，將我們這些考不及格的人，一個一個的叫進去問。有一位巡查補問我在哪裡工作，我回答在礁溪莊役場。結果被打到頭腫了好幾處，然後再發一張考卷給我，要我寫到及格，這種做法明明就是強迫的。」[37]看看警察的淫威和小百姓的怨恨，所謂的志願是不是該打個大大的問號呢？再來看陳炳輝的回顧：「我十六歲那年支那事變爆發，特別志願兵的制度也開始了。當時有一個警員到我家裡，說明志願兵的事情，我父親的意思是要我順從他們。他們要我們志願，我們不志願也不行，雖然名義上是志願的，但實際上是被強迫的。我最先到臺北的六張犁，接受六個月的軍事訓練。訓練結束後回家沒幾天，就又要下部隊了。」[38]這些事例提醒我們，志願的背後或許有很多鮮為人知的辛酸故事，在分析所謂真正志願者的時候應當謹慎從事，不可一看見志願二字就武斷地將其歸入甘願替日本軍國主義對外侵略戰爭效勞的行列中去。

　　然而，同情和理解並不妨礙我們對原台籍日本兵中一小部分真正志願者的無情展示，尤其是時至今日個別人仍在為殖民統治唱頌歌、對自己當年的行為並無醒悟的時候，揭露和批判就是必需的了。先來看看部分原台籍日本兵的自白：

第 150 頁。

[37]宜蘭縣立文化中心：《日治下的軍事與教育》，宜蘭文獻叢刊第九種，宜蘭，1996 年版，第 30 頁。

[38]同上，第 18 頁。

1、我出生時就是日本人，受日本教育長大，自自然然應該聽從日本政府的命令。加上我是公務員，常常和日本人接觸，到了役齡，尤其是國家有難的時候，一種國民的責任感很自然地驅使我去當兵。這是社會環境造成的，不能說是強迫或是自願。[39]

2、本人生在日本時代，受日本教育，是在有秩序、有規律的社會下成長的，規規矩矩地生活，但是我沒有受到日本人的欺負。長大以後應該為家庭、社會及國家努力，所以雖然我被徵召到海外軍隊做事，但這是令人感到非常榮譽的事情。所以我勇敢赴任，盡當時國民的義務。[40]

3、報名得去台南市辦理。我們抵達台南火車站前的臺灣軍司令部台南軍事系時，已經有一大堆人排隊等著考試。當天只舉行口試，沒有筆試，也沒有體檢。主考人問我一些問題後，最後問說：『你有沒有勇氣？』我回答說：『當一個日本人，怎麼會沒有勇氣呢！』他又問：『那你敢從這裡的窗戶跳下去嗎？』我當然回答說：『敢！』他便叫我出去。大約過了一、兩個星期，我在工作時接到一通電報，內容是通知我去做預防注射，並且準備好行李，在規定的時間去高雄鹽埕的一家富國旅社報到。[41]

4、志願兵的錄取率很低，大約是兩千多人才錄取一人。因此招募之初，很多臺灣青年怕自己不會被錄取，紛紛寫下血書，表示志願從軍的決心，情況非常熱烈。我看到報紙上的報導，自己也向隔壁鄰居借了剃頭刀，晚上偷偷地在自己的指頭上劃上一刀，擠出指頭上的血，在手帕上寫下『七生報國』（意即出生七次都要報效國家）；有的人寫的是『至誠報國』等語句。然後我再用筆填寫志願書，連同血書帶到員林郡的兵事系去報名應募。[42]

5、知道日本投降後，我知道自己將變成『支那人』，那時心理真是複雜極了，說不清。新兵們聽到日本投降的消息後，跑來向我

[39] 蔡惠玉編著、吳玲青整理：《走過兩個時代的人——台籍日本兵》，中研院臺灣史研究所籌備處，臺北，1997 年版，第 48 頁。

[40] 周婉窈主編：《台籍日本兵座談會記錄並相關資料》，中研院臺灣史研究所籌備處，臺北，1997 年版，第 20 頁。

[41] 蔡惠玉編著、吳玲青整理：《走過兩個時代的人——台籍日本兵》，中研院臺灣史研究所籌備處，臺北，1997 年版，第 391-392 頁。

[42] 同上，第 94 頁。

求證，我便向他們說：『日本戰敗了，從今天起，你們就是支那人了。』新兵們再追問：『真的嗎？』我很肯定地說：『是的』。新兵們還是不肯信，有一個新兵當場流了淚。[43]

認為自己出生就是日本人、接收日本教育、日本是自己的國家、當兵是為國奉獻、是非常榮譽的事情，乃至於滴血報名；當聽到日本戰敗的時候簡直不相信自己的耳朵，甚至為即將回歸為「支那人」而感到恥辱。這就是作為真正志願者的台籍日本兵的典型形象。一小部分台籍日本兵的志願舉動並非偶然，而是日本殖民統治五十年一以貫之實施同化政策結下的毒瘤，這一政策的核心是削彌臺灣地區中華文化，以日本大和文化取而代之，到了戰爭年代開展的皇民化運動，更是使得同化政策步入以法西斯國家力量來強制推行的階段。普及日語、禁止漢文，灌輸天皇萬世一系及天照大神護佑日本的神國觀念，再到改換日本式姓名，敬奉神宮大麻，參拜神社，臺灣傳統民間信仰神明名曰「諸神升天」一律燒毀，等等。展開了空前絕後的對臺灣社會及臺灣人的徹底「日本化」改造運動。儘管在皇民化運動中，廣大的臺灣人民堅持中華文化傳統，表現出堅忍不拔的民族抵抗意識，臺灣人民的民族性沒有因為殖民者的同化政策而發生改變，皇民化運動遭到了根本上的失敗。但是，也應該看到這一殖民主義同化運動給臺灣社會肌體帶來的傷痕，作為志願者的台籍日本兵就是其中的一個典型。這些台籍日本兵在梳理自身思想發展軌跡的時候，也承認了皇民化運動給自己留下的深深烙印，他們有的說：「（公學校）大體上是以皇室為中心的教育，其基本教育內容不外：你們也是天皇陛下的子民，既然是日本人，就都是陛下的子民；日本男兒最大的光榮就是將生命奉獻給國家。」[44]還有的說：「後來我回想當時，何以我會高興地參加勞務隊？在參加勞務隊之前，我也是政府、『公家』（官方）的一個小職員，也是皇民化運動中的一員，受到了皇民運動的影響。誠如大家所知道的，當時各家庭都要改造，崇拜天照大神，天照

---

[43] 同上，第 463 頁。

[44] 同上，第 537 頁。

大神是我們大日本帝國皇帝的祖先，而且也是開國神。所以當時的臺灣殖民地也是整個日本神國的一部分。在小學時代，每日朝會升旗時都要唱『君之代』國歌，接著要向宮城致敬，行九十度的最敬禮。」[45]不少原台籍日本兵都認為志願參加日本軍隊的現象「相信是皇民運動精神訓練的結果」。[46]所有這些事實無不提醒我們，光復初期人們對臺灣社會存在著皇民化思想的餘毒、極少數人受到殖民奴化教育影響較深的認識，並不是空穴來風的。儘管國民政府接收人員由於歷史經驗的不同而在對日觀感上與臺灣人有所差別，可能會帶來某些誇大的地方，但皇民化運動負面作用在臺灣社會一定程度的存在，相信是一個事實。

當然，戰後隨著思想認識的提高及民族意識的覺醒，一些當年的志願者反思了扭曲的時代所帶來的心靈創傷，他們說：「我們（在日據時代）接受的教育以及訓練，一切必須以國家為優先考量，我們的身體是要奉獻給國家及天皇陛下的。由於一直接受的是這種觀念上和信念上的訓練，仿佛進入軍隊，只有服從，不能說什麼話，因此我心裡雖然不想去，卻不能這麼做。」[47]「現在回想起來，那時日本人的教育實在非常成功，大家都被日本人『麻醉』了，我也不例外。」原台籍日本兵胡先德更一針見血的指出：「有的臺灣人當日本兵會感到非常的光榮，但是我現在想起來那是在做日本走狗。所謂走狗就是如果兔子死了，狗就被抓去殺掉，並沒有什麼光榮的地方。」「日軍戰敗後，將台籍軍人、軍屬視如敝履拋棄於戰地。而自己於戰敗後不久，即平安返回日本。臺灣人實是被利用之工具而已。狡兔死，走狗烹，這是臺灣人悲慘的命運。」[48]

最後就台籍日本兵與「二二八事件」的關係作一探討。監察委員楊亮功、何漢文曾有過對台籍日本兵在事件中所做所為的概括評價：「原

---

[45] 周婉窈主編：《台籍日本兵座談會記錄並相關資料》，中研院臺灣史研究所籌備處，臺北，1997 年版，第 12 頁。

[46] 同上，第 14 頁。

[47] 蔡惠玉編著、吳玲青整理：《走過兩個時代的人——台籍日本兵》，中研院臺灣史研究所籌備處，臺北，1997 年版，第 491 頁。

[48] 周婉窈主編：《台籍日本兵座談會記錄並相關資料》，中研院臺灣史研究所籌備處，臺北，1997 年版，第 26 頁。

在日軍服役之台籍青年軍人，以自海南島及南洋各地遣送回省者最多，人數約為十萬人。此等人因受日人之薰陶甚久，為日本軍閥之鷹犬（在海南島時無惡不作，故投降時海南島同胞不免有乘機加以懲戒者）。渠等返台以後，大都無正當職業，流浪各地，恢復起流氓生活。對於國人，深懷仇恨，一旦有事，乃首先參加，在事變中毆打外省人，搗毀或搶劫外省人財物，亦最為積極。」[49]有關「二二八事件」的大量史料表明，台籍日本兵無疑參與了「二二八事件」，這在台籍日本兵的回憶中也有許多體現，如簡傳枝說：「二二八事件發生，很多以前去過海外的志願兵或軍屬都參加了，也有人和我聯絡，要我下山參與。我當時只大約知道是很多人要起來反抗政府，邊下山到羅東區公所去瞭解一下情形。當時聚集在區公所的人我大半不認識——這些人大部分是去海外的軍屬，當過日本軍人者不多。」[50]總體來看，台籍日本兵參與「二二八事件」與其在殖民地時代充當所謂志願兵類似，內中的情況是相當複雜的。大致而言可分為以下幾種情形：第一，回避。如臺北的李煌說，「在二二八事件時，我都待在家裡，沒有出去惹事。」[51]第二，反對武力解決。擔任過炮兵的吳申安說，他在彰化時對主張武力抗拒政府軍的人說，雙方實力相差懸殊，不應採行暴力方法，自己則「始終都未參加」。[52]第三，參與維持地方秩序。鄭春河回憶他曾「負責募集二十多位同是到過海外當兵的北門郡第一期陸軍志願兵，一起到警察所幫忙看守約一周左右，並維持區署內的治安，每天巡邏兩次。」[53]第四，也有亂打外省人的狀況發生，「二二八事件發生時，——桃園和中壢地區的流氓都手拿

[49] 楊亮功等：《臺灣現狀報告書》，《臺灣光復和光復後五年省情》（下），南京出版社，1989年版，第555-556頁。

[50] 蔡惠玉編著、吳玲青整理：《走過兩個時代的人——台籍日本兵》，中研院臺灣史研究所籌備處，臺北，1997年版，第79-80頁。

[51] 湯熙勇、陳怡如編著：《臺北市台籍日本兵查訪專輯》，臺北市文獻會，臺北，2001年版，第77頁。

[52] 蔡惠玉編著、吳玲青整理：《走過兩個時代的人——台籍日本兵》，中研院臺灣史研究所籌備處，臺北，1997年版，第37頁。

[53] 同上，第54頁。「徵召海南島及南洋東北一帶返台之退伍軍人及青年，參加該隊（忠義服務隊），以維持治安為號召。」見《二二八事件文獻續錄》，臺灣省文獻委員會編印，臺北，1992年版，第402頁。

著棍棒，到各家各戶去敲門，大喊著：『喂！大家出來，一起去打阿山仔！』我們都莫名其妙，根本搞不清楚到底是怎麼回事。」[54]第五，組織隊伍反抗國民政府的軍事鎮壓。如彰化的林錦文「曾當過日本部隊的海軍兵長，『二二八』時組織了所謂『小林部隊』，帶頭反抗政府，沒想到國軍一進彰化，部隊便自行潰散；林錦文被捕，後被槍決。」[55]同時還有相當一部分原台籍日本兵參加了臺灣共產黨人領導的軍事鬥爭，如在台中謝雪紅的隊伍和所謂「二七部隊」中，都有台籍日本兵的身影。官方的資料也說，一些台籍日本兵「由奸黨（對共產黨的汙稱）操縱控制，進行編組訓練」。[56]在當時混亂的局面下，曾經出現過名目繁多的台籍日本兵組織，臺灣省警備總司令部《臺灣省『二二八事變』記事》中載：「此次暴動中，以日本時代退役之軍人，受奸黨利用為甚。彼等於暴動開始，由奸黨煽動，陸續組織武裝部隊，名稱繁多，有所謂：『臺灣省青年復興同志會』，『警政改革新同盟』，『臺灣自治青年同盟』，『海南島歸台者同盟』，『若櫻敢死隊』（系曾受日本自殺潛艇訓練決死隊員），『暗殺團』，『忠義隊』，『台中自治軍司令部』，『嘉義作戰指揮部』，『屏東擊部隊』，『高雄指揮部』，『臺灣自治聯軍』，『台東義勇隊』……等等。」[57]由於資料的限制，其詳情無法一一瞭解，估計應有左、中、右各個思想傾向的人混雜其中，要達成的鬥爭目標亦不盡相同，這有待於今後進一步的研究。但可以肯定的是，除了少數亂打外省人、鼓吹「總督比行政長官好」、「皇軍比中央軍好」的死硬皇民化份子外，大部分的台籍日本兵在「二二八事件」中，支持全體臺灣人民的民主自治鬥爭，反抗國民黨政權對臺灣人民的血腥鎮壓，其主流是進步的。這也反證了我們的觀點，即台籍日本兵的絕大部分是非志願的被驅使到日本軍隊中去的，作為志願者的只是少部分人，皇民化運動對臺灣社會負面影響既客觀存在，但也不必過高的估計了這種影響。

---

[54]同上，第 309 頁。

[55]同上，第 105 頁。

[56]《二二八事件文獻續錄》，臺灣省文獻委員會編印，臺北，1992 年版，第 520 頁。

[57]同上，第 410 頁。

口述史料所見之日據末期臺灣皇民化運動

——以宜蘭地區為中心之個案分析

　　日本殖民統治末期臺灣皇民化運動，以其對臺灣社會和臺灣人的全方位日本化改造、且給臺灣社會帶來深遠影響而在臺灣近現代史上佔據著特殊的地位。對皇民化運動的研究，近年來亦漸成熱點。不過我們發現，以往的研究大都建立在官方資料的基礎之上，展現的是宏觀的、「正史式」的圖景。口述史料的發掘，使得我們能夠從另一個不同的視角看到社會底層民眾的反應，他們眼中的皇民化運動，或許更接近歷史的真實。本文即擬利用宜蘭地區口述史料，對臺灣皇民化運動作一個案分析，不妥之處，敬祈指正。

一、口述史料所見之皇民化運動細節

　　日據時期的臺灣皇民化運動，肇始于第十七任臺灣總督小林躋造1936 年末提出的戰時臺灣皇民化、工業化和南進基地化的三大政策目標。[1]其中的皇民化運動，既是日本國內戰時國民動員及法西斯大政翼贊運動的延伸，也是日據五十年來日本殖民者一貫統治方針——同化運動的深化及其由漸進式的同化向強制性同化的大轉換。一般的說，我們將「七七事變」前後日本殖民者全面禁止漢文漢字的使用作為臺灣皇民化運動的開端。

　　皇民化運動的實質，即在於企圖消彌臺灣地區的中華文化，以日本帝國主義宣導的所謂日本帝國「大和文化」取而代之，將臺灣人民改造為日本天皇的「忠良臣民」，最終成為畸形的「日本人」。具體的實施內容上，包括了強制普及日語、改換日式姓名、日常生活的日本化、教育

---

[1] 《臺灣日日新報》1939 年 5 月 20 日。轉引自林繼文：《日本據台末期（1930-1945）戰爭動員體系之研究》，稻鄉出版社，臺北，1996 年，第 108 頁。

部門的皇民化思想灌輸等等。我們在以往相關論文中曾經就殖民當局的皇民化政策法規和組織系統作過詳細的敘述[2]，下面再從宜蘭口述史料出發，看看皇民化運動的實際狀況究竟怎樣。

　　首先我們來看皇民化運動的組織系統。在總督府發佈的皇民化動員令之外，地方上皇民化運動是怎樣推進的呢？林洪焰在他的回顧中是這麼描述的：「（殖民當局）除了政府的組織之外，還成立皇民奉公會。上至州廳長，下到各鄉鎮公所，成立一直線的行政系統。這是表面的組成，大部分一個人都擔任二種職務。而實際的推行工作，就由皇民奉公會來執行。」「像各地方的首長，都是皇民化運動的負責人，大都由日本人擔任。」[3]方坤說：「當時（宜蘭）是由郡守擔任皇民化運動的總負責人，各街莊是由街莊長擔任負責人。另外還成立皇民奉公會，下面設一位臺灣人書記。」「皇民奉公會底下並沒有設特別的機構……，並沒有很積極的在推行工作。例如皇民奉公會的公文下來，我們就執行他們交代的工作。部落書記推行皇民化運動，並沒有那麼積極，反而是學校和警察界比較厲害。」[4]周木全稱：「就我所知皇民化運動，是由臺灣總督府策劃。然後經由臺北州透過蘭陽三郡，再由各街長及莊長來推行，最後透過各保的巡查來執行各種計畫。在積極推行期間，約由三、四保組成一個皇民奉公會，以教師及地方士紳為主體。」[5]李本壁還說：「至於皇民化運動期間的組織，我記得有五戶聯保政策，其中只要有一戶犯法，五戶的人通通要負責。」[6]由上我們可以得出以下幾點：其一，日本殖民者充分調動行政資源配合皇民化運動的推展，皇民奉公會是檯面上的執行者，而運動的幕後真正推手是日本殖民當局。其二，皇民化運動的積極推動者是日本殖民當局和在台日本人，這當中學校和警察扮演了重要

[2]　陳小沖：《1937-1945 年臺灣皇民化運動述論》，《臺灣研究十年》，廈門大學出版社，1990年版。

[3]　《宜蘭耆老談日治下的軍事與教育》（宜蘭文獻叢刊 9），宜蘭縣立文化中心，1996 年版，第 80-81 頁。以下簡稱《宜蘭耆老談》。

[4]　《宜蘭耆老談》，第 72 頁。

[5]　《宜蘭耆老談》，第 79 頁。

[6]　《宜蘭耆老談》，第 78 頁。

的角色，而臺灣本地民眾則屬於被動應對的地位。其三，保甲制度成為束縛臺灣民眾的枷鎖，除了現代警察機器的高壓，這種封建連坐制在皇民化運動中的作用，是以往所忽略了的，同時也顯示出日本殖民統治的殘暴性。總之，殖民當局、警察和保甲三位一體，確保了皇民化運動的強力推進。

其次再看強制日語普及運動的狀況。日據時期的日語普及運動可分為前後兩個階段，1895—1936 年為漸進式普及階段，1937—1945 年為強制性普及階段，後者在時間點上與皇民化運動相契合，並成為運動的重點內容。由於日語普及運動的一貫性，所以有的臺灣民眾甚至認為皇民化運動早就開始了，周木全說：「大正年間我讀公學校的時候，學校每個禮拜才安排一堂的漢文課，也只教很少簡單的課程。其它的課程都是日語課程，因此我認為皇民化運動從大正年間就開始了，目的是要同化我們臺灣人。」[7]除了適齡兒童和各級學校的日語教學外，社會普羅大眾的日語普及也積極的納入了殖民當局的視野，並成為皇民化運動時期著力推進的對象。周氏稱：「為了徹底推行皇民化政策，也成立國語講習所，強制不會說日語的人學習日語。」林英俊也說道：「小時候我外婆住在廍後，放假時我常常到那裡玩。那裡的人大部分都在種田或捕魚，很多人都沒有到學校讀過書。晚上他們必須到國語講習所學日語，我也經常跟著去。」[8]陳旺樅回憶當時的情形時還用打趣的口吻說：「在皇民化運動期間，我們這些不會講日語的人，晚上都必須要去學日語。我是學『歌仔』的人，所以就講一些比較有趣的事。剛開始的時候，老師只教我們讀『神明』、『保正』等簡單的話。老師要求我們第二天去上課的時候，大家都要會講。等到第二天再去上課的時候，老師問我們還記不記得昨天的話。大家都說記得。結果大家都把日語念得像臺灣話，整堂課全班笑哈哈的。」[9]統計資料顯示，日據末期國語講習所曾廣泛開設，1940 年全台有日語講習所 11206 處，學生 547469 人；簡易日語

7　《宜蘭耆老談》，第 78 頁。

8　《宜蘭耆老談》，第 76 頁。

9　《宜蘭耆老談》，第 83 頁。

講習所 4627 處，學生 215794 人。[10]所以藍金興說：「當時為了推行日語，設有國語講習所。老年人要去讀，不識字的年輕人也要去讀。有專任的講師去上課，白天晚上都有排課。」[11]上引口述史料以鮮活的例子提示我們，在研究皇民化運動時期的日語普及運動時，不應只關注各級學校的教育狀況，社會教育的強化在其間所起的重要作用，亦不應忽視。

　　第三，我們來談談所謂的改換日式姓名活動。1940 年日本殖民者宣佈「恩准」臺灣人改換日式姓名，按照總督府總務長官森岡二郎所言就是：「作為本島人也必須在實質上和形式上都與內地人毫無相異之處」。[12]史料表明，大多數臺灣民眾拒絕更改姓名，因此改換日式姓名的人數占臺灣居民總數的比例並不高。[13]那麼，即使是少數改換了日式姓名的人，是不是就皇民化了呢？當然不排除極少數的皇民化分子，但總體情況恐怕還是不能一概而論。歷史事實已經證明，一些民族意識濃厚的人就不顧殖民當局的禁令，以大陸故鄉相聯繫的姓名作為改換的依據。普通民眾的改換姓名行為則潛藏著諸多的因素，宜蘭口述史料便揭示了這一點。林洪焰說：「當時物質很缺乏，大家也都很疼孩子。為了孩子可以吃得比較好，或求知升學有優待，因此才有很多人願意去改姓名或者加入國語家庭。另外也從精神方面鼓勵你，手段可以說硬中帶軟。」[14]藍金興也說：「改姓名或國語家庭在食物配給上有何優待。當時實施配給制度，鄉下農民都有一本配給登記簿。領豬肉要有一隻豬肉牌，領米要經過派出所核准，在到土礱間（注：碾米廠）領米。如果是國語家庭或有改姓名的人，配給的食物就會比較多。」[15]李本壁以自己的親身經歷說道：「當時我有三个兒子，配給的食物不夠吃，又買不到やみ。再加上我在市役所服務，上頭有上司的壓力，所以才會改姓名。」[16]

---

[10]《臺灣年鑒》昭和 16 年版，第 144 頁。
[11]《宜蘭耆老談》，第 87 頁。
[12]近藤正己：《創氏改名研究之探討與改姓名》，《日據時期臺灣史國際學術討論會論文集》，臺灣大學歷史系，1993 年版，第 240 頁。
[13]陳小沖：《日本殖民統治臺灣五十年史》，社會科學文獻出版社，2005 年版，第 281 頁。
[14]《宜蘭耆老談》，第 81 頁。
[15]《宜蘭耆老談》，第 88 頁。
[16]《宜蘭耆老談》，第 90 頁。

林平泉則為我們提供了另一個例子，他說：「很多人迫于現實的情勢，最後乾脆『看破』才改姓名，——當時我爸爸是警防團的幹部，分團長田中先生一直勸我爸爸改姓名，但我爸爸都沒有答應。直到昭和 18 年（1943）的 3 月，我要報考宜蘭中學的時候，小學校的老師請我爸爸到學校一趟。老師跟我爸爸說，我的成績要進入中學沒問題，但在申請書方面可能就無法通過。我爸爸一聽，頭都大起來了。因為其它四位本島人同學，都已經改姓名了，只剩下我還沒有。由於這個緣故，所以我爸爸才決定改姓名。我爸爸不希望因為這個原因，讓我無法讀中學。」[17]這些親歷者的描述使得我們可以透過日本殖民者改姓名的叫囂，窺見普通民眾的堅持和無奈。換位思考，在殖民統治機器的高壓和戰時物質匱乏的情況下，部分人為了生存而被迫改換日式姓名，有其歷史的背景，在後人來說這是不是也應給予一定程度的理解呢？

二、民族意識與所謂「日本精神」的交錯

皇民化運動作為對臺灣社會與臺灣人的全方位的改造，帶給臺灣的影響是巨大的，這當中既有人心的扭曲亦有反抗和抵制，民族意識與所謂「日本精神」的交錯，構成了日據末期臺灣社會的複雜圖景。而在殖民總督府和法西斯軍部勢力強大高壓下臺灣民眾對皇民化運動的抵制，其民族意志更值得後人欽佩。

宜蘭口述史料中，對於皇民化運動中臺灣民眾的反應，有著不少的記載，其中有關抵制皇民化運動資料，充分反映出臺灣民眾強韌的中華民族意識。在強制普及日語禁止漢文漢字的環境下，仍有民眾暗中接受漢學的教育，李本壁說：「因為我外公是楊士芳進士，雖然我有改姓名，但我不敢做違背祖先的事。從我五歲開始就在碧霞宮的講堂學漢文。」[18]林枝蒲也說：「我的祖父及叔公，都是被日本人殺死的。由於這個緣故，白天我在日本人的國民學校上學，下課後，我父親又特別送我到礁溪的

---

[17]《宜蘭耆老談》，第 93 頁。
[18]《宜蘭耆老談》，第 78 頁。

太子爺廟，跟隨廟公讀四書五經。那位廟公是清末的貢生，這樣說起來，在那個時代，我是同齡人中比較有民族精神的人。」[19]殖民當局推廣皇民劇禁演臺灣本地戲曲，臺灣民眾卻暗中偷演，得到百姓的歡迎。如陳旺樅說：「昭和 15（1940）年日本政府禁鼓樂，戲都不能演。因為本地歌仔戲的聲音比較小，所以我們常常在私底下偷偷唱，娛樂娛樂。」[20]演出的盛況是「大家一傳十、十傳百，最後整個村裡的人都會去看，就算再遠也趕去看。」[21]在改姓名問題上，臺灣民眾的抵制也是顯著的，江美說：「當時有很多日本人常常到我家來，叫我媽媽改姓名或參加國語家庭。但我媽媽不願意，因為她認為我們是臺灣人，為什麼要去改日本姓名？」[22]林旺斌也說：「我覺得會改姓名或參加國語家庭的人，大都是因為外在的壓力，而內心並不會改變。」[23]周木全就聲稱：「由於我的高祖父是舉人，阿公是秀才，因此我很堅持漢民族的精神。在皇民化時代，我不因為特別的優待，而去改姓名或改成國語家庭。——我們臺灣人的民族觀念很深，所以讓我們臺灣的漢民族精神，才沒有被大和民族的精神同化。」[24]李本璧自己雖然改了姓名，但他強調「我的血統是純粹的漢民族」，「我的漢民族精神，並不會輸給別人」。[25]臺灣民眾的心態正如周木全直截了當的指出的那樣：「臺灣是擁有五千年歷史文化的漢民族，有根深蒂固的民族觀念，因此日本不可能在數十年的時間之內同化臺灣人。雖然日本花了很多的心思，用了很深的精神，來推行皇民化運動，最後還是沒有成功。」[26]

　　不過，我們在同樣的口述史料中也看到了個別人的言論，認為自己在皇民化運動中受到了所謂「日本精神」的影響，對此我們亦不能視而不見。仔細解讀此類言論，不難發現其實是緣於一般民眾混淆了日本人

---

[19]《宜蘭耆老談》，第 115 頁。

[20]《宜蘭耆老談》，第 83 頁。

[21]《宜蘭耆老談》，第 88 頁。

[22]《宜蘭耆老談》，第 84 頁。

[23]《宜蘭耆老談》，第 82 頁。

[24]《宜蘭耆老談》，第 78-79 頁。

[25]《宜蘭耆老談》，第 90 頁。

[26]《宜蘭耆老談》，第 92-93 頁。

的影響與「日本精神」影響的分別。那些對日據時期還有抱有記憶的人，他們的談論的聚焦點集中指向的大都是那個年代伴隨自己成長歷程的老師，這是一種再普通不過的師生之情，是對曾經輔導自己學習、指導自己生活的老師的懷舊，是一種純粹的人類情懷。他們所習得的一些誠信、守時和衛生習慣等等，也與殖民者的所謂「日本精神」毫不相干，而是臺灣民眾與普通日本人民接觸過程中感受並接納了的日本文化中的優秀因子，屬於正常的文化涵化過程。同時，就是這些對日本時代有著所謂好感的人們，在民族性的分別上，也還是有自己的鑒別標準的，以下就是一個典型的例子：

　　林清池說道：「人家說六十五歲以上的人，都有日本精神。到現在我還是保有誠實、守時、重禮節的日本精神。只要我答應人家的事，不論多麼困難，我一定盡力做到。我三年級的老師是東京人，叫做日野中榮，當時他還沒有結婚。因為他住在我家附近，所以我常到他家。有一天我穿著鬃木屐到他家，他卻叫我『清國奴』，這句話影響我很深。從那時候起，我就告訴我自己是中國人，不是日本人，到現在我還是有很深的民族意識。」[27]

　　一面說自己有「日本精神」，一面又強調自己是中國人、有很深的民族意識，這不是矛盾的嗎？其實不然，這裡的所謂「日本精神」實際上就是我們上面提到過的誠信、守時、重禮貌等等普世原則，與日本殖民者傾力灌輸的大日本皇民思想可謂風馬牛不相及。而當民族歧視出現的時候，殖民統治下二等公民的現實，則大大激發了臺灣民眾潛藏於心底的民族意識。於是便有這看似矛盾的兩面集中在一個人的身上的現象。這些事實提醒我們，對臺灣社會至今尚存的所謂「親日」現象，有必要做具體的分析，除了個別死硬的皇民化份子外，大都只是對過去年代個人記憶中若干往事的追溯，並不帶有特別的群體性的政治含義。

---

[27]《宜蘭耆老談》，第 193 頁。

三、皇民化運動中的臺灣原住民

宜蘭地處臺灣東北部，境內既有平地漢人也有山地原住民部落，皇民化運動作為全島範圍內對臺灣人的日本化改造運動，除了漢人之外，山地原住民同樣被囊括其中。而對於原住民的皇民化運動狀況，一直以來都是研究的薄弱環節，宜蘭地方口述史料所提供的資料，正好得以彌補這方面的不足。

如所周知，日本殖民這佔據臺灣之後，實施的將是平地漢人與山地原住民相隔離的政策，山地的一切政務、教育、衛生、動員乃至生產生活等等各個方面，均由日本警察負責監管。日本殖民者為了搜刮山地林木資源，還大肆奴役原住民，以極低的報酬驅使原住民從事繁重的體力勞動，且不尊重原住民的風俗習慣，1930 年曾激起激烈的霧社武裝起義鬥爭。到了皇民化運動時期，日本殖民當局更變本加厲地全面展開了對山地原住民的日本化改造進程，試圖徹底同化臺灣原住民。

從宜蘭的口述史料可以看到，臺灣原住民在日本殖民統治下是生活在社會最底層的一群人。除了被強制與漢族隔離之外，近代社會的法律制度不適用於山地，即便有所謂的「違法事件」也不受法院管轄，而是由警察臨機處分，警察事實上掌握了人民的生殺大權。一般的民事事務也是由警察負責，高榮輝說：「山地的政治是警察政治，所以泰雅族的教育、管理等一切都由警察來掌控。」[28]曹盛源說：「警察工作除了兼任老師外，還要維持治安，取締犯罪，管理山地人生活及訓練山地年輕人等。」[29]許阿福也說：「警察常到部落巡邏」，「控制我們的行動」。[30]李慶台說：「日本人老師幾乎都是警察，都是穿警察服裝。他們還負責維持治安，若有人態度不好、禮儀不好都會被打。」[31]他又稱：山地原住民也沒有遷徙的自由，「我們高砂族與漢人的差別很清楚，我們沒有（警

---

[28]《宜蘭耆老談》，第 244-245 頁。
[29]《宜蘭耆老談》，第 215 頁。
[30]《宜蘭耆老談》，第 228 頁。
[31]《宜蘭耆老談》，第 229 頁。

察頒發的）下山證明就不能下山。我們為什麼不能與平地人自由來往？這種隔離政策是看不起山地人，限制我們山地人的發展。」[32]廖榮民也證實：「我們如果要去別的地方或下山，一定要到警察處登記，詳細寫外出的日期、回來的時間以及事由等。」[33]林茂源則憤憤的說：「我個人對日本人不滿的地方是，他們常罵山地人為蕃人，不懂事的三等國民。我受不了這些辱罵，也曾與他們在酒家前打架。」[34]不平等的差別待遇還鮮明地體現在教育上，曹盛源云：「日本人對山地人的種族歧視及限制行動，令人感到非常不滿。當時日本人是一等國民，平地人是二等國民，山地人是三等國民。學校的教育也分成三種等級，日本人讀小學校，平地人讀公學校，山地人讀教育所。而教育所的教科書，也有相當程度上的差距，即教育所六年所受的教育，只有日本人三年級的程度。」[35]

　　日本殖民當局一方面將山地原住民封鎖隔離，另一方面強制展開的皇民化運動絲毫不亞於平地漢族。首先是日語普及運動的瘋狂推廣。曹盛源說：「日本人為加強常說日語，叫我們在學校早晚學習。在社會上是設晚間老人日語補習班，一年分成春秋二期，各上一個月。課程結束後，舉行演講比賽，決定成績的高低。」[36]與此同時，原住民的自身語言卻遭到了禁止，違反者必須受處罰。如許阿福就說：「以前日本人，不准我們說山地話，必須要說日語。」[37]廖榮明也說：「一律禁止使用蕃語。如果說蕃語就會被老師處罰，甚至於被打。」[38]值得注意的是，前面說過山地的老師大多由警察擔任，因而在這裡日語普及教育實際上是和暴力結合在一起的。其次就是對山地原住民進行的皇民思想灌輸和所謂君（日本天皇）愛國（日本國）觀念的培養。總督府頒佈的《高砂族社會教育要綱》明確要求原住民必須做到一下幾點：（一）祭拜日本天

---

[32]《宜蘭耆老談》，第 229 頁。
[33]《宜蘭耆老談》，第 250 頁。
[34]《宜蘭耆老談》，第 231 頁。
[35]《宜蘭耆老談》，第 216 頁。
[36]《宜蘭耆老談》，第 215 頁。
[37]《宜蘭耆老談》，第 232-233 頁。
[38]《宜蘭耆老談》，第 250 頁。

照大神、瞭解神明事蹟；（二）體會天皇萬世一系的尊嚴和做為日本國民的幸福；（三）常常禮拜天皇的御真影（照片）；（四）高唱日本國歌、遙拜皇宮、插太陽旗，努力成為天皇的忠良臣民。[39]宜蘭口述資料表明，這些皇民化措施在當地被廣泛的推行開來。游清豐回顧道：當時日本的政策是想把臺灣人變成日本人，「教唱國歌、國旗歌」，「還得把日本天皇、皇后尊敬如神，把照片掛在禮堂前。每年舉行正月節、天長節時給人看照片。」「說他們是神，是天照大神的後代」。[40]許阿福則指出：「日本人希望原住民早日皇民化，強迫我們說日語，禁止講自己的母語。其次是改姓名，崇拜天皇，每日早會時除唱國歌及向天皇皇后照片敬禮外，還要向東方宮城遙拜。天皇是天長地久永遠不敗的神，是天照大神的後代。日本是神國，設神社規定定期參拜。」「（學校）修身課的內容是強調日本的大和精神，及崇拜天皇」[41]由此看來，日據末期的皇民化運動，不僅廣泛開展於人們熟知的漢人社會，山地原住民更是遭到了日本殖民者的特別關照，由於山地社會處於日本警察的直接管控之下，皇民化運動的實施反而更加的徹底，以至一些參加口述歷史座談會的原住民老人還不得不以日語來講話，皇民化運動對臺灣原住民社會的負面影響於此可見一斑，這是宜蘭口述史料提供給皇民化運動研究的又一重要啟示。

---

[39] 蔡茂豐：《臺灣日語教育史研究》（上），大新書局，臺北，2003 年版，第 599 頁。
[40] 《宜蘭耆老談》，第 219 頁。
[41] 《宜蘭耆老談》，第 227 頁。

日據時期臺灣宜蘭地方社會轉型初論
（1895—1936 年）

——以社會經濟與教育文化為視域

近代以來的百餘年歷史上，臺灣經歷了多次社會轉型。1895 年日本佔領之後，臺灣從半殖民地半封建社會進入殖民地社會，政治經濟、教育文化等等各個方面發生了一些變化。有人認為臺灣從此步入與大陸不同的歷史發展道路；也有人稱此為臺灣近代化之開端；甚至有人聲稱臺灣逐步日本化了。究竟應當怎樣評價日據時期臺灣社會轉型呢？本文擬以宜蘭地方為中心就上述議題展開論述，從個案分析的角度嘗試作一初步解析。

一、日據前後宜蘭地方社會經濟之變遷

宜蘭位於臺灣島東北部，西鄰高山峻嶺，南北沿海岸線呈扇形展開，地理上為一典型的沖積平原。古稱蛤仔難，漢人對宜蘭的開發早自明中葉即已進行，及清代「康熙中，即有漢人與通市易」，林漢生等較早入墾其地[1]，而大規模的開發則是乾嘉之後以吳沙等為首的漳州籍移民，史載：「有漳人吳沙久住三貂，民番信服。」「吳沙私以鹽布與生番往來貿易，適番社患痘，吳沙出方施藥，全活甚多，番眾德之，請願分地付墾。吳沙遂招漳、泉、廣三籍之人，並議設鄉勇，以防生番反復。內地流民，聞風踵至。」「然吳沙系漳人，名為三籍合墾，其實漳人十居其九，泉、粵不過合居其一。」[2]清代宜蘭在行政建制上先後歸屬諸羅縣、淡水廳，迨嘉慶十七年置噶瑪蘭廳，光緒元年設宜蘭縣，隸臺北

---

[1] 姚瑩：《噶瑪蘭原始》，陳淑均：（道光）噶瑪蘭廳志》卷 7 紀文上。臺灣文獻叢刊第 160 種第 371 頁。

[2] 楊廷理：《議開臺灣後山噶瑪蘭即蛤仔難節略》，同上第 365-366 頁。

府。

甲午戰後，臺灣淪為日本殖民地，日人即設宜蘭支廳，後改為宜蘭廳，下轄頭圍、羅東、叭哩沙、坪林尾（後改隸臺北）等支廳，1911年增設南澳支廳。1920 年廢宜蘭廳，分置宜蘭、羅東、蘇澳三郡，隸屬臺北州，1939 年升宜蘭街為宜蘭市。[3]日據時期宜蘭地方社會經濟之變遷可從以下幾個方面分析：

首先是人口結構的變化。日本殖民統治下宜蘭的人口分為臺灣人（時稱本島人）、日本人（時稱內地人）和外國人三大族群，由於特殊的歷史原因，中華民國人也被歸入「外國人」的行列，即所謂「臺灣華僑」。就宜蘭郡的情況而言，這幾個類型人口的結構分佈狀況有如下表所示：

表一、日據時期宜蘭郡民族別人口結構（1933 年 12 月）

街莊別	類別	內地人	本島人				朝鮮人	中華民國人	計
			福建人	廣東人	熟番	生番			
宜蘭街	戶數	758	4,741	123	9	3	3	93	5,730
	人口	2,420	22,920	174	29	3	25	354	25,934
礁溪莊	戶數	42	3,100	10	24	—		5	3,181
	人口	182	18,092	33	115	—		14	18,436
頭圍莊	戶數	56	3,189	4	31	—		17	3,297
	人口	178	17,343	18	94	1		86	17,720
壯圍莊	戶數	19	2,605	—	25	—		4	2,652
	人口	64	16,932	—	99	1		8	17,104
員山莊	戶數	49	2,855	37	19	—		7	2,967
	人口	101	17,955	266	74	—		15	18,411
計	戶數	924	16,490	174	108	3	3	126	17,828
	人口	2,945	93,251	491	411	5	25	477	97,605

資料來源：臺北州宜蘭郡役所庶務課編：《宜蘭郡要覽》（非賣品），昭和 9 年 12 月，第 7 頁。

---

[3]《宜蘭文獻》「宜蘭縣文獻委員會成立十周年紀念特輯」，第 4 頁，宜蘭：宜蘭縣文獻委員會，1963 年 10 月。

　　從上表顯示的宜蘭郡人口結構來看，三大族群中毫無疑問臺灣人（即本島人）最多，日本人（內地人）次之，最後是所謂「外國人」的中華民國人。再細分則臺灣人中原籍福建人佔據了壓倒性多數，廣東人只與新來的中華民國人和作為土著族的熟番人口大致相當。這一資料恰恰契合了清代史料所稱宜蘭地方漳人十分之九，泉與粵合占只十分之一的祖籍地域構成，作為殖民者的日本人則擠佔了第二大族群的地位。

　　再以產業別人口結構觀察，日據時期的宜蘭農業人口的比例漸次趨於減少。據 1933 年統計，宜蘭郡農業人口占總人口的比例為 46%，少於一半。[4]不過這當中倘若細加分析，實際上的情況是有差異的，因為商業發達的宜蘭街農業人口比例僅為 9%，將整體比例大為攤薄。礁溪莊、頭圍莊、壯圍莊、員山莊的農業人口比例分別達到 75%、39%、76% 和 56%，居於較高水準，因此存在較大的地區差異。[5]平均每戶農家擁有的耕地面積，剔除農戶較少的宜蘭街，其餘四莊平均每農戶水田面積為 1.59—1.98 甲，旱田面積為 0.23—0.66 甲[6]，呈細碎化經營狀態，小農經濟占主導地位，其他地方亦大略如此。換句話說，宜蘭地方的產業結構尚處於緩慢調整期。

　　日據時期宜蘭工商企業主要由金融、食品加工業、農副產品加工業、釀酒業、制腦業、製造業、水產業、鹽業等組成，其中本地人的企業佔據絕大多數。據 1922 年統計，金融業有臺灣銀行宜蘭出張所、商工銀行宜蘭支店及宜蘭信用組合；工業方面數量較多的有精米工廠、黃麻織物工廠、木製品工廠、線香工廠及為數不少的釀酒廠、榨油廠；商業方面數量較多的為清涼飲料水販賣業、乳製品販賣業、販肉業者；特種行業有理髮業、藝妓、俳優。總的來說，日據時期宜蘭的工商業發展基本上為傳統的延伸，尚未出現急劇的結構轉型。

---

[4]　臺北州宜蘭郡役所庶務課編：《宜蘭郡要覽》（非賣品），昭和 9 年，第 45 頁。

[5]　同上。

[6]　同上，第 46 頁。

表二、日據時期宜蘭地方主要企業（1916 年 12 月）

工場名稱	所在地	負責人	產品	資本金（元）
宜蘭制酒公司	宜蘭街埠門	林青雲（外 34 名）	米酒、紅酒、藥酒、酒粕	92,996
宜蘭制酒公司頭圍工廠	頭圍堡頭圍街	同上	米酒、藥酒、酒粕	22,870
宜蘭百䌷製造場	宜蘭街艮門	鄭火樹	白䌷	5,730
宜蘭醬油釀造社	宜蘭街乾門	簡賡南	醬油、醬油粕	10,691
宜蘭制酒公司頭圍制䌷廠	頭圍堡頭圍街	林青雲（外 34 名）	紅䌷、白䌷	5,081
大溪制酒公司	頭圍堡大溪莊外大溪	蕭維翰	白酒、紅酒、酒粕	13,000
羅東制䌷公司	羅東堡阿裡莊	陳純精	紅䌷、白䌷	2,100
羅東制酒公司	羅東堡羅東街	同上	米酒、紅酒、酒粕	28,165
臺灣制酒公司	利澤簡堡蘇澳莊	後藤勝哉(外 6 名)	米酒、紅酒、米酒粕	7,331
利澤簡制酒組合	利澤簡堡利澤簡莊	林繼（外 20 名）	米酒、紅酒、酒粕	13,000
余水土精米場	宜蘭街坤門	餘水土	玄米、白米、糠	16,300
新聯順精米場	宜蘭街坤門	楊水昌（外 2 名）	玄米、白米、糠	7,800
四興記制面所	宜蘭街乾門	李盛周	素面	1,540
金源號碾米所	頭圍堡頭圍街	莊陳金生	玄米、碾穀、碎米	5,910
石梓土碾米場	頭圍堡二圍莊	石梓土	玄米、碾穀、碎米	1,770
林益記精米所	頭圍堡頭圍街	林和	玄米、白米、碎米	10,000
楊福成精米所	頭圍堡頭圍街	楊旺樹	玄米、白米、碾穀	33,500
新合成制面所	員山堡新城莊	李朝宗	米粉	1,330
東晶精米所	羅東堡羅東街	陳光昌（外 8 名）	玄米、白米、糠	16,692
羅東制穀組合	羅東堡羅東街	王林修	玄米、白米、糠	10,000
合發碾谷制米所	利澤簡堡頂清水莊	吳阿書（外 6 名）	玄米、白米、糠、碎米	6,000
林仰山精米所	利澤簡堡蘇澳莊	林仰山	白米、糠	2,900
蘇澳天然碳酸瓦斯工廠	利澤簡堡蘇澳莊	竹中信景	甘味飲料水、碳酸水	5,299
金建興煉瓦工場	浮州堡叭哩沙莊	潘阿邊	瓦、煉瓦	1,200

新洽源制油場	二結堡頂五結莊	林全賜	落花生油、油粕	6,840
達源制油場	宜蘭街坤門	張振鏘	落花生油、油粕	7,220
通源制油場	宜蘭街艮門	黃式平	落花生油、油粕	3,300
泉源制油場	宜蘭街艮門	林祥	同上	12,600
宜蘭物產組合	羅東堡羅東街	吳茂土（外 10 名）	玄米、白米、糠、落花生油、油粕	24,000
金成興制油工廠	羅東堡羅東街	林阿松	落花生油、油粕	6,710
顏振勝制油場	羅東堡羅東街	顏乞食	同上	3,800
豐源制油場	利澤簡堡利澤簡莊	朱呆	同上	2,986
宜蘭電氣株式會社	宜蘭街乾門	宜蘭電氣株式會社	電燈	62,624
金瓜石田中礦業宜蘭出張所東灣制材所	南澳支廳管內番地東澳	小松仁三郎	板	1,500
宜蘭煉瓦工場	四圍堡二結莊	波江野吉太郎（外名）	煉瓦、屋根瓦	13,000
白石腳陶器製造所	頭圍堡白石腳莊	陳開成	陶器類	1,000
二圍煉瓦工場	頭圍堡中崙莊	蔡阿盛	煉瓦、屋根瓦	1,020
恰德染色場	宜蘭街艮門	郭雨潤	烏西洋布、草藍布、天羅布、天苧麻布	2,562
振成染工廠	頭圍堡頭圍街	郭進成	染上井布、染苧麻布、染苧麻絲	3,030
彩章染色工廠	羅東街竹林莊	遊耕雲	草藍布、淺布、烏西洋布、天羅布等	3,183
林恰成鴨人工孵化場	頭圍堡頭圍街	林德成	鴨、雞	2,400
叭哩沙制酒公司	浮州堡叭哩沙莊	張慶飛（外 5 名）	米酒、紅酒、酒糟	18,600
金昌美精米所	浮州堡叭哩沙莊	陳阿南	玄米、白米、糠、碎米	4,700
東成商行	利澤簡堡蘇澳莊	陳江海	玄米、白米、米糠	1,300
石秀源精米所	羅東堡竹林莊	石阿老	白米、玄米、米糠	14,900
宜蘭鐵工所	宜蘭街坤門	湯肯	釘、釬、螺鐵	3,800
宜蘭殖產株式會	宜蘭廳叭哩沙支廳	宜蘭殖產株式會	楠仔板、柯仔板、赤皮板、	10,700

社大湖桶山制材所		社	烏心石板	
陳炯釜制油場	浮州堡叭哩沙莊	陳炯釜	落花生油、油粕	1,680
筱塚工廠	利澤簡堡蘇澳莊	筱塚初太郎	瓦	4,800
筱塚大理石採取場	利澤簡堡蘇澳莊	同上	大理石	2,000
宜蘭制糖所	二結堡二結莊	台南制糖株式會社	第一、二種赤糖	1,999,000
猴猴糖廍	利澤簡堡猴猴莊	林木溪	第一種赤糖	10,000
頂粗坑糖廍	浮州堡粗坑莊	黃子安	同上	3,500
打馬朗鹿場糖廍	叭哩沙支廳打馬朗鹿場	黃鳳鳴	同上	6,000
再連糖廍	浮州堡粗坑莊	同上	同上	8,000
牛街開糖廍	叭哩沙支廳牛街開	櫻井貞次郎	同上	22,700
金合興糖廍	浮州堡大洲莊	楊世泰（外3名）	同上	25,000

資料來源：宜蘭廳編：《宜蘭廳統計要覽》（大正 5 年），宜蘭廳，大正 7 年版，第 16 工業，第 135—138 頁。

　　上表列舉的 1916 年宜蘭地方企業基本資料，較為全面地展現了日據時期宜蘭工業發展狀況，從中可以看出臺灣本地傳統中小企業佔據了宜蘭產業經濟的主導地位。此種狀況在 1936 年之前沒有發生質的變化，如 1922 年宜蘭街的工業統計仍以臺灣人經營的傳統釀酒、碾米、榨油業等工業業態為主。[7]又如從數量上看，1925 年宜蘭街的大小 322 家工廠（包括手工作坊）中，占多數地位的依舊是臺灣本地人的中小型企業，如黃麻袋工廠 93 家、碾米、精米工廠 40 家、木製品工廠 24 家、金銀紙工廠 21 家、蠟燭工廠 15 家等。[8]再如 1933 年宜蘭郡的統計資料顯示，碾米、精米、金銀細工、木製品、點心、金銀紙分別佔據了工業

---

[7]　宜蘭街役場編：《宜蘭街勢一覽》（非賣品），臺北州宜蘭郡宜蘭街役場，大正 12 年，第42-44 頁。

[8]　宜蘭街役場編：《宜蘭街勢一覽》（非賣品），臺北州宜蘭郡宜蘭街役場，昭和 2 年，第39-42 頁。

產值的前幾位。[9]總之，從上引資料我們可以得到以下初步認識：日本據台之後，雖于全島實施土地、林野、戶口調查及外國資本的驅逐、日資的引進、法律制度的制定等等一系列所謂「基礎建設」工程，推進了臺灣社會的殖民地化。不過以宜蘭的例子觀察，此一殖民地化進程在當地似乎進展相對緩慢，宜蘭農業仍舊為本地農戶的小農經濟，工商業除了金融寡頭及若干大型企業由日資控制外[10]，亦以臺灣人的中小型企業為主，傳統經濟模式依然是當地社會的主流。也就是說，殖民當局對宜蘭地方經濟的殖民地改造，尚未觸動到宜蘭地方社會的底層結構，日本人的影響並不及人們想像的那般深刻。在宜蘭，是臺灣本地人從事主要的工商業活動，推動著地方經濟的發展。可以說，沒有日本對臺灣的殖民統治，臺灣人一樣會自主地沿著既定的道路發展經濟，並朝著近代化的道路前行，只不過方向、路徑有所不同罷了。事實表明，宜蘭的總體社會經濟發展跟日本人沒有太過密切的聯繫。那種認為日本人給臺灣帶來了近代化的觀點，至少從宜蘭的個案觀察，恐怕是言過其實的。

二、日據時期宜蘭地方教育文化之變遷

相較於社會經濟領域，日本殖民者在教育文化方面的所作所為給宜蘭地方社會帶來的變化更值得我們關注。如所周知，日本殖民當局在台政策的核心內容就是同化政策，其主旨在於逐步消弭臺灣社會的中華文化，以日本文化取而代之，以圖改變臺灣人的民族性，將臺灣人改造成為日本人。在宜蘭，情形也是一樣，

教育是一種培養人的社會活動，舊的中華文化教育體系的打破和日式教育的植入，是日本殖民者首先要做的一項重要施政內容。日據之前的宜蘭地方教育主要由民間的私塾亦即書房來進行，教育的內容則是幼學群芳、古詞歌賦、四書五經等傳統內容，讀書的最高追求是完成科舉考試，光宗耀祖。日據之後，讀書人科舉致仕的路徑被徹底封堵，而新

---

[9] 臺北州宜蘭郡役所庶務課編：《宜蘭郡要覽》（非賣品），昭和 9 年，第 80-82 頁。
[10]譬如台南制糖株式會社在政府強力支持下進入，並逐步擠壓傳統糖廍的生存空間。

式教育的擴張則擠佔了書房的生存空間，二者此消彼長的轉換期宣告來
臨，其變遷過程請參看下表：

表三、日據時期宜蘭地方書房變遷（1916 年）

種類		1905 年度	1909 年度	1914 年度
書房數		62	19	5
教師數		63	19	5
學生數	男	1,691	473	154
	女	8	12	1
	計	1,699	485	155
教師年收入		5,581 元	1,440 元	419 元

資料來源：宜蘭廳編：《宜蘭廳治一斑》，大正 5 年稿本，第 69
頁。

顯而易見，傳統書房的衰落相當快速，到 1910 年代中期後，只是
象徵性的存在著。而正如我們曾經指出的那樣，即便留存在下來的書
房，其內在構成也發生了很大的變化，譬如增加了日語課、接受官方的
教科書、新式學校畢業的教師加入等等，故其實際上已經不是人們想像
中的純粹的傳統書房了。[11]

與此同時，日本殖民者實施的日式教育漸次開展起來，宜蘭郡日式
教育的嚆矢為 1896 年 3 月設於宜蘭街天后宮的明治語學校，後設宜蘭
國語傳習所，進而改為公學校，另設專收日本兒童的小學校。至 1934
年共有小學校、公學校、女子公學校、分教場等 114 所，學齡兒童入學
率日本人達 100%，臺灣人則平均為 35.9%，與日人相比處於較低的水
準[12]。令人感興趣的是，資料顯示 1930 年代之前宜蘭臺灣人的日語普及
率亦相對較低，以 1934 年宜蘭郡為例，參見下表：

---

[11]陳小沖：《日據初期臺灣的書房調查與殖民地教育整編》，《臺灣研究集刊》2010 年第 4 期。
[12]臺北州宜蘭郡役所庶務課編：《宜蘭郡要覽》（非賣品），昭和 9 年，第 24-25 頁。

表四、日據時期宜蘭郡臺灣（本島）人日語普及率（1934 年 6 月）

街莊別＼種類	性別	本島人人口	能說者	能說、能讀、能寫者	占總人口比例 %
宜蘭街	男	11,620	5,177	3,840	44.55
	女	11,515	3,971	2,722	34.48
	計	23,135	9,148	6,562	39.54
礁溪莊	男	9,978	2,712	1,489	27.18
	女	8,262	796	327	9.63
	計	18,240	3,508	1,816	19.23
頭圍莊	男	9,185	2,767	1,964	30.13
	女	8,271	883	472	10.66
	計	17,456	3,650	2,436	20.91
壯圍莊	男	9,140	2,564	1,873	28.10
	女	7,892	541	394	6.86
	計	17,032	3,105	2,267	18.23
員山莊	男	9,723	2,446	2,122	25.16
	女	8,568	582	474	6.80
	計	18,291	3,029	2,596	16.56
計	男	49,646	15,666	11,288	31.56
	女	44,508	6,774	4,389	15.22
	計	94,154	22,440	15,677	23.83

資料來源：臺北州宜蘭郡役所庶務課編：《宜蘭郡要覽》（非賣品），昭和 9 年 12 月，第 27 頁。

　　依照上表資料我們不難看到，至少到 1930 年代中期，宜蘭郡的日語普及率實屬差強人意，懂日語的臺灣人占人口比例高者為宜蘭街的 39.45%，低者為員山莊的 16.56%，整個宜蘭郡平均只有 23.83%，這就是日本佔據臺灣整整 40 年後的「成績」。顯然，其與戰後初期人們觀感中對日據時期臺灣人日語水準的認知有著相當大的落差。換句話說，日本殖民統治末期統治者宣佈的高達近 80%的日語普及率[13]，是在 1935 年之後的短短 10 年間達成的飛躍，這當中雖有皇民化運動帶來的強制

---

[13]陳小沖：《日本殖民統治臺灣五十年史》，北京：社會科學文獻出版社 2005 年版，第 274 頁。

普及效果，但幾何級數的跳躍上升，使得人們有理由對官方的日語普及率統計產生一定的懷疑。

在學校系統之外，宜蘭地方還有針對社會人群的日語普及機構，也就是所謂的國語講習所，其作為學校日語教育的補充，起著重要的社會作用。

表五、日據時期宜蘭郡國（日）語講習所（1934 年 8 月）

名稱	場所	講師數	講習生數	1934 年經費（元）
宜蘭男子國語講習所	宜蘭公學校	5	110	600
宜蘭女子國語講習所	宜蘭女子公學校	5	101	600
四結男子國語講習所	四結公學校	2	32	300
四結女子國語講習所	同上	2	33	300
礁溪男子國語講習所	礁溪公學校	2	54	300
礁溪女子國語講習所	同上	1	43	300
二圍國語講習所	二圍公學校	3	41	360
頭圍國語講習所	頭圍公學校	5	48	360
大穀國語講習所	大裡站前	3	37	360
龜山國語講習所	頭圍莊龜山島	1	41	360
壯二國語講習所	壯圍莊壯二	3	99	1,649
壯五國語講習所	壯圍莊壯五	2	50	300
壯三女子國語講習所	壯四公學校	3	55	300
三塊厝國語講習所	壯圍莊三塊厝	2	53	300
土圍國語講習所	土圍公學校	3	48	300
土圍女子國語講習所	同上	3	52	300
大福國語講習所	大福分教場	4	40	300
新城國語講習所	員山莊新城	2	50	400
枕頭山國語講習所	員山莊枕頭山	2	50	400
隘界國語講習所	員山莊隘界	2	68	400

| 外員山國語講習所 | 外員山公學校 | 4 | 70 | 400 |
| 溪洲國語講習所 | 員山莊溪洲 | 2 | 40 | 500 |

資料來源：臺北州宜蘭郡役所庶務課編：《宜蘭郡要覽》（非賣品），昭和 9 年 12 月，第 30-31 頁。

　　從上表我們可以看出，國語講習所遍及宜蘭郡的主要街莊，成為殖民當局伸向社會末端的日語普及觸角。1930 年代後國語講習所的作為日趨積極、作用日趨擴大，據宜蘭耆老林英俊回憶：「小時候我外婆住在廟後，放假時我常常到那裡玩。那裡的人大部分都在種田或捕魚，很多人都沒有到公學校讀過書。晚上他們必須到國語講習所學日語，我也經常跟著去。」[14]上文提到的日據末期臺灣社會日語普及率飆升，與各地國語講習所規模的急劇擴充、受教育人數的大規模擴張有密切的聯繫。[15]人稱「當時為了推行日語，設有國語講習所。老年人要去讀，不識字的年輕人也要去讀。有專任的講師去上課白天晚上都有排課。」[16]國語講習所的地點大都設立在地方公學校，而教員亦多以公學校教師擔當。[17]此外，還普遍設立了以夜間學習為主的國語獎勵會，涉及的地點有宜蘭、礁溪、內員山、羅東、五結、順安、頭圍、二圍、大福、利澤簡、蘇澳、馬賽、坪林尾、楠仔寮、叭哩沙、冬瓜山等，內分甲乙二科，甲科為公學校畢業者進行日語的鞏固提高，乙科為不懂日語者的修習場所，講師亦由公學校教員充任，據稱學生的出席率達到 62%。[18]

　　在社會教育上，青年組織的建立及其所發揮的作用也是值得關注的一個重要方面。青年團是日本殖民者 1930 年代強化社會控制和進行「忠君（天皇）報國（日本）」教育的重要載體，官方頒佈的《臺灣青年團訓

[14]《宜蘭耆老談日治下的軍事與教育》（宜蘭文獻叢刊 9），宜蘭：宜蘭縣立文化中心 1996 年，第 76 頁。

[15]陳小沖：《日本殖民統治臺灣五十年史》，北京：社會科學文獻出版社 2005 年版，第 273 頁。

[16]《宜蘭耆老談日治下的軍事與教育》（宜蘭文獻叢刊 9），宜蘭：宜蘭縣立文化中心 1996 年，第 87 頁。

[17]在這裡我們發現日據時期臺灣社會中，公學校扮演著十分重要的角色，它既是教育機構，同時又是地方事務的集會中心，有時還是地方公益事業的發起者，頗值得關注。

[18]宜蘭廳編：《宜蘭廳治一斑》，大正 5 年稿本，第 70-73 頁。

令》稱：「青年為國家活力之源泉，次代社會之擔當者，其修養如何，無疑于國運之伸展及地方之開發影響甚深」，而青年團的作用是作為和睦、勵志、健身之模範，最終將青年培養成「忠良有為之（日本）國民」。[19]以下是宜蘭郡青年團組織的大致狀況：

表六、日據時期宜蘭郡青年團組織概況（1939 年）

團名	團長名	團員數	1934 年度經費（元）	設立年月		
宜蘭郡聯合青年團	梅谷修三	360	745.00	1932	03	12
宜蘭青年團	甘阿炎	66	305.00	1932	02	01
四結青年團	李清蓮	25	181.50	1932	02	11
礁溪青年團	林過枝	32	212.00	1932	02	11
二圍青年團	林長枝	22	152.50	1932	02	11
頭圍青年團	陳利仁	15	236.00	1932	02	10
大穀青年團	大沼一郎	20	97.60	1932	07	11
壯四青年團	林厲水	32	359.00	1932	02	11
過嶺青年團	蔡歐枝	40	209.00	1932	02	22
土圍青年團	陳添益	28	48.60	1932	06	10
大福青年團	陳明傳	10	190.00	1932	02	11
員山北青年團	李福全	15	112.00	1932	02	11
員山中央青年團	遊順五	30	108.00	1932	02	10
員山南青年團	陳炤巽	25	97.50	1932	07	12
宜蘭郡聯合女子青年團	梅谷修三	169	與男子青年團合併	1932		
宜蘭女子青年團	連氏文娟	49	198.90	1932		
四結女子青年團	魏氏綿	10	59.00	1932		
礁溪女子青年團	游氏阿琴	20	87.00	1932		
二圍女子青年團	中松ひさ	16	101.00	1932		

---

[19]《臺灣青年團訓令》（昭和 5 年 9 月 17 日總督訓令第 72 號），收入郭進發編：《臺灣重要歷史文件選編（一八九五─一九四五）》（二），臺北：「國家圖書館」2004 年版，第 1173 頁。

頭圍女子青年團	陳氏粉市	26	146.00	1932	02	11
壯四女子青年團	黃氏英	12	68.00	1933	04	30
員山北女子青年團	陳氏密	10	55.50	1932	02	07
員山中央女子青年團	江氏阿白	17	60.20	1932	07	12
員山南女子青年團	陳氏淡	15	54.50	1932	02	10

資料來源：臺北州宜蘭郡役所庶務課編：《宜蘭郡要覽》（非賣品），昭和 9 年 12 月，第 33-35 頁。

　　上表可見，宜蘭郡青年團有如下幾個特點，首先，男子青年團與女子青年團人數、經費等等各方面不相上下，婦女參與度較高；其次，青年團組織普遍成立於 1932 年 2 月之後，這標誌著隨著 1931 年「九一八事變」後臺灣島內日本右翼勢力的抬頭，對於社會尤其是青年的控制明顯加強了；第三，日人把持了主要的青年團體。

　　由於青年團聚集了地方上的所謂青年「有志者」，本身的地方影響力就已經存在，加上日本殖民當局有意識的培植，青年團的骨幹逐步取代了原先傳統地方勢力，上升為鄉村權力結構中的重要角色。這一角色轉換在宜蘭地方土著族中尤其明顯，原先的頭目勢力者會逐步被青年團所取代，開始擔當社會重要角色，而背後的支持者是日本殖民警察，據宜蘭土著族耆老的回憶：「那時青年團影響力很大，譬如對全村的活動都是青年團團長帶領，以前是頭目，那時還是有頭目，但沒有權力，有權力的是青年團長。學生、青年、老一輩的也要聽。他的話就是日本人指使他，他說的話就是日本人說的話，要我們做什麼就是什麼。」山地土著族社會形成了青年團與頭目兩種勢力並存的局面，且前者有取代後者之勢。[20]由此可見日人扶持下的青年團勢力的崛起。

　　綜上觀之，日據時期宜蘭地方的社會教育文化發生了較為深刻的變化，以書房為代表的舊的傳統教育體系被打破，以公學校、小學校、國語講習所等為代表的日式教育得到了廣泛普及，日語開始逐步滲透進臺

---

[20]郭錦慧：《論日治時期運行于原住民部落中的規訓權力》，《宜蘭研究第三屆學術研討會論文集》（宜蘭文獻叢刊 17），宜蘭：宜蘭縣文化局 2000 年版。

灣人的社會生活，青年團在地方社會上開始展現引領的作用，地方社會權力結構開始了新的重組。較之於社會經濟領域，日本殖民統治在宜蘭地方教育文化領域的影響要大得多。

　　整體而言，日據時期臺灣社會經歷了一次大的社會轉型，1910 年代末臺灣社會亦已初步殖民地化。日本殖民者在臺灣建立了總督專制統治、掌握了社會經濟命脈、確立了日本文化霸權，臺灣人處於殖民地二等公民的地位。但應當提起注意的是，臺灣各地的社會發展狀況還是千差萬別的，就本文討論的宜蘭個案來看，日本殖民者對當地社會經濟的影響便略顯薄弱，于教育文化領域的滲透、控制則較為顯著，但宜蘭地方社會整體上尚未發生顯著的變化，傳統社會底層結構依舊延續，殖民地化的影響相對有限。這告訴我們，在探討殖民地臺灣社會時，切忌將其視為僵化的鐵板一塊來看待，應區分不同地域、不同情況詳加分析，這樣得出的結論才較為科學、較為接近歷史真實。

從昭和 20 年到民國 34 年——1945 年的臺灣歷史變局

　　1945 年註定要在臺灣歷史上留下深深的烙印，中國抗戰勝利、日本戰敗無條件投降，臺灣的日曆從昭和 20 年翻到了民國 34 年。盤據臺灣五十年的日本人無奈地撤走了，中華民國政府的接收大員來了，臺灣人從「日本國民」回歸到「中華民國國民」……。但是，當這一天真的到來的時候，日本人願意拱手交出富饒的臺灣島嗎？臺灣人民有什麼反應？代表中國前來接收的國民政府準備好了嗎？結局如何?這些都是本文試圖回答的問題.

一、1945 年 8 月前——殖民者之風雨掙扎

　　1945 年（日本昭和 20 年）5 月，臺灣總督府舉行了「領台」50 年紀念儀式。與「始政」40 年的宏大慶祝場面不同，這時的慶典冷清異常，日本在台殖民統治陷入了一片風雨飄搖之中。台東廳長鈴樹忠信在他的日記裡這麼寫道：

> 軍方呼號著「臺灣全島要塞化」，進行總動員。現在海岸和山腳地帶正挖掘戰壕、構建堡壘。然而，就我所見，配置的大炮只是幾門十二釐米的榴彈炮，恐怕連戰車也沒有吧。軍隊似乎打算在水際灘頭殲滅美軍，但相對於傳說中美國的傾瀉鋼鐵般的作戰方式，簡直就像橫綱跟小孩進行相撲。美軍來的話，……作為地方長官，我要怎麼辦才好呢？為了這重要的問題，我這些天來屢屢站在海岸邊冥想。[1]

　　需要苦心冥想的不止是鈴樹忠信，為了日本帝國的這塊殖民地的生存發展，為了配合日本的對外侵略戰爭，臺灣總督府曾費盡了心思。

---

[1]　林茂、安藤良雄等編：《日本終戰史》（中卷），讀賣新聞社，東京，昭和 37 年，第 236-237 頁。

　　自從 1936 年底小林躋造總督提出工業化、皇民化和南進基地化的政策目標後，這三大政策便成為戰爭年代臺灣社會的主基調，對臺灣人及臺灣地方的全方位改造運動——皇民化運動也如火如荼的展開著。臺灣人的地位這時開始發生著微妙的改變，只要聽聽日本人嘴裡對臺灣人的稱謂便可見其端倪。從早期的「清國奴」到「土人」，再到「本島人」、「臺灣人」，到了長谷川總督的口中發展出所謂「臺灣三兄弟」的提法，即內地人、臺灣人和高砂族人是三兄弟，後來還居然親切地稱臺灣人為「臺灣同胞」。[2]如所周知，日本殖民統治下的臺灣社會歷來以民族的分別將日本人和臺灣人明顯的劃分為兩個陣營，日本人是殖民地臺灣的統治民族，佔據著臺灣政治、經濟、教育乃至社會福利的大部分資源，臺灣人則處於「二等公民」的地位。民族的歧視和日台人的差別對待，不斷激起臺灣人民的民族反抗浪潮。現在到了日本殖民統治的末期，民族歧視和不平等的差別待遇的狀況卻似乎有了某些鬆動，譬如 1944 年，臺灣初等教育的日台人雙軌制終於壽終正寢，學校統一改為國民學校。在首相小磯國昭的主導下，臺灣人政治待遇改善政策也推行開來，臺灣人得以參與日本帝國貴族院和眾議院的選舉，放寬臺灣人的出入境限制，改善警察行政，為臺灣人升學、就業提供幫助。同時廢除了鎮壓臺灣人民反抗鬥爭的《匪徒刑罰令》及《浮浪者取締規則》，1945 年 6 月 17 日，正式廢止了封建的保甲制。

　　然而，殖民當局的這些舉動是別有用心的。

　　「七七事變」後，隨著臺灣進入戰時狀態，物質、金融、貿易、人力等等均實施統制，以服務於戰爭的需要，尤其是臺灣的人力資源更是成為日本殖民者覬覦的目標。臺灣總督府曾組織了各色臺灣人勞務團體到戰場服務，島內為了軍需工業而進行的生產擴張計畫也亟需大批的勞動力。依據《國民徵用令》、《臺灣護國勤勞團令》等法令對臺灣民眾的戰爭動員也廣泛開展，戰爭末期最高時一天就徵用 30 萬人以加強臺灣的防衛工事及其它所謂緊急要務的建設。此外更值得關注的是對臺灣人

2　中井淳：《皇民奉公運動之進展》，臺灣經濟年報刊行會編：《臺灣經濟年報》（昭和十九年版），臺灣出版文化株式會社，昭和十九年，第 252 頁。

民的直接戰鬥人員的徵用，1942 年 4 月 1 日臺灣實施陸軍特別志願兵制，被徵用者達到 5000 餘人。1943 年 8 月 1 日，臺灣實施海軍特別志願兵制，至 1944 年 7 月止，被編入海軍特別志願兵籍的臺灣人約為 11000 餘人。1944 年 9 月 1 日，臺灣正式實施徵兵制。另據戰後日本厚生省的統計，戰爭時期臺灣出身軍人數為 80433 人，軍屬（含軍夫）126750 人，合計 207183 人，其中死亡 30304 人。[3]

　　強化對臺灣人力資源的掠奪有其深刻的社會歷史背景。太平洋戰爭爆發後，隨著同盟國在亞太戰場的反攻，日本軍隊節節敗退，兵力消耗大增，日本國內人力資源日漸枯竭。於是，擁有豐富人力資源的殖民地臺灣急切地被納入了日本殖民當局尤其是軍部的視野，陸海軍內部關於將臺灣人民納入日本軍隊送上前線的計畫秘密出籠了。但是，臺灣人民在整個日本殖民統治時期根本就沒有真正享有過完全的日本國民的待遇，有的只是民族的歧視和法律地位上的低人一等，日本人也打心眼裡不相信臺灣人民能夠真心誠意地為日本天皇盡忠。為了解決這一矛盾狀況以充分地利用臺灣的人力資源，日本殖民者從兩個方面來改進臺灣人統治：其一，強化皇民化運動，由表及裡全方位地對臺灣人實施改造。陸續進行的改換日式姓名運動、強制普及日語、對天皇的尊崇、日本文化的灌輸、對中華文化的摧殘乃至日常生活的日本化等等，無不以「煉成」中堅有為的帝國皇民為其目標，就如總督府總務長官森岡二郎所說的：「在精神上形式上都與內地人一樣才稱得上完全的日本人化。」[4]只有臺灣人改變了自身的民族性而與日本帝國同心同德了，他們才有資格成為「皇軍」的一員，日本政府才會放心將他們派遣到戰場為日本帝國盡忠，臺灣的人力資源才能得到最有效的運用。其二，就是我們上面提到的臺灣人政治待遇改善運動。臺灣人要真正成為「皇軍」的一員，除了要在精神和外表上都將其改造為日本人之外，還有不少法律上的障

---

[3]　參閱陳小沖：《1937-1945 年臺灣皇民化運動述論》，《臺灣研究十年》，廈門大學出版社，1990 年版。

[4]　近藤正己：《創氏改名研究之探討與改姓名》，《日據時期臺灣史國際學術討論會論文集》，臺灣大學歷史系，1993 年，第 240 頁。

礙。直到太平洋戰爭爆發為止，臺灣人雖名義上是日本國民，但他們並不享有和在台日本人同等的待遇，各項法律制度也為保護在台日本人的利益而設計。相反的，封建連坐的《保甲條例》和殘酷的《匪徒刑罰令》倒是由臺灣人來「獨享」並遲遲不予廢除。在法律地位如此低人一等加上民族歧視的狀況下，要讓臺灣人死心塌地地為日本帝為天皇賣命，恐怕是連日本人自己都不會相信的。於此時出臺的臺灣人政治待遇改善運動，顯然有著直接的目標指向。日本內閣政治處遇調查會中軍方代表的話更是一語道破了天機，他說：「待遇改善對日本戰力具有很大的作用」。[5]換句話說，日本殖民者在其統治的末期雖然給了臺灣人民一定的政治待遇，但這種待遇改善的真正意圖是想讓臺灣人由此向天皇感恩、為天皇盡忠「玉碎」，它只不過是日本在殖民統治風雨飄搖之際為驅使臺灣人在戰場上替日本帝國主義賣命而給的一塊小小糖飴罷了！

二、1945 年 8 至 10 月──真空期之臺灣百態

1945 年 8 月 15 日，日本宣佈無條件投降。直到 10 月 25 日的兩個多月的時間裡，日本在台殖民總督府失去了統治的政治基礎而中國政府則尚未完成接收手續，臺灣進入了一段特殊的政治真空期。這一時期裡，在台日本人和臺灣本地人這兩個群體分別有著不同的感受和反應。

投降當時的臺灣，日本軍隊的力量還是比較完整的，雖然戰時遭受盟軍飛機的不間斷轟炸有所損傷，但除了經濟目標和基礎設施的破壞較大外，對日軍本身的打擊並不明顯。資料顯示，此時駐臺灣的日軍有總計陸海軍約近 20 萬人。[6]在美軍佔領沖繩、臺灣局勢危急的時刻，在台日軍配備了兩萬多顆的手持炸藥包準備組織敢死隊與美軍的坦克同歸於盡，卡車的引擎也拆卸下來裝到載滿炸藥的船艇上準備仿效神風隊員

---

5 近藤正己：《總力戰與臺灣——日本殖民地崩壞之研究》，刀水書房，東京，1996 年版，第 433 頁。

6 據戰後統計，解除武裝後的日軍人數為 167222 人，見中國國民黨中央黨史會編：《光復臺灣之籌畫與受降接收》，中國現代史史料叢編（四），臺北，1990 年版，第 254 頁。

向美軍艦艇發起自殺式襲擊，平民則一律疏散到山地，宣稱即使是到了吃草根樹皮的程度也決不投降，這就是軍部所稱之「死亡計畫」！[7]

　　然而，臺灣的軍部頑固份子還沒有等到他們為天皇「盡忠」的那一天，日本就戰敗投降了，這一消息無疑給他們當頭一棒。軍隊部分少壯軍官稱憑藉臺灣的防衛力量，「即便不能取得決定性勝利，但還是能找到給敵人以一大打擊的轉機」。[8]第 8 飛行師團的部分少壯參謀認為臺灣有許多完善的機場設施，有約占全日本空軍適航飛機 1/3 的 800 架軍機，臺灣砂糖產業發達，其副產品的酒精作為替代燃料足供使用，他們向總督兼臺灣軍司令安藤利吉強烈要求以臺灣一己之力獨立抗爭、繼續戰鬥。但末代總督安藤利吉首先考慮的是臺灣數十萬日本人的安全撤離問題，並且認定即使臺灣獨立抵抗也絕無勝利的希望，所以堅持「承詔必謹」壓制了這些少壯軍人的蠢動。後來有的論者將此次飛行師團部分軍官獨立抗爭事件稱為臺灣「獨立事件」，恐怕是對歷史事實的誤會，在我們看來這充其量不過是一次部分軍官的圖謀抗命事件而已。

　　緊接著就是所謂的「八一五獨立運動」。1945 年 8 月 15 日，臺灣軍陸軍少佐中宮悟郎及陸軍參謀牧澤義夫擬定所謂的「臺灣自治草案」，鼓動辜振甫、許丙、林熊祥等起來組織「臺灣自治會」。8 月 22 日，杜聰明、林呈祿、簡朗山、辜振甫、羅萬俥拜訪臺灣總督安藤利吉，安藤警告云：「島民不得輕舉妄動，並明示絕對禁止有圖謀臺灣獨立或自治。」據稱「辜振甫等三人聆言後，知事不可為，乃將陰謀取銷」。近來有人根據新公佈的臺灣總督府檔案和一些當事人的口述史料，認為是臺灣人自己主動策動了臺灣獨立事件，而日本人只是應其請求予以協助。[9]但我們仔細檢閱其論據，卻找不到任何支持指控辜振甫等人策劃臺灣獨立的證據，相反有大量的跡象表明，辜振甫等人似乎並沒有發起臺灣獨立運動的企圖。

---

[7]　林茂、安藤良雄等編：《日本終戰史》（中卷），讀賣新聞社，東京，昭和 37 年，第 237 頁。

[8]　同上，第 238 頁。

[9]　蘇瑤崇：《〈最後的臺灣總督府〉資料集介紹——兼論 1945-1946 年臺灣現代史的幾個重要問題》，《臺灣風物》第 54 卷第 1 期。

　　首先，從這一事件的最基本史料——1947 年國民政府對「八一五事件」的判決書來看，當時中宮悟郎、牧澤義夫擬定的是「臺灣自治案」而不是「臺灣獨立案」，擬成立的是「臺灣自治會」而不是「臺灣獨立會」，安藤總督對他們的警告也是「絕對禁止有圖謀臺灣獨立或自治」，這裡將臺灣獨立和自治並列提出，倘若是明白的獨立運動安藤就不必如此繞口費舌了。判決書最後替辜振甫羅織的罪名為「系假自治之名，行竊據台土獨立之實」，這句判詞也早就洩漏了天機，不論是否「假借」其名，辜振甫等臺灣人明明提出的就是「自治」而不是「獨立」，「獨立」是鎮壓「二二八事件」後官方強加上去的罪名。後人曾驚訝為什麼國民政府對從事「獨立運動」的辜振甫等人居然判得如此之輕，其實他們本來就沒有臺灣獨立的打算，這樣的判決一點都不奇怪。

　　其次，牧澤義夫的證詞稱，戰後臺灣有力人士求見臺灣總督安藤利吉時，曾言「臺灣人希望趁此時機獨立，希望總督府協助」，他在接受訪問的時候也否認曾經策動臺灣人獨立：「這件事他們搞錯了，請不要把我當成陰謀策劃的主角」。我們覺得牧澤的談話有自我解脫之嫌，辜振甫在法庭調查時提供的證詞中揭露：「對中宮等陰謀，當面拒絕，有台人李忠在場可證。並於十八日往訪杉浦，面請壓制，事經轉告羅萬俥，亦可證明。」「關於日人陰謀，余曾向前長官公署顧問李擇一面陳轉報長官，余果有同謀，焉敢報告，自貽咎戾。」[10]這裡的「陰謀」二字指的就是臺灣獨立。由此我們可以推斷，日本少壯軍人中宮悟郎和牧澤義夫策動的正是臺灣獨立運動，他們以成立臺灣自治會為名，欺騙包括辜振甫在內的部分臺灣人參預其事，而當辜振甫等人知曉其陰謀後斷然退出並報告了當局，加上安藤總督的嚴詞警告，這一台獨圖謀才被扼殺在萌芽之中。[11]至於事後沒有人向被中方關進監獄的臺灣軍參謀長諫山春樹追問這件事，那是因為臺灣軍高層本身是堅決反對任何獨立或自治圖謀的，故何來進一步的訊問？

　　第三，正是臺灣總督府的檔案告訴我們，當時的臺灣人民的主流民

[10]同上。
[11]另參閱陳佳宏：《「二二八事件」與台獨之發展與演變》，《臺灣風物》第五十五卷第一期。

意對臺灣光復和回歸祖國是歡迎的。史料記載是這樣的:「鑒於過去殖民統治之故,如今日本戰敗,臺灣人則認為腳色地位逆轉,而對日本人開始有粗暴的言行產生」,「同時推測,根據停戰協定,臺灣將回歸中國,如果給予島民國籍選擇權,那麼無疑的多數人將選擇中國」。[12]從中我們看到的是臺灣人民對回歸祖國的歡欣鼓舞,而實在是看不出絕大多數的臺灣人有什麼獨立的意圖。末代總督府編撰的《臺灣統治概要》也有這樣的文字:「昭和十八年(1943),南方戰線之日本軍轉進以來,戰況漸次不利。美英軍將進攻本島,日本即將敗退,已是預料之中,必將戰敗的思想逐漸形成。因而趁此機會之本島的獨立運動,或是以回歸中國為目的之民族運動,在各地逐漸抬頭,形成不穩的傾向。」[13]這裡顯示的臺灣民心也是傾向於「回歸中國」,而其中提到的所謂獨立運動,明顯的是以殖民宗主國日本為對象的,是要求將臺灣從日本殖民地狀況下獨立出來,與回歸中國之民族運動並不相悖,不可一見「獨立」兩個字就想當然的認為是要與中國的分離。

　　那麼,政治真空期的臺灣就沒有臺灣獨立的言行了嗎?也不是,總督府和臺灣軍的警告並不是沒有任何根據的,確有一些臺灣獨立言論散見於各地。問題是這些言行是一些散在的個人所為,沒有形成大的勢力,更談不上掀起所謂台獨運動,並且此種情形的出現有其特殊的歷史背景。在淪為日本殖民統治的五十年間,臺灣民眾從武裝鬥爭到非暴力政治抗爭,進行了不斷的反抗。其間有祖國派,他們希望中國強大、臺灣能夠最終回歸祖國;也有自治派,認為中國在列強侵略和軍閥混戰中,政治腐敗,民不聊生,臺灣人只能自己救自己。臺灣社會在濃厚的中國意識之外,也有臺灣意識的萌發。到了日本戰敗投降臺灣回歸祖國大局已定的形勢下,對腐敗的國民政府不放心的這部分人,心生恐懼也是情有可原的,臺灣獨立論調的出現,有其歷史的土壤,不足為奇。不過台獨言行並不為臺灣總督府所認可,因為在當時的情形下,總督府在臺灣已經喪失了實施行政治理的合法性,一部分臺灣人開始藐視總督府

[12]《大詔煥發後島內治安狀況及警察措施》,轉引自蘇瑤崇上揭文。
[13]臺灣總督府:《臺灣統治概要》,南天書局,臺北,1997 年複刻本,第119-120 頁。

的權威。處於尷尬境地的末代總督安藤利吉主要關注的是在台幾十萬日軍官兵及僑民的安全撤離，不希望在別的問題上節外生枝而影響了這一大局。[14]因此對於風聞不斷的台獨言行，採取斷然拒絕的態度。實際上，以日本當時的戰敗國身份及臺灣的孤軍奮戰，要想逆大勢而為實乃螳臂擋車，安藤對未曾透露姓名的有臺灣獨立企圖的人說：「諸君推動臺灣獨立的衷情，實可體會諒解，但從世界大局來看，奉勸諸君早日停止此一行動。若諸君無論如何想繼續推動的話，那不得已，吾將以日本軍力斷然討伐之。」[15]平心而論，在安藤利吉的內心深處，也是不願意將臺灣歸還給中國的，但他還是個較有全局觀念的軍人，知道什麼可為而什麼是不可為的，其對台獨言行的強力壓制態度既是明智之舉，也符合歷史潮流，是值得後人肯定。至少，這避免了臺灣島內局勢的急劇動盪，避免了可能由所謂的臺灣獨立運動而帶來的毀滅性的戰爭災難。

三、1945 年 10 月後——國民政府的接收

1941 年 12 月 9 日，中國正式對日宣戰，宣告「所有一切條約協議合同，有涉及中日間之關係者，一律廢止」。[16]導致臺灣割讓的不平等條約——《馬關條約》隨之廢止失效，臺灣正式列入了中國人民抗日戰爭所要收復的失地之列。1943 年 11 月開羅會議期間，中方正式要求「日本於九一八事變後自中國侵佔之領土（包括旅、大租借地）及臺灣、澎湖，應歸還中國」。[17]然而，當時英國提出的修改草案卻云：「日本由中國攫取去之土地，例如滿洲、臺灣與澎湖列島，當然必須由日本放棄。」[18]理由是他國被占領土均未明定歸何國所有，為何獨滿洲、臺灣

---

[14]參閱蘇瑤崇：《〈最後的臺灣總督府〉資料集介紹——兼論 1945-1946 年臺灣現代史的幾個重要問題》，《臺灣風物》第 54 卷第 1 期。

[15]臺灣會編：《啊，臺灣軍——其回顧與記錄》，轉引自蘇瑤崇上揭文。

[16]臺灣省文獻會：《抗戰與臺灣光復史料輯要》，南投，1995 年版，第 135 頁。

[17]中國國民黨中央黨史會編：《光復臺灣之籌畫與受降接收》，中國現代史史料叢編（四），臺北，1990 年版，第 20，24 頁。

[18]同上，第 28 頁。

等聲明歸中國所有？中國代表嚴詞駁斥了這一論調，指出：「措詞果如此含糊，則會議公報將毫無意義，且將完全喪失其價值。在閣下之意，固不言而喻應歸中國，但外國人士對於東北、臺灣等地，嘗有各種離奇之言論與主張，想閣下亦曾有所聞悉。故如不明言歸還中國，則吾聯合共同作戰，反對侵略之目標，太不明顯。故主張維持原草案字句。」[19] 中國的主張得到了美國的支援，最後達成了如我們所見之《開羅宣言》文本。

　　對於收復後的臺灣地位設計，國民政府內部雖曾有不同的主張，但台籍人士對在臺灣設行政長官公署，也大多持贊成態度，認為「惟初接管之時，以臺灣仍有敵國殘餘勢力存在，奸徒乘機竊發，亦或難免，暫賦行政首長兼領軍事指揮權，以利接受（收），而安社會，自為事實上必要。」[20] 作為接收臺灣的主要行政長官陳儀，應當說是國民政府內較為瞭解臺灣的人選，他在福建省任內曾多次會晤了來自臺灣的訪問者，並親自到過臺灣，對臺灣的社會政治經濟各個方面都有一定的感性認識。他在中央設計局臺灣調查委員會上曾說過這樣的一段話：「日本軍閥統治臺灣的動機和目的，在壓迫剝削臺胞，是很壞的。但許多設施如能善為運用，卻是好的。二十四年前本人到臺灣去看過，覺得交通、農業、工業各部門都比內地強。我們收復臺灣以後，一切都要比以前做得好。日本做得好地方，必須做下去，而且做得更好，日本不好之處，必須徹底革除。我們一切興革，須以三民主義為標準，須以人民福利為前提。合於主義的，有利於民的興；違背主義的，有害於民的革。能夠這樣收復才有意義，決心收復也即為此。」[21] 在今天看來，撇開「三民主義」等等套話不論，以這樣的角度看日本在臺灣的殖民統治，應當說還是較為客觀的。此外，對於將來赴台接收的軍、警、憲人員，也有不少的預案，如陳儀稱：「警察幹部──將來我們如隨便派人去，與人民接

---

[19] 同上，第 29-30 頁。

[20] 吳建華：《論重建臺灣政制之原則》，《臺灣光復和光復後五年省情》（上），南京出版社，1989 年版，第 85 頁。

[21] 中國國民黨中央黨史會編：《光復臺灣之籌畫與受降接收》，中國現代史史料叢編（四），臺北，1990 年版，第 66 頁。

觸機會多，素質不好，給予台人的印象亦不好」。參與研究接收大計的各界人士對此也相當的呼應，許顯耀稱：「收復後希望政府注意到地方之特殊性，如派到臺灣的軍隊、警察應提高水準，方能給台人以好的印象。我國軍警的服裝和日本的比較一下，必使臺灣人發生不好的印象。」台籍人士連震東亦呼籲：「希望散兵游勇不讓帶到臺灣去」。[22]

平心而論，該想的都想到了，該呼籲的也呼籲了。但是，登陸臺灣的仍然是軍容不整的「國軍」，臺灣人民面對的依然是專制政治和蠻橫的警察，日本人的遺產成了官有，臺灣人參預政權當家作主願望得不到滿足，對臺灣人的不信任仍根深蒂固。貪污受賄、通貨膨脹、特務統治、接收變為「劫收」等等，抗戰勝利後上海等地出現的「五子登科」[23]之類的混亂現象都在臺灣程度不同地重演著。今天的人們當然有權抨擊行政長官陳儀施政的種種失誤，其實這不是哪一個人的責任，而是當時腐敗無能、行將崩潰的國民政府給臺灣帶來的不可避免的災難。臺灣截至1947 年 2 月有 1099090 萬元的日本公私財產被政府接收為官有[24]，在大陸同樣接收敵偽物質價值 62000000 億元，且有四大家族為代表的官僚資本參與巧取豪奪[25]。臺灣糧價上升，物價騰貴，台南白米一斗百元[26]，大陸更有過之而無不及，1946 年全國躉售物價指數比戰前上漲了 3790餘倍。美聯社的一則消息說：法幣一百元，1937 年可買兩頭牛，抗戰勝利時只能買一條魚，1946 年可買一隻雞蛋，1947 年只能買可憐的 1/3盒的火柴了。[27]臺灣經濟由於戰爭破壞和政策不當導致生產能力大幅下降，大陸恐怕更甚一籌，作為經濟中心的上海，1947 年工廠開工率只有 20%，陪都重慶 1947 年參加全國工業協會重慶分會的 470 多家工廠有 2/3 以上停工。[28]臺灣「二二八事件」的導火線是街頭小販遭槍擊事

[22]同上，第 140 頁。

[23]五子登科指接收大員的金子、房子、票子、車子、女子。

[24]許極墩：《臺灣近代發展史》，前衛出版社，臺北，1996 年版，第 464 頁。

[25]丁永隆、孫宅巍：《南京政府的覆亡》，河南人民出版社，1987 年版，第 13 頁。

[26]李永熾：《臺灣歷史年表》（終戰篇），國家政策研究資料中心，臺北，1990 年版，第 8 頁。

[27]丁永隆、孫宅巍：《南京政府的覆亡》，河南人民出版社，1987 年版，第 105 頁。

[28]同上，第 106 頁。

件，而此類事件在大陸更多，1946 年的上海攤販慘案即其明顯例子，當五千餘小攤販上街遊行示威的時候，「蔣宋孔陳四大家族的政府竟對他們採取無情的鎮壓手段。它竟然動員了軍警特務，使用了美帝國主義給它的武器──步槍、機關槍、催淚彈等等，來殘害和屠殺這些饑寒交迫的同胞！」[29]換句話說，光復後的臺灣已經被深深地捲入了全中國政治經濟的大旋渦中，臺灣出現的腐敗混亂現象是必然的，即便不是陳儀主政，行政長官公署也一樣擺脫不了困境，臺灣人民的反抗鬥爭也是遲早要爆發的。1947 年臺灣「二二八事件」儘管具體的內容與大陸各地有所不同，但實質上就是全中國人民反獨裁、反饑餓、反內戰鬥爭在臺灣的具體體現，是全國人民反對國民政府腐敗統治鬥爭的一個組成部分，臺灣人的不幸就在於遇上了代表祖國前來接收的政權是一個正在被全中國人民唾棄的政權。

---

[29]《上海攤販慘案》，《解放日報》1946 年 12 月 3 日。

試論臺灣光復與臺灣民意

1945 年 8 月 15 日，日本宣佈無條件投降，中華民族贏得了近代歷史上反抗外來侵略的第一次全面勝利。10 月 25 日，中國政府接收代表陳儀宣告臺灣光復，重回中國版圖。迄今為止，對於臺灣光復及其之于中華民族的意義，國內學界已有諸多探討。不過，絕大多數的論著傾向于從抗戰勝利之影響的角度來看問題，缺乏跨越海峽的兩岸視野，其中尤以對日據時期臺灣島內的歷史大背景及臺灣民眾的光復心態分析不足。我們認為，臺灣光復固然是抗戰勝利及當時國內、國際多種因素合力促成的，但臺灣民眾 50 年堅持不懈、犧牲奮鬥反抗殖民統治，乃是臺灣光復的重要政治基礎，而祖國意識為其間的主旋律，回歸祖國更是全臺灣民心之所向。

（一）

歷史表明，從臺灣淪為日本殖民地的那一天起，不甘做亡國奴的臺灣民眾就奮起反抗日本殖民者。割讓臺灣的消息傳到島內，臺灣民眾群情激憤，表示「義不臣倭」，「願人人戰死而失台，決不願拱手而讓台」[1]。從 1895 年到 1915 年，臺灣民眾進行了艱苦卓絕的武裝抗日鬥爭，湧現了諸如「臺灣抗日三猛」——簡大獅、柯鐵虎、林少貓等著名抗日英雄人物。繼而爆發了大小 12 次的反殖民武裝暴動，其中西來庵起義參加民眾數萬人，被判死刑的抗日者更是達到 866 人[2]，在一次事件中有如此多的人被判死刑，這在世界裁判史上也是絕無僅有的，它充分展示了日本殖民者的殘暴本質，同時也為人們揭示臺灣民眾的抗日鬥爭經歷了怎樣的流血犧牲。因此，在談到近代中華民族的抗日鬥爭的時候，我們絕不應該忘記臺灣民眾早在祖國艱苦卓絕的 14 年抗日戰爭的近 40 年之

---

[1] 中國史學會編：《中日戰爭》（一），《中東戰爭本末》，上海：新知識出版社 1956 年版，第 203 頁。

[2] 遠流臺灣館編著：《臺灣史小事典》，臺北：遠流出版事業股份有限公司 2000 年版，第 122 頁。

前，就已經開展了長達 20 年的轟轟烈烈的抗日武裝鬥爭，其抗爭之英勇，犧牲之慘烈，可歌可泣。

如所周知，甲午戰爭中臺灣並不是交戰之地，戰爭的結果卻是割讓臺灣，這使得部分台人有「棄民」之感，因而心生怨憤也是可以理解的。但是從歷史發展的進程來看，日本殖民統治下全體臺灣民眾的祖國意識依然激昂，回歸祖國一直就是他們發自內心的期待和願望。抗日保台的臺灣民主國，宗旨即在不忘祖國、「永戴聖清」。在武裝鬥爭中，臺灣民眾高舉手中的武器發出回歸的怒吼，臺北大起義中義軍發佈的檄文明示其目標為「上報國家、下救生民」，使用的是清朝的年號和職官稱謂；在中部大坪頂義軍高高豎起的大旗上書寫的是「奉清征倭」四個大字；南部的林少貓部則號召「回復清政」。[3]祖國辛亥革命也曾深刻地影響到臺灣，日人稱「我台民情逐漸動搖」，「中國革命的烽火飄揚于武漢原野，沸騰了幾千萬漢族的心血，其餘焰有欲毀南瀛（臺灣）大地之虞。」[4]羅福星起義宣傳其起事是為「我中華民國」「血國家之恥，報同胞之仇」。[5]在震動一時的西來庵起義中，領導者之一的賴來在被捕後回應殖民者偵訊時直截了當地說：「余既已宣誓招募同志，為堅定將臺灣恢復為中國版圖之決心，乃祈神明佑之也。」[6]

武裝鬥爭失敗後，從 1915 年到 1936 年，臺灣民眾開展了轟轟烈烈的政治鬥爭和文化啟蒙活動，湧現了林獻堂、蔣渭水等抗日領導與骨幹。先後有臺灣同化會、臺灣文化協會、臺灣民眾黨、臺灣地方自治聯盟等的設立，此外還有臺灣農民組合、臺灣工友總聯盟乃至臺灣共產黨的廣泛活躍，全台各個階級、各個階層，各個行業，全面地捲入了反抗日本殖民統治的洪流之中。這場於 1920 年末代達到高潮的政治抵抗運動中，反抗日本殖民同化政策、維護臺灣中華文化根基成為鬥爭的核心內容，而祖國中國正是他們心中最真切的嚮往。日本殖民警察部門曾將

3　臺灣憲兵隊編：《臺灣憲兵隊史》，東京：龍溪書舍複刻本，第 200 頁。
4　山邊健太郎「《現代史資料》21《臺灣》（1），東京：みすず書房 1971 年版，第 36 頁。
5　同上，第 31 頁。
6　林衡道主編：《餘清芳抗日革命檔》第一輯第一冊，台中：臺灣省文獻委員會 1974 年版，第 60 頁。

此階段的臺灣反抗民眾劃分為祖國派和自治派，祖國派認為中國將「雄飛于世界，必定能夠收復臺灣，基於這種見解，堅持在這時刻到了之前不可失去民族的特性，培養實力以待此一時刻之來臨。」他們的「民族意識很強烈」。自治派則對當時中國腐敗落後政府的「苛政」抱有戒心，著重關注本島事務，主張「臺灣是臺灣人的臺灣」。但日本人深刻地認識到，這部分人「也只是對『支那』的現狀失望以至於懷抱如此思想，他日如見『支那』隆盛，不難想像必回復如同前者的見解。」[7]

　　1937 年「七七事變」後中國全面抗戰爆發，由於中國是臺灣人的祖國，在這場決定國家民族命運的大決戰中，臺灣人究竟會站在哪一邊，引起了殖民者的極大關注。殖民總督小林躋造曾憂心忡忡地說：「倘若（臺灣人）沒有作為日本人應有的精神思想，惜力謀私，僅披著日本人的假面具，政治經濟方面暫且不論，國防上便猶如坐在火山口上。」[8]日本殖民者的憂慮是有道理的，因為長達 40 餘年的殖民統治和同化政策，並未達成對臺灣人的心靈改造和民族性重塑，臺灣民眾對祖國充滿了信心和期待。臺灣軍情報部機密檔案揭示，臺灣民眾口口相傳「中國是大國，中國必勝」，殖民者對公學校臺灣人學生的調查中得到的結論是：絕大部分的學生家長相信中國將獲得勝利。[9]這使得殖民當局備感焦慮。為了消弭臺灣人的祖國意識，從根本上扭轉臺灣民眾對祖國的向心力，日本殖民者在全台掀起了皇民化運動的狂潮，以圖將臺灣人改造成為大日本帝國的忠良臣民。具體措施包括強制普及日語，進行大日本皇國思想灌輸，日常生活的日本化（包括參拜神社、改換日本式姓名、穿著和服）等等。然而絕大多數臺灣民眾並未在殖民者的淫威下屈服，他們以種種方式開展對皇民化運動的抵制，譬如強調臺灣人的特殊性，以臺灣應作為中日交往之橋樑為名，要求保存漢語的地位。對皇民化思想教育，則採取消極應對的態度。在重視家族系譜與中華姓氏淵源傳統的臺灣人的

---

[7]　《臺灣社會運動史》（臺灣總督府警務局：《警察沿革志》中譯本）第一冊文化運動，臺北：創造出版社 1989 年版，第 14 頁。

[8]　轉引自戴國煇：《臺灣與臺灣人》，東京：研文堂 1980 年版，第 208 頁。

[9]　參閱陳小沖：《七七事變與臺灣人》，《臺灣研究》1996 年第 2 期。

抵制下，真正改姓名的臺灣人只占少數。日本殖民者極力推廣的神社祭拜更應者寥寥，民眾不顧當局的禁令，暗中奉祀傳統的媽祖、王爺、保生大帝等。換句話說，隱性的抵抗無處不在，體現出臺灣民眾堅韌的民族性，正是在這種反抗精神下，皇民化運動從根本上說是失敗的。我們不否認長達 50 年的同化政策尤其是皇民化運動中，在殖民者強大政權機器的壓力下，受到法西斯宣傳的鼓動，極少數人傾向於透過皇民化以獲取殖民者分出的一杯羹，但這代表不了絕大多數的臺灣人。[10]

　　除了在島內與皇民化運動相抗爭，面對窮凶極惡的日本帝國主義，在中華民族生死存亡的危急時刻，臺灣民眾還積極參與祖國抗戰，為抗戰勝利做出了應有的貢獻。如臺灣抗日團體在大後方重慶聯合成立了臺灣革命同盟會，要求組建由臺灣人組成的軍隊參加抗戰，「效命疆場」，開展臺灣光復宣傳活動，要求收復臺灣。台籍愛國將領李友邦組織的臺灣義勇隊（下設臺灣少年團）則在浙閩前線參與抗戰，積極進行對敵政治鬥爭和抗日鼓動宣傳。他們的口號是：「保衛祖國，收復臺灣」。抗戰勝利後又率先進入臺灣，為接收臺灣做出了重要貢獻。可以說，臺灣民眾在偉大的抗日戰爭中沒有缺席，他們與祖國同呼吸共命運，發揮了特殊的作用。[11]

　　乙未割台的一紙條約，引發了無數臺灣民眾的奮起抗爭，50 年反抗日本殖民統治的鬥爭，在在顯示了臺灣民眾不甘為亡國奴、心向祖國的頑強民族精神，正是這種不屈不撓反抗外來侵略的偉大中華民族精神使得日本殖民者同化臺灣民眾的圖謀遭到徹底失敗，它是臺灣光復最重要的政治基礎。光復、回歸無疑正是臺灣同胞 50 年努力奮鬥所要達成的終極目標。

[10] 參閱陳小沖：《1937-1945 年臺灣皇民化運動述論》，收入《臺灣研究十年》，廈門：廈門大學出版社 1990 年版。

[11] 陳小沖：《與祖國同生——臺灣同胞在大陸的抗戰足跡》，北京：九州出版社 2013 年版。

（二）

那麼到了臺灣光復回歸的那一天，臺灣民眾抱持的是怎樣的一種心態呢？從上文揭示的日據時期臺灣民眾反抗鬥爭和心懷祖國的歷史事實中，人們其實應該已有了明確的答案。臺灣省行政長官陳儀在臺灣光復大會上的致辭中指出：「如果沒有臺灣同胞在五十年中，不斷對日人的壓迫予以反抗，而且犧牲身家性命，諸位想想，臺灣會光復？會有今天？」[12]國民黨臺灣省黨部主委李翼中發言中亦感言：「本人來台後，目睹臺胞熱誠歡迎，傾向祖國，今天完成受降儀式後，又在此處舉行慶祝光復大會，這種興奮與熱烈的情形，證明五十年來臺灣同胞未忘祖國，臺灣同胞的愛國心從未泯滅。」[13]持平而論，拋開黨派政治色彩，這樣的評價還是客觀的。但是，近來在去中國化氛圍影響下的臺灣社會，此類的官方史料大都陷於尷尬的境地，或遭視而不見，或被斥為宣傳。歷史的真相究竟如何？我們收集了這一歷史時期各參與方的記錄，嘗試從多個角度再予審視：

首先是日本人的記錄。作為戰敗者日人縱有萬般不舍亦不得不離開苦心經營半個世紀的臺灣，完全沒必要為戰勝者的中國方面塗脂抹粉說好話，因此其記錄應有相當的可信度。以往的臺灣史著作在談到日據末期臺灣民心向背時，多援引日本最後一任總督安藤利吉的如下言論：「如果統治真正掌握了民心，即使敵人登陸，全島化為戰場，臺灣同胞也會協助我皇軍，挺身粉碎登陸部隊。真正的皇民化必須如此。但是，相反地，臺灣同胞萬一和敵人的登陸部隊內外相通，從背後襲擊我皇軍，情形不就極為嚴重？而且，據本人所見，對臺灣同胞並無絕對加以信賴的勇氣和自信。」[14]這段末代殖民總督的末日表白，的確道出了日本人對皇民化運動成效的深度疑慮。但是，它並未真正觸及臺灣人的認同問

---

[12]《臺灣省行政長官陳儀在慶祝光復大會致辭》，張瑞成編：《光復臺灣之籌畫與受降接收》，臺北：中國國民黨黨史會 1990 年版，第 204 頁。

[13]《中國國民黨臺灣省黨部主任委員李翼中于慶祝光復大會致辭》，同上，第 206 頁。

[14]陳孔立主編：《臺灣歷史綱要》，北京：九州出版社 1996 年版，第 418 頁。

題。換句話說，歷經長達 50 年的殖民同化政策高壓統治之後，臺灣民眾的國族認同是以一種什麼樣的狀態而存在？面對光復回歸臺灣民意究竟如何？仍然需要我們去詳加瞭解。為此，我們不妨來看看臺灣總督府警務局的一份內部報告是怎樣記載的：

1、《大詔渙發後之島內治安狀況與警察措施》（第一報）1945 年八月：

第一：人心不安，其因在於對本島人的動向抱持慎懼感，戰爭終結發佈後，一部分本島人對內地人的態度極為橫暴，甚至出現了零散的脅迫行為。此類情形如：

◎本島人出身的士兵對內地人婦女威脅道：不趕緊滾回日本就殺了你。

……

◎本島人兒童對日本人兒童施加如下暴言：內地人怎麼囂張也沒用了，日之丸旗難道不是跟白旗一樣嗎？

……

◎休戰條約的結果，臺灣複歸中國，這個時候，要是給予我等國籍選擇權的話，本島人之大多數希望複歸中國，簡直洞若觀火、一目了然。

◎正如開羅宣言所明示，臺灣將返還中國，本島人之進退不言自明。[15]

2、《大詔渙發後之島內治安狀況與警察措施》（第二報）1945 年八月：

◎給彰化郡（台中州下）鹿港分室本島人刑事笠野四配的投書。八月二十日對笠野寫道：日本人的走狗！我要掐斷你的最後一口氣，冷血殘暴的日本人走狗！朝日本人行動起來，不要後悔。我們的祖國！萬歲！[16]

3、《大詔渙發後之島內治安狀況與警察措施》（第三報）1945 年九月：

---

[15]蘇瑤崇主編：《最後的臺灣總督府》（1944-1946 年終戰資料集），台中：星辰出版有限公司 2004 年版，第 122-124 頁。

[16]同上，第 152 頁。

本島民光復（複歸祖國）意識初見明朗，尤以壯年層為中心日見高昂，有漸朝內台摩擦方向發展之虞。南京停戰協定（按指日軍向中國投降，下同）成立，九月十五日陳儀行政長官將來台等謠言四起，民心沸騰，傾力準備歡迎，社會氛圍轉向慶祝日見明朗，歡迎景象全面鋪開。[17]

（最初）本島人陷於二重人格的境遇，分不清自己是戰勝國民還是戰敗國民，情緒低迷。隨著停戰協定的簽訂及善後的開展，南京方面情報的傳入，漸次堅信臺灣絕非割讓而是光復，在內台人關係上斷然切割，將自己作為戰勝國國民濃厚氣氛，逐漸在本島轉換擴散。適逢陳儀長官踏足本島傳聞絡繹不絕，以陳炘為中心圍繞臺北在各地成立了歡迎國民政府籌備會，製作、懸掛國旗，建設歡迎門，舉辦歡迎會，上演音樂會、戲劇，編成獅子舞和彩旗行列等多彩節目，為了準備這些，全島上下醞釀著一片熱鬧的氛圍。尤其是臺北市本島人聚居的大稻埕，以十五日為界，面貌煥然一新，屋外高懸中國國旗，到處粘貼慶祝光復的海報，加上廢除統制及復興氣氛，各家店鋪一齊將貨品擺上貨架，行人也穿上絢爛的服裝，臉上洋溢著開朗的神情在大路上行走著，呈現出與中國街道完全一樣的風貌。[18]

以上幾則史料是從臺灣總督府警務局於 1945 年 8、9 月間的臺灣全島治安狀況詳細報告中摘錄出來的。它之所以引起我們的特別關注，是因為這是臺灣近現代歷史上的一個特殊時空下的特殊記錄。1945 年 8 月 15 日，日本戰敗無條件投降，依據《開羅宣言》及《波茨坦公告》的規定，被日本以武力竊取的臺灣應歸返中國。10 月 25 日，中國政府接收代表陳儀正式宣告臺灣重返中國版圖，臺灣光復。從法律意義上說，日本一旦投降，原殖民總督府便失去了治理臺灣的法律基礎，只能行使看守政府的職責，等待中國政府前來接收。但中國政府的正式接收遲至兩個多月後，此時其行政權力尚不及於臺灣。也就是說從 8 月 15 日到 10 月 25 日的整整 70 多天臺灣是處於無政府狀態之下的，臺灣民

---

[17] 同上，第 158 頁。
[18] 同上，第 160-161 頁。

眾在政治上既無需接受總督府的約束，也沒有來自中國政府的干涉，完全自由。這種情形下的臺灣民眾心態應該說是最真實的。

「複歸中國」，「祖國萬歲」，「戰勝國國民」，「傾力」迎接光復……，這些就是當時臺灣社會的關鍵詞。事實很清楚，臺灣民眾對光復的態度可以用四個字來形容，那就是——翹首以盼。他們歡呼回歸祖國的懷抱，期待著祖國接收大員的蒞臨，以各種各樣的方式表達著內心的喜悅（儘管部分民眾對作為原殖民者的日本人似乎不太友善，出現了一些報復舉動），臺灣社會整體上迎接光復、認同祖國，其所體現的對祖國的向心力毋庸置疑。這就是日本人在失去臺灣之際，以五味雜陳的心理記錄下的臺灣社會眾生態，這才是那個時候的真實的臺灣歷史。當然，日人在同一資料中也提到了台人的所謂「臺灣獨立」言論，但檢閱整個文本，我們發現牽扯到的只有譬如「新竹州紳士黃某某」等個別人。退一步說就算這一傳言屬實，充其量也不過是臺灣民眾喜迎光復大潮中泛起的一個小小泡沫。更何況此種情形的出現很大程度上日人實為其禍源，當時在台日人對光復後的自身命運普遍憂心忡忡，種種傳言甚囂塵上，或雲重慶政府來台後臺灣將陷入混亂，或言將強制在台日人赴大陸當苦力，甚至瘋傳日本婦女會被充做慰安婦……，以至於連帶部分台人在混亂資訊刺激下亦心生恐懼，黃某等即因抱持諸如「重慶軍閥政治」將威脅「生命財產」的危機感而有上述言論。另外值得注意的是日人在這一內部資料中以讚賞的口吻稱黃為「皇民化有產階級」。[19]於是問題就更清楚了：這些人要麼是在光復之初的那些日子中被恐慌的日人心理裏挾，要麼其本身就屬於極個別的「皇民階級」而與日人一起兔死狐悲做最後的悲鳴罷了。

（三）

接著我們再來看臺灣人自己的記錄。近年來隨著臺灣史研究的進

---

[19]同上，第 146-147 頁。

展，與臺灣光復相關史料無論是檔案文獻、回憶錄還是口述資料，都得到了大量發掘、整理、出版，從各個角度闡述光復歷史，對歷史事件與人物進行研究的成果相繼湧現。不過正如我們在上文中曾指出的，在臺灣光復歷史研究中，一些官方資料的真實性不被認可，而相關史料林林總總、汗牛充棟，其中不同史料所展現的歷史圖景不盡相同，同一史料亦常延伸出不同的解讀。因此對史料的鑒別成為課題。歷史研究中出現不同的聲音是很自然的現象，但歷史學作為一門科學，畢竟有其客觀的評判標準，力求接近真實，還原歷史的本來面目應當是歷史工作者的最終追求。從這樣的標準出發，我們認為親歷者的日記應當是較能客觀重現歷史現場的有用資料之一。

　　日記是寫作者按照年月日記錄的親身經歷與見聞，以及對周遭事物的看法。由於是記錄當日發生的事情而非事後追憶，因此在準確性上較有把握，作為直接的史料，具備重要參考價值。尤其是普通民眾的日記，寫了只是給自己看或留做回憶的，其可信度比較高，較具真實性。[20]下面我們試以《吳新榮日記》為例來一窺光復初期臺灣民意之依歸：

1945 年
八月十五日晴

　　日本投降
　　從下營歸途中，遇到謝得宜君，告訴我說中午有重大事件廣播。回到家要開收音機，卻沒有電。到晚上，鄭國津君倉皇而來，告訴我重大廣播的內容，恰中我先前告訴徐清吉、黃朝篇兩人的預言，連我自己都嚇了一跳。於是和鄭君一起去找在疏開地的鄭國滇、謝得宜兩人談話。[21]

八月十六日晴

---

[20] 齊世榮：《談日記的史料價值》，《首都師範大學學報》（社會科學版）2011 年第 6 期。
[21] 吳新榮著：《吳新榮日記》（8）1945-1947，台南：「國立」臺灣文學館 2008 年版，第 170 頁。

朝食後即歸將軍，途中先訪下營徐清吉、番仔寮呂寶夜兩君及漚汪叔父。而又遇鄭國津君於途上，所以四人（徐、呂、鄭及餘）同驅車至將軍，再到大道塭訪父親，于此四人各脫衣裳，跳下溪中，洗落十年來的戰塵及五十年的苦汗。起了岸，各人向海面大聲絕叫：自今日起吾人要開始新生命啦！[22]

八月十七日晴

晚上單獨去訪高柳氏，談論於壩內，至西傾未歸，話私情以及公事，但未免感慨無量。話中知有風評曰：「臺灣軍部，或出特別行動，也未可知。」[23]

八月二十一日晴／雨

夕，高錦德君和呂寶夜君來訪，大論國事而歸。他的壯言未必有權威。[24]

九月八日

因為昨夜飲茶過多，半夜強睡而不眠，所以起來寫信通知黃百祿、楊榮山兩君，說此十三日要去台南看中國軍來進駐之狀況。後寫《祖國軍歡迎歌》，如左記：
旗風滿城飛鼓聲響山村我祖國軍來你來何遲遲　五十年來暗天地今日始見青天今日始見白日
大眾歡聲高民族氣概豪我祖國軍來你來何堂堂五十年來為奴隸今日始得自由今日始得解放
自恃黃帝孫又矜明朝節我祖國軍來你來何烈烈十三年來破衣冠今日始能拜祖今日始能歸族[25]

九月二十五日晴

台南市的組織已委託莊孟候君、韓石泉君兩先生；曾南地區也委

---

[22] 同上，第 174 頁。
[23] 同上，第 175 頁。
[24] 同上，第 179 頁。
[25] 同上，第 188-189 頁。

託楊榮山、李義成兩君，所以決定此二十六日往麻豆，組織曾文地區；二十八日往新營，組織新營地區；又待下部組織完成，後乃組織曾北地區的分團部。總是都很照意進行，這也是我祖國的宏威。[26]

九月三十日雲

本日是北門郡下的三民主義青年團籌備會的日。

時至，即一同對國旗敬禮，對孫總理遺像三鞠躬，而後我即去壇上謹讀孫總理遺囑，了後即唱國歌，繼之對先烈英靈默禱。後即郭水潭君開會辭，次蘇新君報告經過。次對組織的討論費有一點鐘，各員大有熱誠。[27]

十月十日晴

此雙十節是為中國國民最初的祝日，滿街都是青天白日旗，我們在郡役所露臺上對街民大眾大呼「大中華民國萬歲」的時，我不覺落淚。歸來見賓客滿堂，各賀國慶。[28]

十月二十四日晴

自大空襲以來，破籬笆破壁的小雅園，本日已經休整好勢了。防空壕跡的複元，庭（廳）頭庭尾的清掃，一切都完備了。這就是要迎明日的好日子。明日的好日子就是陳行政長官蒞台主政的第一日，我們當然也要點燈結彩，奉告祖先，也要開催祝式，盡誠祖國。所以當然是自今日都要齋身沐浴，清淨我們的心情，即可能迎這感激無限的瞬間（今日要迎明日的起見，滿街大張標語）。[29]

十月二十五日晴

照廣播的消息說，陳行政長官儀自昨日下安慰抵台，而本朝於臺

---

[26] 同上，第 198 頁。
[27] 同上，第 203 頁。
[28] 同上，第 207 頁。
[29] 同上，第 212 頁。

北舉行受降式，又下午開了全台光復慶祝大會。

我們也自早起，燒香報祖靈知之。晚上，和郭水潭、鄭國津、黃庚申、洪金湖、吳敏誠君于西美樓開了祝賀小宴。

……因為自日本降伏了後，過去一切的組織都破壞了，所以新的組織如雨後之筍漸漸發牙（芽）來了。[30]

十一月十二日晴

本日是孫總理的誕日，也是我的生日，對國父的敬意，家家戶戶都揭國旗，而為家父的責成，晚上剝了一隻的帝雞，為「鋤燒」而一家團圓，大樂一夜之歡。[31]

十一月十四日晴

午後三時，通知來說台南市警察局邢局長要來演講，所以臨時動員各界的人員壹貳千名集于公會堂。……但見他的隨員是十花五色，可知此背景是何人的策動，何人的工作。總是我們免了失望，只信咱民族的力、咱政府的行。[32]

　　吳新榮是台南地方上頗有影響力的一位醫生（日據時期相當一部分臺灣知識份子選擇了學醫，一方面醫學不同於政治經濟學科，受限較少，另方面從醫亦可獲得相對豐厚的收入。因而不少臺灣精英是學醫出身的，譬如蔣渭水、杜聰明等），在他的日記中，可以看到官員、地方士紳、青年知識份子乃至普羅大眾的身影，對於瞭解地方情形有相當的助益。對於日本戰敗、臺灣光復，吳新榮顯然早有估計，但 8 月 15 日聽到日本無條件投降的消息時，還是吃了一驚，不過很快就被發自內心的喜悅代替了，第二天他和幾個知己縱身躍如溪流，想要洗刷日據 50 年的苦楚汗水。這時他的心情可謂興奮、驚訝與迷惑（因為坊間傳言臺灣軍將有所行動）相互交錯，這也是 8·15 初期臺灣民眾的普遍心態。到了大局底定，祖國即將前來接收的消息傳揚開後，吳新榮一顆忐忑不安

---

[30]同上，第 212-213 頁。
[31]同上，第 231 頁。
[32]同上，第 222-223 頁。

的心終於放下了，他積極參與地方治安秩序的維持活動，準備熱烈歡迎祖國軍隊登陸，還半夜未眠激動地寫了一首熱情洋溢的歡迎祖國軍隊的歌詞，其中不乏對祖國的嚮往和對日本五十年殖民統治的痛斥。在宣告臺灣回歸中國版圖的歷史性時刻前夜，他不忘中國人傳統的禮儀，沐浴更衣、焚香祭祖，正所謂「王師北定中原日，家祭無忘告乃翁」。他還站在日本人役所的露臺上流著淚水高呼口號，對前來演講的來自祖國的警察局長一行儘管有些看不慣，卻仍執拗地寫道：「只信咱民族的力，咱政府的行。」這就是吳新榮在臺灣光復後的心路歷程，看完這些人們難道還會對臺灣民眾回歸祖國的態度有何疑問？

　　或許會有人說，這恐怕是個別人的經歷吧。那麼我們再來看日據時期台灣著名士紳林獻堂的動態，《灌園先生日記》1945 年 8 月 15 日載：「天皇十五日十二時玉音放送，謂世界平和及日本民族將來發展之故，受諾ポツダン之宣言，爾臣民其克守朕意。嗚呼！五十年來以武力建設致之江山，亦以武力失之故也。水來、五弟、攀龍、雲龍、培英共論此事，不意其若是之速也。」[33]8 月 16 日曰：「余因精神興奮，一時余尚不寐，乃服睡劑（安眠藥）。」[34]第二日再不能寐而服睡劑。[35]當人們「勸余往南京歡迎臺灣主席陳儀氏等，義不能辭，慨然許之。」[36]回台之後「欲問中國之情形，余詳述滿清革命，至於此回祖國之勝利，無分個人與團體，須先公而後私，當服從黨中多數之決議。」[37]10 月 3 日，林獻堂在演說中「講蔣委員長之寬大襟懷，對日本人而行以德報怨」，聽者近千人。[38]他還積極參與組織霧峰三青團區隊，為迎接光復後的新生活，開始聘教師教授祖國的語言。[39]10 月 10 日于臺北公會堂舉辦國慶演

---

[33] 林獻堂：《灌園先生日記》（十七）新八月十五日條，許雪姬點較，臺北：中研院臺灣史研究所 2007 年版，第 245 頁。

[34] 同上，第 246 頁。

[35] 同上，第 247 頁。

[36] 同上，第 259 頁。

[37] 同上，第 315 頁。

[38] 同上，第 317 頁。

[39] 同上，第 323 頁。又，新九月二十三日條：「游、楊問教育之事，囑其目下以臺灣語教漢文」，同上，第 304 頁。新十月一日條：「烈嗣商漢文國語講習」，同上，第 314 頁。

講。[40]10 月 25 日作為大會主席在臺灣光復大會上發言[41]，宣示臺灣「光復解放，此後同胞務須同心努力來建設理想之新臺灣」。[42]

接下來再看臺灣人楊英風的日記：

> 昭和二十年 8 月十五日　　　星期三　陰有雨　涼爽
>
> 戰爭完了！
>
> 和平、奮鬥、救中國！
>
> 民國三十四年八月十五日正午。啊！這個日子的這個時間，我畢生難忘啊！大家聚集在收音機前，聆聽日本正式向國民發表向盟軍投降的宣言。我的心中充滿著停戰命令發佈時的喜悅、即刻恢復為中華民國國民的感動、拯救我等一家的感謝。我心情非常激動。啊！這不再是夢了。竟然這麼快！
>
> 聽完收音機後，我們家族和石家，一起用葡萄酒乾杯，祝福我等中華民國萬歲！
>
> 臺灣的親戚們，大家都還健在吧！今天他們大概也很高興吧！
>
> 日本佔領臺灣五十年，宛如做夢般。
>
> 想一想，我們從日本也得到很多的恩惠。但是，在大和民族的性格下，我等臺灣民眾也受到很多虐待。自己從小就在日本教育下成長，因而中學時代為止，對日本完全忠實地信賴。但是，在中學校時也稍微聽聞過，臺灣民族過去受虐之事，然而我真正對日本感到不服，是在來到東京以後才漸漸地增強。
>
> 我對日本政策、大和民族的民族性感到憎恨，但絕非憎恨所有的日本人。我所崇拜的日本人亦非少數，如寒川典美老師、群山尚枝阿姨、石垣嬸嬸、入谷昇老師等等，當中淺井武老師是我最喜歡的一個人。[43]

楊英風是一位身處大陸的臺灣人，抗戰時期先後流寓日本國內、南

---

[40] 同上，第 329 頁。

[41] 同上，第 353 頁。

[42] 《慶祝光復大會林獻堂致辭》，張瑞成編：《光復臺灣之籌畫與受降接收》，臺北：中國國民黨黨史會 1990 年版，第 203 頁。

[43] 蕭瓊瑞主編：《楊英風全集》第二十一卷（早年日記），臺北：藝術家出版社 2007 年版，第 338-339 頁。

京、北京等地，他的反應有以下幾點引人關注：其一，日本投降後在日記中立刻將昭和二十年改為了中華民國三十四年，短短的一段話中連續用了三個「啊」的感歎詞和九個感嘆號，迎接光復的激動心情溢於言表；其二，對日本殖民統治臺灣的否定與某些方面的「肯定」並存，亦即臺灣人不接受日本的殖民和「虐待」，但認為有所謂的「恩惠」的存在，不過後者顯然並不影響其在大的方向上的堅定信念——臺灣人對日本佔領五十年是「不服」的，回歸祖國無疑符合其心願；其三，對「大和民族」在戰爭中的民族性給予了批判，但對與其接觸生活過的若干日本人則表現出了個人的情感。換句話說，在他看來否定日本侵略戰爭及殖民統治和對個別日本人存在感情二者並不矛盾。由此我們不禁聯想到不斷被人們提及的所謂臺灣人親日論調，其實當中大多不過是台日普通民眾在長期接觸過程中個體間產生的人類樸實情懷罷了，不必拔高到所謂「親日」的程度，當然個別皇民化階級除外。

　　然而，臺灣光復後的不到兩年，1947 年初即爆發了震驚中外的「二二八事件」，儘管學界普遍認為這一事件本質上是臺灣民眾要求民主自治的鬥爭，但近年來臺灣島內部分臺灣史論述中它被解讀成了「反唐山」事件，是臺灣人民對於臺灣回歸祖國的抗拒。實際上，以本文揭示的臺灣民眾熱烈迎接臺灣光復的態度來看，這種說法顯然不符邏輯，也是對歷史事實的歪曲。下面的一段宜蘭民眾訪談資料或許有助於人們就此問題增加進一步的認識：

　　　（皇民化運動時期）我家有改姓名，但我有一些親戚並沒有改姓名。光復後我阿媽做忌，我們家的親戚都在一起。在吃飯的時候，我舅舅很大聲罵我爸爸：「日本漢奸、三腳狗、沒有用。現在臺灣已經光復了，祖國的人也來了，你們這些改姓名的人，還有面子嗎？」把我爸爸罵得很難聽。我聽了很生氣，因為我爸爸也是為了我們子女的升學，不得不去改姓名。沒過多久，我表哥表弟去基隆做生意回來。他們說他們看到的國軍，就跟漫畫畫的支那兵一模一樣。我舅舅聽了很生氣，他說國軍的綁腿可以飛簷走壁，雨傘可以當降落傘。過了一年多，那些中國兵來到宜蘭，買

東西半買半搶，還隨地吐痰。我問我舅舅說：「祖國的人好嗎？」
我舅舅搖搖頭說：「不要再講了。」再過不久，就發生二二八事
件。[44]

　　這則史料生動地體現了面對腐朽的國民黨政權和紀律渙散的國軍，
臺灣民眾從希望、到失望，乃至絕望的心路歷程。同樣的心情在吳新榮
身上也有發生，1945 年的最後一天（十二月三十一日），他在日記中寫
道：「這個降伏─和平─光復─混亂─的年將過去了，我們的歡喜變成了
失望，再變了不平了；但是明年無再努力─鬥爭─建設不可。」[45]我們的
這位日記主人公對臺灣光復曾經是一種怎樣的歡欣鼓舞，但半年不到就
已經心生怨氣，由「歡喜變成了失望」，乃至「不平了」。為什麼會出現
這樣的轉變，筆者在另一篇文章中已有論及，在此不贅。[46]我們要再次
強調的是這樣的觀點：即臺灣人的悲哀在於他們迎來的祖國政權是一個
正在被全中國人民拋棄的政權。他們歡迎祖國，但唾棄祖國來的腐敗政
權。

　　近期一篇討論臺灣人過客心態的文章引起了廣泛的關注，該文提出
臺灣人認為「原來大家都是過客──荷蘭人來過了，鄭成功來過了，清
朝來過了，日本人來過了，最後呢？大家也都走了。同理，站在這裡的
你我，遲早也是要走的。既然大家都是過客，又何必去彼此怨恨呢？」
稱臺灣人早已經將簡大獅、霧社事件等抗日英雄和抗日事件遺忘，對日
本人並不痛恨反而產生孺慕之情。[47]按照這一說法，臺灣民眾仿佛視歷
史上的統治者猶如走馬燈上轉換的人偶，你方唱罷我登場，麻木不仁，
聽之任之了。歷史與現實顯然都不是這樣。一方面，從本文所展示的臺
灣民眾激烈反抗日本佔據與發自內心的歡迎祖國接收的鮮明對比中，人
們即可以看到民心之所向。一邊是「義不臣倭」，一邊是喜迎回歸，愛

[44]《宜蘭耆老談日治下的軍事與教育》，宜蘭：宜蘭縣立文化中心 1996 年版，第 71 頁。
[45]吳新榮著：《吳新榮日記》（8）1945-1947，台南：「國立」臺灣文學館 2008 年版，第 235
　　頁。
[46]陳小沖：《1945 年的臺灣歷史變局探析》，《臺灣研究》2006 年第 5 期。
[47]劉兆隆：《臺灣人的過客心態與選擇性遺忘》，《文化縱橫》2015 年 4 月號。

憎如此分明，當時的臺灣民眾何曾以過客心態看待過日本殖民者？另一方面，如果說當代臺灣社會確曾出現一些對抗日史事淡忘的現象，也應該從近些年來臺灣社會的去中國化教育、殖民統治有功論的氾濫以及對於抗日歷史的忽視等等方面去找原因，而不是倒果為因地由此反導出臺灣人對歷史上外來侵略與殖民統治並不在乎的荒謬結論。

臺共成立大會之中共指導者彭榮其人補論[*]

　　刊行於 20 世紀 30 年代的《臺灣總督府警察沿革志》，是供總督府警察作為執行公務的參考，它對台共成立等情況有著詳細的記載。其中，這份材料提出台共在成立過程中，受到中共中央領導成員「彭榮」的指導。而作為台共創建人之一的謝雪紅在自傳《我的半生記》中也明確提到，「彭榮」對台共成立以及日後工作等方面進行了領導。但查閱中共早期領導人及黨史人物的別名，這一時期的領導人中，並沒有一個叫「彭榮」或別名「彭榮」的。由於大部分當事人在日本殖民政權的「大檢舉」中遭到逮捕以至於最後犧牲，倖存者由於歷史原因也無法清楚講明這個問題。有關「彭榮」的身份問題，目前學界依然存在著爭論，大致有「彭湃」說、「瞿秋白」說、「任弼時」說等。本文擬綜合分析學界諸觀點，對其中帶爭議的問題提出自己的看法，以就教於大家。

一、「彭湃」說

　　這一說法認主張，「彭榮」是海陸豐地區工農革命的領導人——彭湃。一般認為，這一說法最初是由臺灣學者許世楷提出。[1]對這一提法，最有力的論據就是事件親歷者謝雪紅的回憶。

> 解放後，我即聽到說彭榮同志就是彭湃同志；那是 1955 年國慶日我到天安門紅台觀禮時，碰到李立三，他告訴我彭榮就是彭湃。當時李在上海，他知道彭湃曾被中央派遣去領導臺灣共產黨的成立大會。1956 年，我去廣州視察時，到毛主席的農民運動講習所參觀，在那裡，我看到彭湃同志的照片，我認出來他就是當年的彭榮同志。[2]

　　持「彭湃說」的學者多在此論據的基礎上，提出自己的看法。宋幫

[*]　本文共同作者為陳小沖、周雨琪。
[1]　許世楷：《日本統治下的台灣》，東京：東京大學出版會，1972 年，第 328 頁。
[2]　謝雪紅口述、楊克煌筆錄：《我的半生記》，臺北：楊翠華整理出版，1997 年，第 253 頁。

強在《日據時期臺灣共產黨研究》一書的註腳上提出自己的分析：一是謝雪紅在上海大學社會學系讀書時就認識瞿秋白，當時瞿秋白是社會學系的系主任，並親自任教。二是台共成立大會及前後，謝雪紅和彭榮有三次重要的會面，應該留下深刻的印象。因而，謝不可能在認定彭榮是誰的問題上出錯。[3]宋幫強以此來支持「彭湃說」，反對「瞿秋白說」。

然而學界對「彭湃」說提出質疑。最大的質疑來自于彭湃的革命經歷。何池根據至今為止所有有關記載彭湃革命歷程的資料，包括不同版本的《彭湃傳》、海豐縣黨史部門、彭湃故居等地所掌握的彭湃資料，發現彭湃 1928 年 1 月至 5 月正是彭湃在廣東東江地區領導海陸豐工農革命運動最為艱苦繁忙、也最離不開的時期。直到 1928 年 11 月，彭湃才攜妻子抵上海。[4]因而，「彭湃」說不成立。

但是，張春英、蔣宗偉在《「彭榮」是誰仍待探究》一文中指出，最具權威的是 2007 年出版的由郭德宏主編的《彭湃年譜》，該年譜關於彭湃在 1928 年 4 月這段時間的具體行蹤不慎明瞭。另據謝雪紅自述中在介紹彭湃時說：彭湃著有《海陸豐蘇維埃》，此書於 1928 年 4 月在上海出版鉛印本，和臺灣共產黨同時誕生，這一史實能夠與「彭榮」是彭湃的觀點相映襯。[5]

而王鍵反駁以上的觀點。他認為若以《海陸豐蘇維埃》在上海刊行就認定彭湃 1928 年 4 月必然在上海，這種觀點難以成立。而因年代久遠，謝雪紅的追述難免有誤，所以謝雪紅對「彭榮」即是彭湃的認定，非不可辯駁。雖然《彭湃年譜》對其在 1928 年 4 月的具體行蹤不甚明瞭，但大量黨史資料多記述是 4 月至 10 月彭湃在海豐、惠來等地堅持武裝鬥爭，直到 11 月才抵上海，因而時間上根本不具備參加台共成立大會的條件。[6]

[3] 宋幫強：《日據時期臺灣共產黨研究》，北京：中國社會科學出版社，2012 年，第 65 頁。

[4] 何池：《「彭榮」究竟是誰——試析中共黨史上的一樁迷案》，《黨史文苑》，2004 年第 6 期，第 107 頁。

[5] 張春英、蔣宗偉：《「彭榮」是誰仍待探究》，《黨的文獻》，2010 年第 4 期。

[6] 王鍵：《出席台共成立大會中共代表的「彭榮」身份辨析》，《北京社會科學》，2013 年第 4 期，第 55 頁。

　　至此,「彭湃」說仍處於各方爭論的階段,尚沒有定論。筆者認為,想要排除彭湃就是彭榮,以下史實需要更為詳細的考證。

　　第一、臺灣共產黨成立於 1928 年 4 月 15 日,地點在上海,搞清楚這一時間段彭湃的行蹤便顯得十分重要。許多學者都曾談到了這個問題,但多語焉不詳。從有確證的史料來看,1928 年初海陸豐革命鬥爭進入了最艱苦的階段,隨著陸豐、海豐相繼被攻佔,革命陷入低潮,為了反擊敵人的圍剿,3 月 12 日,彭湃率紅二、紅四師餘部及農民武裝攻克惠來縣城,建立惠來蘇維埃政權,極大地鼓舞了當地民眾的革命熱情。4 月 5 日,彭湃在惠來縣林樟鄉主持召開了東江特委和紅二、四師師委聯席會議,研究打回海陸豐問題。但 4 月 8 日,我軍主力在普甯鹽嶺突遭優勢敵軍的圍攻失利,彭湃被迫放棄惠來縣城,轉進大南山區堅持鬥爭,此後直至 5 月 5 日至 11 日間,方有資料顯示彭湃主持召開了潮、普、惠三縣聯席會議,成立三縣暴動委員會,5 月 12 日于惠來縣工農兵代表大會上作政治報告,動員反攻惠來縣城。[7]總之,4 月 8 日至 5 月 5 日的近一個月時間,彭湃行蹤成謎。那麼彭湃有可能前往上海了嗎?從彭湃轉入隱蔽的 4 月 8 日至臺灣共產黨成立的 4 月 15 日,僅僅 8 天的時間,從以往彭湃離開根據地外出的行程看,一般都是經過香港中轉,短短 8 天內彭湃要從廣東的大南山區遠赴上海出席臺灣共產黨的成立大會,在時間上是否來得及是個極大的疑問。退一步看即便彭湃能夠趕到上海,短時間內似乎難以熟悉臺灣共產黨的籌備情況,由其代表中國共產黨對臺灣共產黨成立予以指導則更過於匆促,中共中央也不至於讓一個並不瞭解情況的同志匆匆忙忙擔任如此重要的工作。因此,從彭湃革命鬥爭經歷角度觀察,說彭湃就是指導臺灣共產黨成立的中共代表彭榮,顯得相當牽強。

　　第二、但人們似乎也不能完全排除彭湃就是彭榮的可能性。其中重要的一條就是謝雪紅回憶中第一次聽到彭湃就是彭榮這一訊息,是李立

7　華南農學院馬克思主義教研室、廣大海豐縣紅宮紀念館《彭湃傳》寫作組:《彭湃傳》,北京:北京出版社 1984 年版,第 172 頁。蔡洛、餘炎光等:《彭湃傳》,北京:人民出版社 1986 年版,第 248 頁。

三同志告訴她的，而李立三是彭湃的重要戰友，二人曾在一起並肩戰鬥過。1927 年 3 月彭湃被選舉為中華全國農民協會臨時執行委員會委員，同月 31 日中華農協在漢口舉辦隆重的歡迎宴會，李立三親自主持並闡述了歡迎彭湃的意義。1927 年 7 月 21 日，彭湃參加了由李立三、惲代英等召集的南昌起義準備工作，起義前敵委員會成員包括了周恩來、惲代英、李立三和彭湃。起義失敗後，彭湃於 10 月 7 日與李立三、惲代英一起撤退到陸豐，乘船撤退前往香港。[8]一般來說，這樣一個與彭湃有過密切交集的人，應該不至於會指認錯誤。這也正是否定彭湃為彭榮論者最大的疑惑之所在。我們注意到，李立三在此特別指出的是彭湃「曾被中央派遣去領導臺灣共產黨的成立大會」，或許之前中央曾經派遣別的同志指導過臺灣共產黨的成立？新近公佈的共產國際檔案也指出中國共產黨代表曾經與台共創黨成員有過數次的接觸，換句話說，由於某種原因，或許曾經有不止一位中共黨員參與指導了台共的成立，這種可能性似乎也不能完全排除。總之，謝雪紅與李立三為什麼會將目標人物指向彭湃，即便是在目前已經有證據確證彭榮是另有其人的時候，也仍然需要我們去做更合理的解釋。

　　第三、有主張彭湃非彭榮的學者主張，1928 年的彭湃與任弼時二人長相有較大的相似之處，謝雪紅有可能看照片的時候認錯人了。[9]我們仔細鑑別了二人的照片，發現二人雖有若干形似，卻仍由相當大的區別。關於彭湃的形象，史料曾有過專門的記載，吳明在《彭湃印象》一文中描述了他在 1925 年五一節所見到的彭湃形象：「一個穿著廣東特有的大襟的學生制服，臘腸褲，年約二十七八歲的青年，中等身材，黃黃的，而且是扁扁的一張臉」。[10]這似乎與任弼時同志有幾分的相似，但細究起來，彭湃與任弼時在容貌上還是有比較大的差別的，首先是個子，從二者的全身照看，任弼時顯然要比彭湃高不少；其次是面容，任弼時

8　蔡洛、餘炎光等：《彭湃傳》，北京：人民出版社 1986 年版，第 245、246 頁。

9　王鍵：《出席台共成立大會中共代表的「彭榮」身份辨析》，《北京社會科學》，2013 年第 4 期。

10　《彭湃研究史料》編輯組編：《彭湃研究史料》（廣東革命史料叢刊），廣州：廣東人民出版社 1981 年版，第 354 頁。

臉型較方，彭湃臉型較長；再次，二者差別較大的還有鼻樑。蘇速稱：「（彭湃）他個子不高，但很結實，有一個高而直的鼻子，濃濃的眉毛下面有一對炯炯發光的眼睛，他的這些特點充分地表現出那堅毅的性格。」[11] 瑤華也說：「像他心腸的仁慈一樣，他的面目也是馴良的，在他那有著稍大的鼻子的臉上常常浮著笑意。我們看了，覺得比起他雄偉的理想來，他的笑容倒是過於柔美的。」[12] 顯然，相較於任弼時較小的鼻子而言，彭湃的略顯高、大、直的鼻樑，應該是給所有親眼見過他的人的第一印象，兩人的相貌應該說還是有區別的，說謝雪紅認錯人，似乎可能性不大。

第四，彭湃還是有代表指導臺灣共產黨成立資格的。論者在否定彭湃是彭榮的另一依據是認為，彭湃沒有與共產國際交往的經歷，因此不具備在共產國際的領導下擔負起作為中國共產黨代表參與指導臺灣共產黨成立的資格。這種說法乍聽來好像有其道理，但似乎有點絕對化。且不說未有共產國際直接交往經歷便不能參與行動在道理上、實踐上都不通，就以彭湃的革命經歷來看，他早年留學日本，在日本接受了馬克思主義的影響，1919 年 9 月參與了早稻田大學學生創設的建設者同盟，開始研究社會主義學說。故而他懂得日語，易於同來自日本殖民統治下的臺灣同志交流。而且，1920 年底彭湃還在日本加入了由堺利彥、權無為等組織的左翼宇宙社，史載：「加入此團體者，有日本（如新人會、曉民會等思想團體及大杉榮等社會運動實行家），韓國，臺灣，俄國（如愛羅先珂），印度，南洋群島，及歐美諸國人。」[13] 換句話說，彭湃與臺灣左翼人士曾經接觸、共事過，這樣的經歷對於由他來擔任中國共產黨蒞臨指導臺灣共產黨成立大會的代表，非但沒有不妥的地方，一定程度上反而恰恰是合適的。所以，這一點並不能構成否認彭湃有可能是彭榮的理由。

---

[11] 蘇速：《「農民大王」彭湃的二三事》，同上，第 357-358 頁。
[12] 瑤華：《一個死於理想的人》，同上，第 366 頁。
[13] 《彭湃研究史料》編輯組編：《彭湃研究史料》（廣東革命史料叢刊），廣州：廣東人民出版社 1981 年版，第 284 頁。

　　總而言之，主張彭湃就是彭榮的說法，存較多的疑點。一方面，1928年4月初，彭湃能否在短時間內從陸豐趕到上海？即便到達上海，倘若中共中央讓一個匆匆趕到的、對臺灣共產黨組建工作並不瞭解的同志臨時參與指導後者的成立，這樣的安排是既不嚴謹、也不嚴肅的。但另一方面，歷史上李立三是彭湃的親密戰友，他指認彭榮就是彭湃，且正如我們上面分析的，謝雪紅也不太可能認錯人。當然結果是錯了，其中的蹊蹺在哪裡？有待識者釋疑。

二、「瞿秋白」說

　　「彭湃」說受到質疑後，有學者提出「瞿秋白」說，認為瞿秋白即是「彭榮」。何池在《「彭榮」究竟是誰——試析中共黨史上的一樁迷案》中——排除當時能代表中共中央的中央領導人（蘇兆農、李維漢、羅亦農、周恩來）的可能性後，認為瞿秋白即是「彭榮」，「彭榮」是瞿秋白數不勝數的別名、化名中的一個遺漏。其主要理由是：

　　其一，他當時是中共中央的負責人，又是共產國際中國代表團團長，由於當時臺灣還處於日本殖民統治之下，台共是在共產國際的授意下，以日本民族支部名義成立的。在這種特殊情況下，由有著雙重身份的瞿秋白出席並指導台共成立，最為合適。

　　其二，他當時正在上海中央機關，4月12日，他為「六大」會議的召開所寫的主報告《中國革命與共產黨》剛剛完成，正好有時間出席和指導台共成立大會。

　　其三，他在台共成立大會所作講話的內容正是他在剛完成的《中國革命與共產黨》的報告中所闡述的，兩者的吻合印證了講話的人與文章作者是同一個人。

　　其四，瞿秋白在上海大學任教務長和社會學系主任，培養了像翁澤生、洪朝宗等一大批台籍中共黨員學生，並與他們建立了濃厚的感情，還輸送了一批台籍學子（如謝雪紅、林木順等人）前往蘇聯留學，這些人都成為台共的創建者。

其五，臺灣日本總督府《警察沿革志》記載的有關臺灣共產黨為準備召開二大會議時的一些史料明確記載了瞿秋白的又一次指導活動：……這段史料記載反映出瞿秋白對臺灣革命運動的關切入微，正是由於有參與指導台共成立的全過程，十分瞭解台共成立及之後的情況，才能有這一講話中流露出的焦慮和期望，這一過程的一脈相承和緊密聯繫，更是彭榮即瞿秋白的有力印證。[14]

易難也持相同觀點，並認為何池所著的《翁澤生傳》一書中曾幾處提到「彭榮」為瞿秋白的筆名，但遍查《瞿秋白文集》，均無以「彭榮」為筆名的文章，因而認為「彭榮」是瞿秋白眾多化名中的一個，而不是筆名。[15]

但是，王鍵在《出席台共成立大會中共代表的「彭榮」身份辨析》中提出反對觀點。他在考察瞿秋白在 1928 年台共成立前後的活動軌跡的基礎上，認為由於瞿秋白赴莫斯科負責籌備中共「六大」事宜，再加上國民黨白色恐怖與嚴密封鎖，若瞿秋白在 4 月 15 日出席台共成立大會再於 4 月 30 日後遠赴莫斯科的話，在 5 月中旬抵達莫斯科的行程就相當緊張，似乎不太合乎當時的交通等實況。而且，在「六大」之後，瞿秋白繼續在莫斯科工作兩年之餘，而中共中央派出代表並非僅參加台共成立大會，而是負有在建黨原則、革命鬥爭方式等各方面進行長期指導的職責，由此，這個代表必須是在國內工作、兼顧與共產國際的聯繫、又能長期近距離指導台共工作的重要高級幹部。若瞿秋白即為「彭榮」，那麼瞿秋白的活動軌跡基本無暇顧及有關台共建黨後具體活動等的一切指導事務。「從我黨的歷史上看，如此做法不符合中共推動及指導台共建黨工作的精神與原則，也不符合當時的歷史狀況」。而且，在新中國成立初期黨內對瞿秋白的評價很高，謝雪紅不可能因為當時的政治氣候原因而「有意認錯」。[16]

---

[14] 何池：《「彭榮」究竟是誰——試析中共黨史上的一椿迷案》，《黨史文苑》，2004 年第 6 期，第 108 頁。

[15] 易難：《瞿秋白指導建立臺灣共產黨考辨》，《黨的文獻》，2009 年第 4 期。

[16] 王鍵：《出席台共成立大會中共代表的「彭榮」身份辨析》，《北京社會科學》，2013 年第 4 期，第 55-56 頁。

　　王鍵的上述說法有一定的道理，但與何池的觀點一樣，存在推測多於實證的缺憾。在我們看來，瞿秋白有沒有可能是彭榮，恐尚需再做詳細的考證。

　　如所周知，依據列寧史達林民族殖民地理論和當時臺灣作為日本殖民地的實際情況，共產國際決定在臺灣成立的共產黨，在組織系統上隸屬於日本共產黨，全稱日本共產黨臺灣民族支部。但當時日本共產黨忙與國內鬥爭無暇顧及，委託中國共產黨全權指導台共成立。因此，臺灣共產黨的成立涉及共產國際、日本共產黨和中國共產黨三方，而由中國共產黨發揮主要的作用。但是，中國共產黨指導台共成立，並不意味著必須由黨的最高領導人親自擔任一線角色，在梳理瞿秋白同志這段工作生活經歷的時候，有一個重要的細節引起了我們注意。1927 年蔣介石背叛革命後，中國共產黨開展武裝鬥爭堅決反擊國民黨右派的囂張氣焰，但隨後在一段時間內的革命鬥爭中也犯了盲動主義的錯誤。黨的八七會議後，左傾盲動主義傾向得到糾正，並決定適時召開黨的第六次代表大會。其中瞿秋白負責的是起草土地問題、政策問題和黨綱草案。1928 年 4 月 2 日，共產國際決定瞿秋白、周恩來等立刻前往莫斯科參加黨的六大。[17]因此，瞿秋白 1928 年 4 月上旬正傾盡全力為黨的六大起草文件，這一工作一直持續到 4 月 12 日方才基本完成。而緊接著第二天即 4 月 13 日就是台共成立前夕的碰頭會，彭榮參與其中。以此疲憊之軀加上前期並未實際參與台共籌備，且共產國際及中共中央早已決定其「立刻」前往莫斯科參加六大的情況下，不太可能把指導臺灣共產黨的任務交由他來執行，因此，說瞿秋白就是出席 4 月 13 日的碰頭會和主持 15 日的成立大會並做指示的中共代表彭榮，缺乏說服力，也應該不會是中共中央的選擇。

　　再則，謝雪紅與瞿秋白是認識的。1925 年 6 月，謝雪紅進入上海大學。此時上海大學實際上是我黨培養革命幹部的一所學校，中共早期領導人鄧中夏曾任該校教務長，瞿秋白、蔡和森、惲代英、張太雷等均

---

[17]陳鐵鍵著：《瞿秋白傳》，上海：上海人民出版社 1986 年版，第 318-319 頁。

曾在上海大學執教，其中瞿秋白還是謝雪紅就讀的社會學系系主任，謝對瞿秋白十分景仰，常常閱讀由其主編的《新青年》、《嚮導》。[18]換句話說，瞿秋白與謝雪紅是熟識的。如果瞿秋白是彭榮，當年謝雪紅與瞿秋白二人一道出席了臺灣共產黨成立大會，按照日本人的情報，謝雪紅還擔當了瞿秋白的大會翻譯，這種情況下兩人算是熟人相見，怎麼可能到了解放後還不知道彭榮是誰，還需從李立三處方才得知其為彭湃？最後一個旁證是，在日本人的記載中，彭榮與瞿秋白是並列出現的。1928年4月13日彭榮的名字第一次出現在臺灣共產黨成立前的碰頭會上，1930年12月中旬，瞿秋白與台共成員翁澤生、潘欽信見面，據其稱：「本人代表中國共產黨中央而來，想與臺灣同志談談臺灣黨的問題」。[19]如果彭榮是瞿秋白的話，日本特務機關在報告中應會特別注明二人的關係。如果沒有，則似乎只有一種可能，即他們是不同的兩個人。

　　以此來看，所謂「瞿秋白」為彭榮可能性是基本不存在的。

三、「任弼時」說

　　除了「彭湃」說和「瞿秋白」說，近來有學者提出「任弼時」說，認為任弼時即為眾說紛紜的「彭榮」真身。2010年出版的《臺灣共產主義運動與共產國際（1924年－1932年）研究‧檔案》編者借助共產國際的一份文檔（「林木順致共產國際的報告」）提出此觀點。林木順致共產國際的報告中提到「在成立大會上除了臺灣代表外，還有中共中央派了任△△同志領導我們的大會」。林木順還稱：「台共一大後發生了逮捕時間，他同任弼時、佐野學商討了自己的下一步行動。」[20]而台共重要人物蔡孝乾回憶說，1924年任弼時「曾任上海大學俄文教授和共產

---

[18]陳芳明：《謝雪紅評傳》，臺北：前衛出版社1991年版，第61頁。

[19]臺灣總督府警務局：《臺灣警察沿革志》中譯本《臺灣社會運動史》（一九一三—一九三六年）第三冊共產主義運動，王乃信等譯，臺北：創造出版社海峽學術出版社2006年版，第114頁。

[20]臺灣「中研院」臺灣史研究所：《臺灣共產主義運動與共產國際（1924-1932年）研究‧檔案》，2010年。

國際東方部聯絡工作」，1928 年 4 月，任弼時和李維漢等奉命留在國內
「主持中央日常工作」，與共產國際聯繫密切。以任弼時當時的資歷完
全具有充當中共代表的條件，因而「彭榮」即為任弼時。

　　梁化奎支持「任弼時」說。他指出，根據《臺灣共產主義運動與共
產國際（1924 年-1932 年）研究‧檔案》，1930 年 10 月，瞿秋白向翁澤
生說到，現在「有必要召開一次緊急會議，來檢討第一次代表會議（即
創黨大會）所決議的黨綱領與戰術，並建立新的布爾什維克綱領與戰
術。」若「彭榮」是瞿秋白的話，那意味著瞿這是完全否認了自己在兩
年前指導台共創建時所持的觀點主張，這同瞿的政治風格明顯不符。而
且，任弼時在指導開展青年運動中曾提出，重視「於農村中」發展團組
織，提出使團的工作「青年化」、「群眾化」的口號，這同中共代表「彭
榮」在指導台共討論「青年運動提綱」時持有的觀點主張類似。而在臺
灣總工會與「黃色工會」鬥爭問題上，翁澤生提到的「中共代表」的觀
點同任弼時的主張是一致的。除此之外，根據上海公共租界工部局的檔
案資料，任弼時曾有化名「彭德生」，按照《淮南子‧本經訓》中「蠉飛
蠕動，莫不仰德而生」、「是故春肅秋榮，冬雷夏霜，皆賊氣之所生」的
說法，任弼時以此為典，取名「彭榮」也是有可能的。[21]

　　王鍵進一步提出以下理由支持「任弼時」說。他指出，1924 年 9
月，任弼時受中共黨組織的指派，在上海大學社會學系教授基礎俄語。
1925 年 5 月，任弼時任共青團中央代理總書記，1927 年「八七會議」
上當選臨時中央政治局委員，1928 年 4 月，中共臨時中央政治局決定，
瞿秋白、周恩來等赴莫斯科籌備中共六大，任弼時與李維漢、羅登賢留
在國內主持中央日常工作。從資格、時間上看，完全具備代表中共出席
台共成立大會的條件。既然共產國際檔案明確點出了任弼時的名字，那
麼其就是彭榮應當基本沒有疑問。

　　我們同意梁化奎和王鍵的判斷。從此間涉及彭榮的幾個關鍵字來
看：1928 年 4 月在上海的中共中央主要領導同志、姓任，顯然非任弼

<hr>

[21]梁化奎：《指導臺灣共產黨創建者詳考》，《中共黨史研究》2013 年第 6 期，第 124-127 頁。

時莫屬。不過，我們認為還可以進一步分別從以下幾個方面就任弼時應為彭榮再做補充論述：

首先，從當時任弼時在上海的工作實際觀察，是支持這一觀點的。任弼時之子任遠志在《我的父親任弼時》一書中寫道：「（那個時候任弼時的工作）除了及時向各地黨組織傳達中共『六大』期間來自共產國際及中共中央的指示外，更多更具體的是對國內的現實問題作具體指導。」[22]據記載，「在這段時間，他（任弼時）的工作很緊張」，「從中央到地方有許多問題需要妥善處理。所以，他除了處理中央的日常工作外，還要經常找同志談話，還要深入到基層去瞭解情況。他經常是夜間外出工作，一出去就是一夜，回來後，有時就睡不成，吃點東西又去工作了。」「在這種危險和困難的情況下，他總是沉著地忘我地鬥爭著。」[23]這就是 1928 年 4 月中旬任弼時的工作、生活狀態，當瞿秋白、周恩來等中共中央主要領導同志集中精力籌備黨的六大並即將遠赴莫斯科的時候，上海的黨的主要工作就是任弼時等人在負責的，其與台共指導者「彭榮」的工作軌跡形象無疑是相當貼合的。

其次，任弼時對於臺灣問題應該有著一定的認識基礎。目前我們掌握的相關史料中雖未見任弼時與臺灣關係的直接記載，但以下一個情況很值得人們關注：在追溯任弼時的革命經歷的時候，我們發現這樣一個細節，即其對於祖國在近代以來遭受列強侵略、腐朽政權喪權辱國的命運十分痛心，他曾為此憤而寫作了《我國割讓地之痛言》一文，痛切地說：「夫一國之中，寸土尺地，皆我祖宗披荊斬棘，沐雨櫛風，以積德而累工，以保世而滋大，不知何艱難也，而今每受強國鼓頤鯨吞，張吻蠶食，掠我土毛，腥我天地，金甌之國家，而遂成破碎之山河。嗚呼，我輩對之，當如烈火燒心，眾鏑之叢體，芒刺之負背。時存臥薪嚐膽之念，勵精圖治，何患不能收回割讓之地乎！」[24]文章儘管沒有明確提到臺灣，但任弼時打開地圖覽及被割讓的祖國山河時，臺灣必然曾經映入

---

[22] 任遠志：《我的父親任弼時》，瀋陽：遼寧人民出版社 2007 年版，第 53 頁。

[23] 高軍：《偉大的戰士任弼時》，北京：中國青年出版社 1989 年版，第 37 頁。

[24] 轉引自高軍：《偉大的戰士任弼時》，北京：中國青年出版社 1989 年版，第 7-8 頁.

他的眼簾。也就是說，他對臺灣是不陌生的，而且還胸懷「收回割讓之地」的雄心壯志。由他來擔任台共成立大會的中共指導者，亦屬順理成章。

　　再次，更重要的是，彭榮在台共成立大會上代表中共中央和共產國際發表的談話，與任弼時在第一次國共合作失敗後對中國革命形勢與任務的總結與思考，十分吻合。根據臺灣總督府《警察沿革志》的記載，彭榮在論及中國共產黨在第一次國共合作中的經驗教訓時，特別指出了兩點：其一，高估了中國資產階級的革命性，「對於革命發展至某一階段後資產階級必然投入反動陣營之道理缺乏理解」，「犯了最大的錯誤」；其二，「必須堅持唯有共產黨始克成為解放無產階級的指導體的信念」。[25]概而言之，即必須反對右傾機會主義，堅持黨對革命的領導權。回過頭再檢索任弼時的革命歷史，在四一二反革命事變後，他堅決反對無原則的退讓，指出：「當中國資產階級脫離革命聯合戰線，聯絡一切發動勢力而來與無產階級以武力爭取革命領導權的嚴重時期」，我們的任務「是應該領導工農青年群眾，參加爭取革命領導權的鬥爭，反抗背叛民族利益的資產階級」。[26]彭榮在台共成立大會上與台共創黨者分享中共歷史經驗時，還著重分析了大革命後期對武漢國民黨的誤判，及對其壓制工農運動採取妥協立場等等錯誤。「將武漢的國民黨誤認為小資產階級政黨，與其妥協，並任其實行壓制罷工和農民運動」[27]，同樣的，我們不出意外地看到任弼時在黨的八七會議上針對陳獨秀錯誤路線旗幟鮮明地闡述自己的觀點時，特別談及武漢國民黨問題，「武漢政府的封建勢力為了要擴張其勢力是需要北伐的，我們可以幫助他們北伐，但要借此機會來抓住群眾。結果不然，不但未深入領導民眾，而且還要抑

[25]臺灣總督府警務局：《臺灣警察沿革志》中譯本《臺灣社會運動史》（一九一三─一九三六年）第三冊共產主義運動，王乃信等譯，臺北：創造出版社海峽學術出版社2006年版，第12頁。
[26]任弼時：《中國共產主義青年團第四次全國代表大會的意義》，《任弼時選集》，北京：人民出版社1987年版，第28、26頁。
[27]臺灣總督府警務局：《臺灣警察沿革志》中譯本《臺灣社會運動史》（一九一三─一九三六年）第三冊共產主義運動，王乃信等譯，臺北：創造出版社海峽學術出版社2006年版，第12頁。

制群眾的爭鬥。」[28]顯而易見，彭榮在台共成立大會的指導談話與任弼時對大革命失敗的檢討，在思想上和邏輯上均呈現出高度的一致，從這個角度來說，任弼時就是彭榮，當無疑義。

最後，還有一個細節值得留意。1920 年暑假，任弼時、蕭勁光等革命年輕人滿懷理想從長沙到達上海，準備前往俄國，他們到達上海後學習的地方是法租界霞飛路漁洋裡六號，任弼時本人的住所在不遠處的貝勒路的一棟兩層小樓。我們再看臺共成立大會的地點也是霞飛路，是在橫街金神父照相館，而這個地點正是由彭榮親自指定的。[29]這應當不是巧合，在四一二反革命政變後的血雨腥風中，熟悉的、有把握的地方，才是合適的地方，何況是台共成立大會這樣的重要活動。可以說，只有當任弼時就是彭榮的時候，一切就都順理成章了。

最後，我們對於有學者提出的謝雪紅「認錯說」持保留意見。王鍵認為，謝雪紅與任弼時由於工作內容和地點的不同，在新中國成立前後，難有近距離見面的機會。任弼時長期患病，其樣貌與年青時期形象變化很大，謝雪紅在北京看到中年任弼時的照片，時隔二十餘年，難以想像到他就是當年的「彭榮」。再者，謝雪紅受到李立三的影響，產生「先入為主」的錯覺，加上年代久遠、任弼時去世較早以及對中共第一代集體領導不熟悉等原因，產生這樣的錯誤是可能的。關於這一點，我們上文在討論彭湃時已有論及，我們比較了青年時期任弼時和彭湃的照片，二人其實亦並非如其所言的那樣「極為神似」，而是差距頗大。王鍵還認為，就目前所掌握的史料來看，「彭榮」是任弼時的可能性比較大，但不排除羅登賢的可能性。[30]這點筆者亦恐難認同，羅只是當時黨的領導人之一而已，不能因為僅僅是人在上海，就認為有可能性，那樣

---

[28]任弼時《在中央緊急會議上的發言》，《任弼時選集》，北京：人民出版社 1987 年版，第 31 頁。

[29]臺灣總督府警務局：《臺灣警察沿革志》中譯本《臺灣社會運動史》（一九一三—一九三六年）第三冊共產主義運動，王乃信等譯，臺北：創造出版社海峽學術出版社 2006 年版，第 10 頁。

[30]王鍵：《出席台共成立大會中共代表的「彭榮」身份辨析》，《北京社會科學》，2013 年第 4 期，第 57-58 頁。

的話，涉及的面也未免太大了。

　　綜上所述，「瞿秋白」說基本可以否定，學界雖對「彭湃」說雖多有辨析，但我們認為彭湃非彭榮，而「任弼時」說有較扎實的史料支持，應比較可信。

後記

　　1982 年我從廈門大學歷史系畢業，考取了臺灣史碩士研究生，師從陳碧笙教授。那時的臺灣史研究在國內處於初起階段，陳碧老的《臺灣地方史》是除了建國初期的幾本臺灣歷史小冊子之外最為系統的臺灣歷史專著，幾年學習下來，受益良多，逐漸從門外漢到踏入臺灣史研究領域。

　　就個人而言，其實早期我是對明清時期的歷史比較感興趣的，因此碩士階段我更多關注的是明末清初，尤其是晚明與荷蘭殖民統治時期臺灣歷史，我的碩士畢業論文便寫的是十七世紀初荷蘭侵據澎湖與明王朝及福建地方的反應，後發表於臺灣《思與言》雜誌。

　　碩士畢業之後，我留在了廈門大學臺灣研究所歷史研究室工作，當時研究室各位同仁在研究工作中基本上各有偏重，陳在正、陳孔立、李祖基老師主要研究清代前期和近代臺灣史、鄧孔昭老師主要研究鄭氏集團與明鄭臺灣史、周翔鶴老師研究臺灣經濟史，後來林仁川老師主要負責荷據臺灣史研究，只有日據時期臺灣歷史尚無人專門涉及，我大學時期又恰恰選修了日語，於是我的主要研究領域就被定位於這個歷史階段。

　　研究日據時期臺灣史雖是組織上的期待，但作為個人並不排斥這樣的安排，雖然如上所述早期我的興趣在明末清初及荷據臺灣史，但在當時的條件下，我感覺如欲繼續深入似乎有不小的障礙，首先是資料不足，主要的荷據時期史料只有日譯本的《巴達維亞城日記》，可資借鑒的研究成果也只有村上直次郎、岩生成一與中村孝志等日本學者及曹永和等少數臺灣學者為數不多的論著；其次也是更大的原因是語言上的障礙，荷蘭、西班牙語不消說是不懂的，即便是英語，也只是研究生時期的第二外語，大體屬於學完便還給老師的狀態。這樣是無法接觸、收集原始資料的，而缺乏第一手史料，研究便無法進行。基於以上兩點，將研究重心轉移到日據時期臺灣歷史，未嘗不是一件好事。這樣，自 1985 年迄今，不知不覺堅持研究日據臺灣史三十餘年，不由得感歎歲月如梭。

　　由於對日據時期臺灣歷史有一個熟悉的過程，一開始我側重研究日據時期的兩岸關係史，主要的考慮是想努力發掘存於大陸的該時期涉台史料，找到新的亮點，而不是跟在臺灣學者後面打轉。因此初期的研究多圍繞日本殖民者對岸政策、臺灣籍民等問題展開，相關成果收入《日據時期臺灣與大陸關係史研究》（九州出版社 2013 年版）。當時陳孔立老師稱我在繞著臺灣跑，還沒有進入臺灣。我想這或許也是一個必經階段吧。毫無疑問，深入研究臺灣島本身的歷史發展進程終究是重點，這正是現在我們要呈現給大家的。

　　本書是對我數十年來臺灣史研究的一個小結，收錄其中的為日據時期臺灣史研究的部分論述，當然，對於感興趣的明末清初及荷據臺灣歷史，我也沒有放棄，偶有心得，便陸陸續續發表過一些文章，將來有機會再予以結集出版。感謝卓克華教授的推薦，也感謝蘭台出版社的抬愛，將本書納入臺灣史研究名家論集，使我獲得更方便、更廣泛地與臺灣讀者分享、交流研究成果的機會。當前兩岸臺灣史研究方興未艾，學術交流頻繁，儘管一定會有觀點的分歧，但相互溝通與瞭解無疑是必要的，本書若能為此做出一點微薄的貢獻，則幸甚。

2017 年 3 月

國家圖書館出版品預行編目資料

陳小沖臺灣史研究名家論集（二編）/陳小沖　著者. -- 初版. -
臺北市：蘭臺，2018.06
面；　公分. -- (臺灣史研究名家論集；2)
ISBN　978-986-5633-70-7（全套：精裝）

1.臺灣研究　2.臺灣史　3.文集
733.09　　　　　　　　　　　　　　　　107002074

臺灣史研究名家論集 2

陳小沖臺灣史研究名家論集（二編）

著　　　者：陳小沖
主　　　編：卓克華
編　　　輯：高雅婷、沈彥伶、塗語嫻
封面設計：塗宇樵
出 版 者：蘭臺出版社
發　　　行：蘭臺出版社
地　　　址：台北市中正區重慶南路 1 段 121 號 8 樓之 14
電　　　話：(02)2331-1675 或(02)2331-1691
傳　　　真：(02)2382-6225
E－MAIL：books5w@gmail.com 或 books5w@yahoo.com.tw
網路書店：http://bookstv.com.tw/、http://store.pchome.com.tw/yesbooks/、
　　　　　　博客來網路書店、博客思網路書店、三民書局
總 經 銷：聯合發行股份有限公司
電　　　話：(02) 2917-8022　　　　傳　真：(02) 2915-7212
劃撥戶名：蘭臺出版社　帳號：18995335
香港代理：香港聯合零售有限公司
地　　　址：香港新界大蒲汀麗路 36 號中華商務印刷大樓
　　　　　　C&C Building, 36,Ting, Lai, Road, Tai,Po, New,Territories
電　　　話：(852) 2150-2100　　　　傳真：(852) 2356-0735
經　　　銷：廈門外圖集團有限公司
地　　　址：廈門市湖里區悅華路 8 號 4 樓
電　　　話：86-592-2230177　　　　傳　真：86-592-5365089
出版日期：2018 年 6 月初版
定　　　價：新臺幣 30000 元整（套書，不零售）
ISBN：978-986-5633-70-7

版權所有·翻印必究

《臺灣史研究名家論集》

（共十四冊）卓克華總編，汪毅夫等人著作

王志宇、汪毅夫、卓克華、周宗賢、林仁川、林國平、韋煙灶、
徐亞湘、陳支平、陳哲三、陳進傳、鄭喜夫、鄧孔昭、戴文鋒

ISBN：978-986-5633-47-9

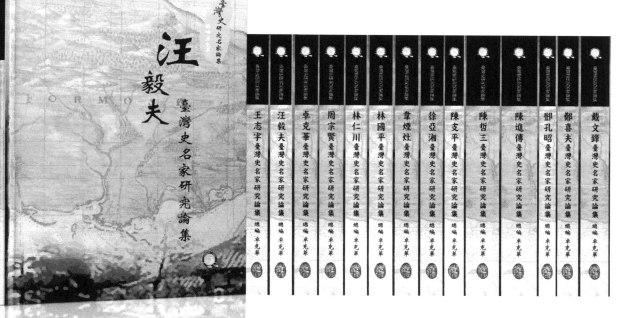

套叢書是兩岸研究台灣史的必備文獻，解決兩岸問題也可以從中找到契機！

這套叢書是十四位兩岸台灣史的權威歷史名家的著述精華，精采可期，將是臺
史研究的一座豐功碑及里程碑，可以藏諸名山，垂範後世，開啟門徑，臺灣史的
來新方向即孕育在這套叢書中。展視書稿，披卷流連，略綴數語以說明叢刊的成
經過，及對臺灣史的一些想法，期待與焦慮。

9 789865 633479   28000

臺灣史料研究叢書(套書)定價：28000元

《臺灣史研究名家論集》共十四冊

陳支平──總序

　　臺灣史研究的興盛，主要是從二十世紀八十年代開始的。臺灣史研究的興起與興盛，一開始便與政治有著密切的聯繫。從大陸方面講，「文化大革命」的結束與「改革開放」政策的實行，使得大陸各界，當然包括政界和學界，把較多的注意力放置在臺灣問題之上。而從臺灣方面講，隨著「本土意識」的增強，以及之後的「臺獨」運動的推進，學界也把較多的精力轉移到對於臺灣歷史文化及其現狀的研究之上。經過二三十年的摸索與磨練，臺灣歷史文化的學術研究，逐漸蔚為大觀，成果喜人。以大陸的習慣性語言來定位，臺灣史研究，可以稱之為「臺灣史研究學科」了。未完待續⋯⋯

汪毅夫──簡介

1950年3月生，臺灣省臺南市人。曾任福建社會科學院研究員，現任中華全國臺灣同胞聯誼會會長，福建師範大學社會歷史學院兼職教授、博士生導師，享受國務院特殊津貼專家。撰有學術著作《中國文化與閩臺社會》、《閩臺區域社會研究》、《閩臺緣與閩南風》、《閩臺地方史研究》、《閩臺地方史論稿》、《閩臺婦女史研究》等15種，200餘萬字。曾獲福建省社會科學優秀成果獎7項。

汪毅夫名家論集─目次

《汪毅夫臺灣史研究名家論集》
臺灣史研究名家論集──總序 卓克華　　11
臺灣史研究名家論集──推薦序 陳支平　　14

閩台地方史
明清鄉約制度與閩台鄉土社會　　1
試論明清時期的閩台鄉約　　18
分爨析產與閩台民間習慣法──以《泉州、臺灣張士箱家族文件彙編》
為中心的研究　　38
從彰化吳家檔看臺灣歷史社會　　50
訟師唆訟：清代閩省內地和閩省臺地共同的社會問題　66

科舉與地域人群
地域歷史人群研究：臺灣進士　　81
遭遇清末民初的社會變遷和社會問題──《地域歷史人群研究：臺灣進士》之續篇　　97
清代臺灣的幕友　　111
順天府鄉試與北京的會館──寫給北京臺灣會館的學術報告　　124
科舉史料考釋舉隅──寫給北京臺灣會館的學術報告之二　　130

閩台婦女史
清代福建的溺女之風與童養婚俗　　141
清代福建救濟女嬰的育嬰堂及其同類設施　155
赤腳婢、奶丫頭及其他──從晚清詩文看閩、台兩地的錮婢之風　　174
性別壓迫：「典賣其妻」、「買女贅婿」和「命長媳轉偶」──閩、台兩地的部分證言、證物和案例 185
閩台冥婚舊俗之研究　　196
清至民國時期福建的婢女救濟及其績效　　210

兩岸關係史
1945─1948：福建文人與臺灣文學　222
魏建功等「語文學術專家」與光復初期臺灣的國語運動 235
西觀樓藏閩南語歌仔冊《台省民主歌》之研究　257
閩台關係研究的兩個問題──寫給中國閩台緣博物館的學術報告　　268
流動的廟宇與閩台海上的水神信仰　288
從福建方志和筆記看民間信仰　302

100 台北市中正區重慶南路1段121號8樓之14
TEL：（8862）2331 1675 FAX：（8862）2382 6225
E-mail：books5w@gmail.c
網址：http://bookstv.com.